LA

LIVRES DE BORD

Savoir rédiger

© Larousse Bordas, Paris, 1997.
© Larousse / VUEF 2001
ISBN 2-03-533127-7

COMPOSITION : APS

SOMMAIRE

PREMIÈRE PARTIE :

SAVOIR RÉDIGER : LES GRANDES RÈGLES   5
Écrire pour être compris et pour être lu avec plaisir

  1. L'objectif du texte   6
  2. Communiquer par écrit   8
  3. L'adaptation au destinataire   9
  4. La correction de la langue et l'intelligibilité de l'énoncé   13
  5. La présentation matérielle   15
  6. Le choix du type de phrase   19
  7. L'ordre courant et la place des mots dans la phrase   20
  8. L'usage de la ponctuation   26
  9. Les erreurs d'expression les plus fréquentes   32
 10. Le mot juste pour une idée précise   43
 11. Les divisions et les articulations du texte   57
 12. Le travail au brouillon et la relecture du texte   64
 13. Comment alléger   68
 14. Comment varier   74
 15. Comment éviter répétitions, pléonasmes et redondances   77
 16. Comment éliminer clichés, lieux communs et mots « passe-partout »   82
 17. Comment faciliter la lisibilité   89
 18. Parvenir à l'harmonie et créer un rythme   93

DEUXIÈME PARTIE :

SAVOIR RÉDIGER : LES TYPES D'ÉCRITS   99
Les clefs pour la rédaction

  1. Le texte narratif : le récit   100
  2. Le texte descriptif : description et portrait   110
  3. Les autres types de textes
     Le dialogue et le discours rapporté   115
     La lettre   120
     Le compte rendu   124
     La fiche de lecture   126
     Le texte informatif ou texte documentaire   127
     Le texte explicatif   127
     Réponse à une question   128
     Le texte injonctif : formulation d'une consigne   132
     Rédaction d'un questionnaire   134
     L'argumentation   136
     Le résumé   147

TROISIÈME PARTIE :

SAVOIR RÉDIGER DE A À Z 151

Les principales ressources grammaticales et stylistiques

A pporter de la vivacité	153
A ssocier	153
A tténuer	155
C aractériser pour enrichir la description	156
C omparer	157
C réer un effet d'attente ou de surprise	159
C réer une image	161
D ire moins pour signifier plus	163
D onner un ordre	163
D ramatiser / exagérer	164
É mouvoir	166
É numérer	167
E xpliquer	168
F aire rire	173
G raduer	174
I llustrer par un exemple	175
I ndiquer la quantité	175
I nsister	176
I roniser	176
M arquer l'intensité	177
M ettre en parallèle	177
M ettre en relief, insister	178
N uancer	179
O pposer, concéder	180
P ersonnifier	182
Q ualifier	183
R enforcer	183
S ituer dans l'espace	184
S ituer dans le temps	185
S upposer	188

INDEX 191

PREMIÈRE PARTIE

SAVOIR RÉDIGER
les grandes règles

ÉCRIRE POUR ÊTRE COMPRIS
ET POUR ÊTRE LU AVEC PLAISIR

1 L'OBJECTIF DU TEXTE

> Écrire, c'est à l'aide d'un crayon, d'un stylo ou de tout autre moyen, tracer sur un support (généralement le papier) des signes représentant les mots d'une langue donnée, organisés (rédigés) dans le but de conserver ou de transmettre un message précis (appelé l'« énoncé »). L'écriture est donc un support (on dit aussi un « canal ») permettant à celui qui écrit de s'adresser à une autre personne à laquelle le message est destiné.

1 L'IMPORTANCE DE L'ÉCRIT AUJOURD'HUI

Écrire ; on dit souvent ne plus en avoir l'occasion ou ne plus en éprouver le besoin, à notre époque où un appel par téléphone est si vite donné. Dans la vie courante, nombreux sont ceux qui, pour communiquer, préfèrent à l'écriture ce moyen oral (utilisant la parole), direct mais parfois peu économique, tant l'acte de « prendre la plume » les intimide.
Il suffit pourtant d'ouvrir un journal pour trouver des annonces de ce genre :

> Vends collection de timbres ; faire offre par écrit.
> Cherche personne de confiance pour garder maison en août ; écrire au journal qui transmettra.
> Magasin d'électro-ménager recrute vendeur (vendeuse) expérimenté(e). Écrire.

À l'école, d'abord, des travaux écrits de longueur variable sont demandés aux élèves (réponses à des questions et problèmes dans toutes les matières, comptes rendus de lectures, recherches documentaires, par exemple).

Les adultes, eux, doivent surtout rédiger des lettres de toutes sortes : candidature à un emploi, réclamation dont il est indispensable de laisser une trace, correspondance avec les amis éloignés ou la famille, félicitations ou condoléances, etc. Et dans la vie professionnelle le travail écrit, saisi ou non sur ordinateur, est souvent nécessaire, sous la forme de rapports ou de notes destinés à transmettre des informations ou des consignes à un collaborateur.

Dès qu'une idée, une consigne ou une intention est exprimée par écrit, elle « prend du poids », son authenticité ou son réalisme cessent d'être mis en doute. D'autre part, le risque d'erreur dans la transmission d'un message écrit est de loin inférieur à celui d'un message oral.

2 ÉCRIRE : UN MOYEN DE COMMUNIQUER EN DIFFÉRÉ

La personne « A » qui écrit est appelée le « scripteur », l'« auteur » ou l'« émetteur » du message. La personne « B » à qui le message est adressé en est le

L'OBJECTIF DU TEXTE

« destinataire » ou le « récepteur ». Le message de A est ensuite transmis à B par différents moyens : le service postal, la télécopie (« fax »)... Il peut aussi être remis à B pour qu'il le lise plus tard.

Ainsi, du fait de l'éloignement ou d'autres circonstances, A ne sait pas toujours quand B lira son message, ni dans quel état d'esprit il sera alors. Le texte, quelle que soit la situation dans laquelle il est produit, doit tenir compte de ce décalage pour être lu sans difficultés et, si possible, sans déplaisir.

D'autre part, ce qui paraissait vrai, ou important, au moment où le message était écrit (par exemple dans une lettre l'actualité immédiate, les émotions, l'état de santé, le temps qu'il fait...) risque de perdre beaucoup de son intérêt avec le recul dû au temps ou à l'éloignement.

3 ÉCRIRE POUR SOI-MÊME

On peut aussi écrire pour soi-même, afin de garder – par exemple dans son « journal intime » – la trace d'une pensée, d'une impression de voyage, prendre des notes pendant un cours ou une conférence, ou simplement inscrire sur un agenda ce qu'on doit faire le lendemain.

Dans ce cas, les contraintes de l'écriture sont moins fortes ; il est néanmoins important que celui qui écrit puisse « se relire » par la suite, c'est-à-dire comprendre ce qu'il a écrit (comme le sens de certaines abréviations employées pour gagner du temps).

4 LE CONTENU ET L'ENJEU DU MESSAGE

Le message produit répond à un but précis, appelé son « enjeu » : le scripteur a quelque chose à proposer (invitation), à demander (réclamation à un organisme quelconque, demande de rendez-vous, etc.), à rapporter (récit par un journaliste d'événements réels, nouvelles données à un ami, compte rendu d'un stage effectué dans le cadre d'une formation scolaire), à un destinataire sur lequel il souhaite produire un effet en vue d'obtenir un résultat. Par exemple :
– celui qui répond à une offre d'emploi souhaite intéresser son interlocuteur à sa candidature, le convaincre qu'il possède les qualités nécessaires pour occuper le poste proposé, en vue d'obtenir un rendez-vous à un entretien d'embauche ;
– l'auteur d'un roman souhaite toucher, intéresser, distraire, instruire ou faire réfléchir son lecteur ;
– le journaliste « engagé », rédacteur d'un article, peut souhaiter non seulement informer le public, mais aussi le convaincre de la justesse d'un point de vue et plus généralement servir son combat pour une cause qu'il estime importante.

Ainsi, le destinataire du message est parfois identifié, parfois anonyme (un écrivain ne connaîtra jamais la plupart de ses lecteurs ; celui qui écrit à un service administratif sait rarement par qui sa lettre sera ouverte et traitée).

2 COMMUNIQUER PAR ÉCRIT

> Afin que le texte remplisse l'objectif recherché par son auteur auprès du lecteur, il doit satisfaire à certaines contraintes formelles : le message doit être à la fois compris du destinataire (c'est la règle de base de toute communication) et accepté par lui (écrire constitue un acte social).

1 LES CONDITIONS D'UNE BONNE COMMUNICATION

● Le destinataire du message doit savoir que c'est à lui que le message est adressé ; à l'oral, pour établir le contact, l'émetteur du message interpelle directement la personne à qui il souhaite s'adresser ; à l'écrit, c'est le rôle que joue l'en-tête d'une lettre (voir page 121), le titre d'un rapport, ou encore l'intitulé d'un devoir scolaire (*Claire Dubois, classe de 6ᵉ, devoir de géométrie*).

● Le message, pour être compris par son destinataire (pour être « intelligible »), doit respecter les règles de la langue dans laquelle il est écrit et que le destinataire connaît (voir page 13 « La correction de la langue »). On dit que A et B disposent d'un « code » en commun.

● B doit comprendre de quoi lui parle A (en particulier grâce à l'introduction : voir « Savoir introduire »).

2 ÉCRIRE : UN ACTE SOCIAL

D'autre part, ce que l'on transmet par écrit s'adresse à un destinataire dont il faut retenir l'attention et susciter les bonnes dispositions.

● Dans toute société humaine, les relations que chacun entretient avec les autres sont codifiées, c'est-à-dire que la manière de se comporter d'une personne donnée face à une autre personne (appelée son interlocuteur) dépend des règles de politesse et de savoir-vivre qui ne sont pas écrites mais sont en usage et qu'il faut connaître pour jouer son rôle dans la société.

● De la même façon, l'écrit tient compte des relations existant entre l'auteur et le destinataire du message et doit respecter certaines règles : vouvoiement ou tutoiement, choix des formules de politesse, du niveau de langage, etc. Ainsi, le ton d'une lettre à un supérieur, quel que soit son objet, ne pourra pas être le même que celui d'une lettre adressée par la même personne à un proche ; dans le cas contraire, la lettre risquerait de déplaire, peut-être même de ne pas être lue entièrement, et en tous cas de ne pas aboutir à l'objectif recherché par son auteur (voir aussi : « L'adaptation au destinataire », page 9).

3 L'ADAPTATION AU DESTINATAIRE

> Pour rendre son message « acceptable » par le destinataire, l'émetteur doit se plier à certaines contraintes de forme. D'abord, il doit rendre son écriture lisible (dans le cas d'un message rédigé à la main), proposer une « mise en page » agréable et aérée, respecter les règles de la ponctuation et le code orthographique de la langue (voir plus loin « La présentation matérielle »).
> Il doit ensuite avoir le souci d'un niveau de langue approprié. La consultation d'un dictionnaire permet d'éviter les contresens ou l'utilisation d'un vocabulaire inadapté (voir page 65 : « Les outils de l'écriture »).

1 LES NIVEAUX DE LA LANGUE

On appelle « **niveau de langue** » l'ensemble des habitudes de langage d'un individu donné ; ces habitudes correspondent à sa position dans la société, à son degré de culture, ou à l'image qu'il veut donner de lui-même. Ainsi, dans un milieu populaire, on dira spontanément :

> *J'ai bouffé que dalle au resto.*

Alors qu'une personne cultivée, appartenant à un milieu favorisé, ou surveillant davantage son langage, dira :

> *Je n'ai presque rien mangé au restaurant.*

On distingue ainsi plusieurs niveaux de langue, reconnaissables à différents indices, entre autres :
– le vocabulaire de la phrase (dans l'exemple précédent, l'emploi des verbes « bouffer » ou « manger », du nom abrégé « resto » ou du nom complet « restaurant »),
– les tournures grammaticales (emploi sans « ne » de l'expression argotique « que dalle », ou de la négation « ne... rien »),
– l'exactitude ou non de certaines formes difficiles de la langue (par exemple dans la conjugaison, l'emploi de la forme fautive « *ils croivent » au lieu de « ils croient », à l'indicatif présent du verbe « croire »).

● **Le langage populaire**, d'abord, est le niveau des personnes les moins favorisées culturellement et socialement, qui emploient spontanément des mots ou tournures comme « un mec » (pour désigner un homme), « c'est nul » (au sens de « cela ne vaut pas grand-chose »), « se casser » (pour « s'en aller ») ; le langage populaire se caractérise aussi par la simplicité des constructions de phrases employées, par exemple l'emploi de deux propositions indépendantes au lieu d'un système où l'une des propositions serait subordonnée à l'autre (*Continue à dépenser autant, tu cours à la ruine* au lieu de *Si tu continues..., tu courras...*).

● Le langage populaire est qualifié de « vulgaire » quand sont employés des mots choquants (souvent à caractère sexuel).

L'ADAPTATION AU DESTINATAIRE

- Il devient « argotique » quand ceux qui l'emploient cherchent à n'être compris que d'une catégorie d'« initiés », ou du moins veulent montrer leur appartenance à un groupe bien déterminé : il en est ainsi de ce qu'on pourrait appeler le « langage des jeunes », ou « langage branché », caractérisé entre autres par l'emploi du « verlan », vocabulaire dont les mots sont formés par inversion des syllabes du terme d'origine, e muet compris : en « verlan » (inversion de l'expression « [à] l'envers »), une « teuf » désigne une fête, « zarbi » signifie « bizarre », etc.

- **Le langage familier** a de nombreux points communs avec le langage populaire ; il est utilisé, dans presque tous les milieux, dans des circonstances où il n'est pas jugé nécessaire de surveiller beaucoup sa manière de parler, quand on se trouve en compagnie de personnes avec lesquelles on a des relations de familiarité amicale ; par exemple un élève dira dans la cour de récréation : *Je me suis complètement planté* pour signifier qu'il n'a pas réussi son interrogation écrite.

- **Le langage courant**, appelé aussi « français standard » (les catégories ci-dessus appartenant toutes au français dit « non standard ») est la forme la plus usuelle de la langue, celle dont on doit se servir pour communiquer dans la plupart des situations de la vie. C'est une forme d'expression correcte, soignée, mais neutre, sans effets particuliers, convenant à tous : *J'ai raté mon devoir*, dira l'élève à son professeur. En tous points conforme au modèle à suivre décrit dans les grammaires (la « norme », voir page 13), la langue courante est celle que l'on exige dans toutes les situations de la vie professionnelle ou scolaire.

- **Le langage soutenu** est marqué par le souci d'un vocabulaire recherché et précis, le soin apporté à la construction des phrases (elles sont souvent « complexes », voir page 39), l'emploi le cas échéant de formes grammaticales rares (par exemple des verbes à l'imparfait du subjonctif quand la concordance des temps l'exige), et à l'oral par la perfection de la prononciation.
On s'exprime en langage soutenu quand on souhaite être précis ou expressif (par exemple dans un ouvrage scientifique ou en littérature), marquer son niveau social ou culturel, s'exprimer officiellement ou d'une manière particulièrement solennelle à l'oral ou à l'écrit. Ainsi dira-t-on en langage soutenu : *Il aurait* (ou : *il eût*) *été préférable qu'on n'abordât pas ce sujet*, et en langage courant : *Il aurait mieux valu ne pas aborder la question*.

- On ajoutera à ces niveaux de langue **les parlers** dits « **patois** », que l'on trouve dans des régions géographiques précises, généralement en milieu rural, et caractérisés par certaines tournures de phrases, certains mots de vocabulaire inconnus ailleurs (voir page 11, les paroles mises par Guy de Maupassant dans la bouche d'un paysan normand du XIXe s.).

2 QUEL NIVEAU DE LANGUE À L'ÉCRIT ?

Aucun niveau n'est, dans l'absolu, plus acceptable qu'un autre. Cependant, les circonstances exigent la plupart du temps l'emploi à l'écrit d'un niveau de langue bien déterminé.

On peut dans une lettre, une carte postale, une note adressée à un proche (ami, parent, collègue...) adopter un langage détendu, caractérisé par exemple par le tutoiement ou l'usage de mots familiers (*Salut, Jeannot !*).

Mais c'est le langage courant qui s'imposera dans la plupart des situations, comme le résumé d'un article de presse, un compte-rendu de visite, une rédaction scolaire.

Enfin, un langage soutenu s'imposera en certaines occasions où l'on souhaite marquer de la solennité, de la gravité (discours, lettre), ou simplement quand la précision s'impose (description littéraire).

Il est à noter qu'il reste possible d'employer un autre niveau de langage dans un récit comprenant des parties où l'on rapporte au discours direct (voir page 115) les paroles « prises sur le vif » de personnes réelles ou de personnages imaginaires dont il est utile de mettre en valeur le langage particulier (familier, patoisant, ou au contraire très soutenu), afin d'insister sur leur caractère ou leur situation sociale, de donner au récit un peu de couleur locale, etc. ; ainsi, dans cet extrait, l'auteur fait parler en patois un paysan normand (l'équivalent en français standard est donné entre crochets) :

> *Il allait sortir ; il revint et après une hésitation :* « *Pisque t'as point d'ouvrage* [puisque tu n'as pas de travail], *loche* [fais tomber de l'arbre] *des pommes à cuire, et pis* [puis] *tu feras quatre douzaines de douillons* [chaussons aux pommes] *pour ceux qui viendront à l'imunation* [l'inhumation, l'enterrement], *vu qu'i* [il] *faudra se réconforter. T'allumeras* [tu allumeras] *le four avec la bourrée* [le petit bois] *qu'est* [qui est] *sous l'hangar au pressoir* [le hangar du pressoir]. *Elle est sèque.* » [sèche]
>
> (Guy de Maupassant, « Le Vieux », *Contes du jour et de la nuit,* 1885)

3 LES EXIGENCES DE L'ÉCRIT

À l'écrit, le langage courant comme le langage soutenu sont soumis à des exigences strictes.

● **La grammaire et la conjugaison** doivent être d'une correction parfaite : l'auteur d'un texte écrit doit toujours le relire afin d'en corriger les fautes.
Par exemple, la manière dont est exprimée l'interrogation directe trahit le niveau de langage adopté. En langage familier, on exprime souvent l'interrogation sans inverser le sujet, c'est-à-dire sans le placer après le verbe (*Tu viens ?, Tu vas où ?, Où tu vas ?*). En langage courant, on utilise soit la forme « Est-ce que... » (*Est-ce que tu viens ?, Où est-ce que tu vas ?*), soit l'inversion du sujet (*Viens-tu ? ; Où vas-tu ?*). En langage soutenu, seule l'interrogation avec inversion, plus élégante, est recommandée (voir aussi ci-dessous, « La correction de la langue »).

● **Le vocabulaire** ne doit pas comprendre de mots ou d'expressions familiers. Ainsi l'expression : *Il n'y a pas le feu !* doit être remplacée par une formulation comme *Nous ne sommes pas pressés.* C'est aussi, entre autres, le cas des noms abrégés : les noms « prof », « dico », « télé », « catho » sont familiers, voire péjoratifs, les noms courants ou soutenus étant « professeur », « dictionnaire », « télévision », « catholique », qui ont aussi l'avantage d'être « neutres » (de ne pas indiquer l'opinion de celui qui écrit).

● L'écrit évite aussi **les interjections**. L'interjection constitue une des catégories grammaticales de la langue ; c'est un mot ou une locution utilisés pour traduire une émotion particulière de la personne qui s'exprime (étonnement, désarroi, indignation, impatience, doute, supplication, volonté d'attirer l'attention, etc.) : *Oh ! Eh bien ! Ciel ! Hélas ! Oh la la !*

Sauf volonté d'écrire de manière un peu familière (à un proche) ou de rapporter un dialogue (voir page 115), on remplacera l'interjection par une phrase complète

L'ADAPTATION AU DESTINATAIRE

où le sentiment sera décrit à l'aide de noms, de verbes ou d'adjectifs : ainsi l'interjection *Ouf !* pourra-t-elle être remplacée par des phrases comme *Je me suis détendu(e) [après l'examen]. J'avais le cœur plus léger..., Quel soulagement...,* etc.

- **Les onomatopées** ont encore moins leur place que les interjections en langage soutenu. On appelle « onomatopée » un mot ayant pour origine l'imitation d'un son : ainsi l'interjection « bzz ! » est une onomatopée qui rappelle le bruit d'un insecte qui vole, et sert aussi à désigner ce bruit.

À l'écrit, il faut éviter les onomatopées pures : ainsi écrira-t-on plutôt : *Il y a près de moi une bête qui bourdonne,* et non *une bête qui fait bzz !*

On peut en revanche employer les mots dérivés d'onomatopées, verbes ou noms à part entière souvent très expressifs (appelés « mots onomatopéiques ») : ainsi l'onomatopée « crac ! » a-t-elle donné naissance au verbe « craquer » et au nom « craquement » ; les cris d'animaux sont encore presque audibles dans les verbes aboyer, miauler, coasser (utilisé à propos des grenouilles), croasser (s'appliquant aux corbeaux), etc.

D'autre part, en langage courant, dans un récit un peu vivant, un texte humoristique ou même poétique, il n'est pas tout à fait interdit d'utiliser des onomatopées, à condition de ne pas les employer maladroitement : certaines onomatopées pures peuvent être employées comme noms (*le doux tic-tac de la pendule*), tandis que d'autres paraissent vraiment enfantines (**le miaou du chat,* quand existe le nom *miaulement*).

On notera aussi que, même si de nombreuses onomatopées fantaisistes apparaissent dans la bande dessinée, l'emploi de ces mots en français est relativement codifié (mieux vaut consulter le dictionnaire) : on préférera par exemple « plouf ! » à l'onomatopée anglo-saxonne « splash ! ».

- Ailleurs que dans un texte scientifique (par exemple un devoir de mathématiques), on doit éviter **les abréviations** à l'écrit ; elles conduisent parfois à des confusions (« p.p. » veut-il dire « participe passé », « participe présent », « proposition principale » ou « proposition participiale » ?), et dans tous les cas paraissent peu élégantes même si elles sont bien connues (« m » pour « mètre(s) », « min » pour « minute(s) », etc.).

Il vaut mieux également écrire les noms de nombres en toutes lettres (on peut néanmoins admettre que les nombres très longs, supérieurs à un million, soient écrits en chiffres). Ainsi écrira-t-on *deux heures et demie* et non « 2 h 30 », *trente kilos* (en langage soutenu : *trente kilogrammes*) au lieu de « 30 kg », etc.

- Le cas des **sigles** est un peu différent. On crée un sigle en réduisant une dénomination (pays, organisme, entreprise, etc.) à la première lettre ou à la première syllabe des mots qui la composent : par exemple l'*Organisation des Nations unies* devient l'*O.N.U.,* la *Société nationale des chemins de fer français* est désignée sous le sigle de *S.N.C.F.* (les articles et les prépositions n'apparaissent pas).

On peut admettre l'utilisation d'un sigle s'il est largement connu et remplace une appellation vraiment trop longue ; le sigle devient parfois un mot à part entière, comme *Benelux* qui désigne une communauté formée par la Belgique (« Be »), les Pays-Bas (« Ne », du flamand « Nederland ») et le Luxembourg (« Lux »).

ATTENTION

Certains sigles ne sont que l'abréviation de mots étrangers et n'ont pas leur place en français : *U.S.A.,* qui signifie en anglais *United States of America,* doit être remplacé par *États-Unis [d'Amérique].*

4 LA CORRECTION DE LA LANGUE ET L'INTELLIGIBILITÉ DE L'ÉNONCÉ

> La situation de communication ne peut exister que
> si émetteur et récepteur utilisent le même code (français,
> chinois, morse ou braille) ou que chacun s'adapte
> et s'exprime d'une manière suffisamment claire
> pour être compris par son interlocuteur.

1 LE CODE DE LA LANGUE

Pour qu'un locuteur A communique par écrit avec son interlocuteur B, l'un et l'autre doivent avoir accès au même **« code »,** qui est la langue dans laquelle A parle à B. Ce code, pour être efficace, ne doit pas varier ; il convient donc quand on rédige de respecter la « norme », c'est-à-dire l'état du langage le plus habituel, le plus conforme aux règles. On trouve ces règles dans une grammaire dite « normative » dont le rôle est de fixer les lois du langage commun.

Par exemple, en langage courant, il ne faut pas employer, comme en langage familier, le pronom indéfini « on » au sens du pronom personnel « nous » ; on doit dire *Hier, nous sommes allés danser*, et non *On est allés danser*.

2 L'INTELLIGIBILITÉ DE L'ÉNONCÉ

Un écrit qui ne respecte pas les règles de la langue risque fort de poser problème à son destinataire.

● Au pire, il est totalement incompréhensible (on dit aussi « inintelligible ») : hors contexte, la phrase « *Je bien manger* » n'a pas de sens, en raison de l'emploi du verbe à l'infinitif au lieu d'un mode personnel.

● Sans être vide de sens, il peut être ambigu (on dit aussi « équivoque »), c'est-à-dire interprétable de différentes manières par le destinataire ; par exemple, quand on écrit : *J'ai raccompagné la fille de ma voisine qui m'a remercié(e)*, l'usage du pronom relatif « qui » ne permet pas de savoir si c'est « la fille » ou « la voisine » qui a fait ainsi preuve de politesse. Mieux vaut alors dire explicitement, soit : *J'ai raccompagné la fille de ma voisine ; la petite m'a remercié(e)*, soit : *J'ai raccompagné la fille de ma voisine ; la maman* (ou : *cette dernière*) *m'a remercié(e)*.

● Dans d'autres cas, l'**énoncé** est simplement jugé peu « acceptable » par son destinataire. C'est le cas si, sans être incompréhensible ou ambiguë, la phrase ne respecte pas les règles habituelles de l'ordre des mots (voir page 20), com-

LA CORRECTION DE LA LANGUE

porte un vocabulaire trop compliqué pour le destinataire, des répétitions, une image incohérente (voir page 161), etc. :

> « D'abord tiré par les remorqueurs, le plus grand navire du monde fendra bientôt les flots de ses propres ailes », pouvait-on lire dans un magazine.
>
> (Cité le 16.8.1995 par Le Canard Enchaîné).

• Un énoncé peut aussi se révéler inintelligible non par les insuffisances des structures grammaticales ou du vocabulaire, mais parce que l'interlocuteur est privé de certains renseignements : cela peut être dû à l'absence d'une introduction suffisante (voir page 57), ou encore à la présence d'allusions non explicitées par celui qui écrit.

Il y a « **allusion** » lorsqu'on évoque une notion, un événement, une personne, une parole célèbre, un fait culturel, etc., sans vraiment les nommer. Pour comprendre l'allusion, il faut posséder en commun avec son auteur la culture ou les connaissances nécessaires, ou encore le souvenir d'événements vécus ensemble :

> Ni l'enthousiasme fraternel, ni l'étonnement désapprobateur de mes parents n'obtinrent que je prisse de l'intérêt aux Mousquetaires.
>
> (Colette, La Maison de Claudine)

Dans cette phrase l'auteur, parlant de ses lectures d'enfant, fait allusion au livre célèbre d'Alexandre Dumas, Les Trois Mousquetaires (1844), long roman historique qui fut l'un des plus grands succès de son temps. Si l'on ne connaît pas l'existence de ce livre, on ne comprend pas l'allusion puisque Colette n'indique ni l'auteur ni le titre exact du livre.

On s'assurera donc quand on rédige que celui à qui l'on s'adresse possède bien tous les éléments nécessaires à la compréhension du message.

3 LES CODES GRAPHIQUES ET LEUR PLACE À L'ÉCRIT

En dehors des mots, on peut faire passer un message écrit rapide et efficace à l'aide de codes graphiques (utilisant le dessin) ; certains symboles comme ceux qu'on trouve sur les panneaux routiers ou divers « **pictogrammes** » ont bien la même valeur qu'une phrase : Cet emplacement est réservé aux handicapés ; Les chiens sont interdits dans ce magasin.

Hormis le cas de documents particuliers (publicités, notices d'emploi, guides touristiques ou documents pédagogiques), les dessins et symboles n'ont pas leur place dans un texte ordinaire où l'on attend des phrases rédigées.

Cependant cette remarque ne s'applique pas aux domaines où certains signes conventionnels sont indispensables, comme les mathématiques ou les sciences (symboles mathématiques $\in$, $\subset$, $\leqslant$, $\neq$, $\simeq$ et symboles chimiques H, Cl, Fe, etc.) ; mais on n'en abusera pas dans des phrases rédigées où l'on écrira On remarque la présence de dioxyde de carbone plutôt que la présence de CO_2.

5 LA PRÉSENTATION MATÉRIELLE

> Même si un texte est bien rédigé, il ne fera bonne impression que si plusieurs conditions de présentation sont remplies. Il est indispensable de bien relire ses écrits pour rectifier l'orthographe, la ponctuation et soigner la présentation du texte.

1 L'ORTHOGRAPHE

En premier lieu, le code orthographique doit être respecté.

● **L'orthographe lexicale**, d'abord, concerne la manière d'écrire les mots du vocabulaire. L'orthographe des mots d'argot est parfois hésitante, mais pour les autres mots elle est bien fixée et il est toujours possible de vérifier dans un dictionnaire, lequel indique, le cas échéant, les variantes admises, « clef » ou « clé », « cuiller » ou « cuillère »).

● **L'orthographe grammaticale** concerne l'application des règles de grammaire (accords, conjugaisons, distinction de mots-outils comme « ou » et « où », etc.). Nombreux sont les instruments de travail (manuels de conjugaison, dictionnaires des difficultés de la langue...) qui, en cas d'hésitation, permettent de vérifier ces règles (voir aussi page 67 : « La relecture »).

● On veillera tout particulièrement à **l'accentuation des mots**, qui fait partie de leur orthographe ; les accents permettent d'éviter des confusions sur le plan lexical (« pêcher » signifie « prendre ou tenter de prendre des poissons » ; « pécher » signifie « commettre un péché contre la loi religieuse »), ou sur le plan grammatical (« il prit » est une forme d'indicatif passé simple du verbe prendre, « il prît » une forme de subjonctif imparfait du même verbe).

● D'autres signes graphiques sont en français aussi importants que les accents :
– **la cédille** accompagne la lettre « c » (majuscule ou minuscule) devant les lettres a, o, u pour lui permettre de noter le son [s], comme dans rinçage, glaçon, déçu, BESANÇON ;
– **le tréma** est placé sur une des voyelles « e », « i » ou « u » pour indiquer qu'elles doivent dans la prononciation être détachées de la voyelle précédente, quand le groupe de deux voyelles risquerait d'être pris pour un « digramme », c'est-à-dire un groupe de deux lettres ne notant qu'un seul son. On trouve le tréma par exemple dans les mots « aiguë » (adjectif féminin, qui ne se prononce pas comme dans le nom propre « Aigues-Mortes »), « naïf » (qui ne se prononce pas comme « nef »), Saül (qui ne se prononce pas comme « saule ») ;

ATTENTION
C'est toujours sur la seconde des deux voyelles que se trouve le tréma.

– **le trait d'union** ne doit pas être oublié à l'intérieur de certains mots composés (« chauve-souris », « porte-avions »), mais tous n'en comprennent pas (« Moyen Âge », « tout à coup ») ;

15

– **l'apostrophe** sert à indiquer une élision, c'est-à-dire la disparition d'une lettre du mot (« J'aime » ; « quelqu'un » ; « s'il faut partir »).

● Il peut exceptionnellement arriver qu'au milieu d'un texte on insère exprès un écrit mal orthographié, comme dans ce récit où est mise en valeur la personnalité d'un garçon inculte mais attachant, dont est ainsi retranscrite la lettre :

> çà fet trois jours que je t'écrit, pasque le soir je continut, ma Mère est contante èle se croit que je fét mes Devoirs. Sur mon Cahier. Après, je décire la paje (...).
> ton ami pour la vie. Lili.

(Marcel Pagnol, Le Château de ma mère)

2 COUPER LES MOTS

Il est également important de savoir couper les mots que l'on ne peut écrire en entier à la fin d'une ligne. Les mots sont divisés en syllabes. À l'oral, on appelle « **syllabe** » une partie ou la totalité d'un mot, se composant d'un son voyelle, nasal ou non, éventuellement précédé et/ou suivi d'un son consonne, ces sons étant prononcés d'une seule émission de voix : a-mé-ri-cain.

Mais les syllabes orales (syllabes dont on entend la prononciation) ne correspondent pas toujours aux syllabes écrites, du fait de la présence de lettres muettes (lettres écrites mais non entendues). Ainsi, à l'écrit, il y a trois syllabes dans l'adverbe « vaguement » (va-gue-ment), mais à l'oral on n'en entend que deux ([vag] et [mã]). Dans un texte, c'est la délimitation des syllabes écrites qu'il faut respecter pour couper un mot à la fin d'une ligne. On signale la **coupe** par un seul tiret placé à la fin de la première ligne :

> Je suis allé au ci- |
> néma.

Une syllabe écrite peut se terminer par une seule consonne au maximum. Il conviendra donc d'écrire :

> il- | ou   illet- |
> lettré | tré. |

Il est impossible de couper un mot à l'endroit où il comprend une lettre représentant deux sons répartis dans deux syllabes différentes. C'est souvent le cas de la lettre « x », quand elle sert à noter les sons [ks] ou [gz], ou des semi-voyelles [j] (on la trouve, par exemple, notée par le « y » dans le mot « rayon »), ou [w] (notée par « ou » dans le mot « fouet »). On n'écrira pas :

> *roy- | ni   *ro- |
> alement | yalement, |

car le « y » sert à la fois de voyelle (roi, [rwa]) et de consonne (yalement, [jalmã]) et appartient donc à deux syllabes à la fois. Si on veut diviser le mot, on ne peut écrire que :

> royale- | ou   roya- |
> ment | lement. |

On ne peut pas non plus rejeter au début de la ligne suivante une syllabe écrite terminée par une voyelle muette. On n'écrira donc pas :

> *automobi- | mais automo- |
> le | bile. |

Il est impossible d'aller à la ligne après une abréviation : « M. Pierre » ne peut donc être coupé.

Les mots monosyllabes (ne comportant qu'une syllabe), comme « blanc », « pneu », « chat », ne peuvent être coupés. Si on hésite, mieux vaut s'abstenir de couper un mot et le rejeter à la ligne suivante.

3 LA PONCTUATION

L'absence d'une ponctuation appropriée nuit autant à la compréhension du texte que les déficiences de l'orthographe. On appelle « ponctuation » un ensemble de signes graphiques (voir liste et emploi précis page 26) indispensables à l'écrit :
– pour délimiter les phrases, et à l'intérieur des phrases certaines propositions et certains constituants :
– pour dissiper des équivoques de sens (voir page 28).
– pour équilibrer la phrase, lui donner un rythme (voir page 95) ;
– pour transcrire sommairement les diverses intonations de l'oral et permettre la distinction entre phrases déclaratives *(Elle est arrivée.)*, interrogatives *(Elle est arrivée ?)* ou exclamatives *(Elle est arrivée !)*.

L'absence de ponctuation est cependant parfois volontaire, comme dans les textes poétiques du XXe siècle où son omission donne fluidité, souplesse et pouvoir d'évocation en offrant le choix entre plusieurs interprétations (ce qui n'est pas le but habituellement recherché dans un texte en prose).

4 L'ASPECT DU MANUSCRIT

L'ÉCRITURE

Dans un texte manuscrit (écrit à la main, par opposition à un texte tapé sur un clavier appelé « tapuscrit »), la qualité de l'écriture a toute son importance.

C'est un signe de respect du lecteur qu'une écriture lisible, soignée dans ses détails, où toutes les lettres sont bien formées : en minuscules, on n'omettra pas la barre de la lettre « t », le point des « i » et « j », on distinguera bien « o » et « a », « e » et « i », « m » et « n » ; on veillera à écrire clairement les accents aigus, graves ou circonflexes (ils ne doivent pas ressembler à un trait horizontal) ; l'orientation de l'écriture (de préférence droite ou légèrement penchée) ne variera pas ; la taille des lettres sera suffisante, ainsi que l'espacement des mots et des lignes.

Matériellement, on préférera, pour une meilleure présentation, utiliser un stylo à plume plutôt que des instruments à bille qui autorisent plus difficilement une écriture régulière et risquent de creuser des sillons dans le papier ; mieux vaudra également n'écrire qu'au recto de la feuille.

LE PAPIER

Le choix du papier ne doit pas être négligé : pour une lettre, une feuille d'un papier uni, solide et lourd (au « grammage » important) fait bien meilleur effet qu'une page trop fine à rayures horizontales détachée, bavures de colle en prime, d'un « bloc de correspondance » bon marché. Toute feuille tachée ou raturée doit être évidemment éliminée. On évitera aussi d'abuser des « effaceurs

LA PRÉSENTATION MATÉRIELLE

d'encre » et autres « liquides de correction », qui laissent nécessairement des traces sur la feuille. Un brouillon efficace (voir page 64) permet d'éviter ratures et corrections dans le « produit fini ». Et si l'on garde par précaution une photocopie du texte, le destinataire, lui, doit en recevoir l'original.

LE PROBLÈME DES ITALIQUES

Les textes imprimés comportent des **caractères** d'imprimerie appelés « **italiques** », c'est-à-dire inclinés vers la droite. Dans un manuscrit, on signale qu'un mot devrait être italique en le soulignant. Ce mode de présentation est nécessaire dans des cas précis :
– pour citer le titre d'un livre, d'une œuvre, le nom d'un bateau, etc. :

> *Les Misérables, les Concertos brandebourgeois, le Titanic* ;

– dans le cas d'un mot étranger non usuel dans la langue française ou pour montrer que l'on prend ses distances avec un mot « non standard » ou un néologisme (mot d'invention récente) :

> Il nous a servi des ***cream crackers*** avec le fromage ; Jérémie m'a invité, selon son expression, à une **méga-teuf** (= une grande fête) ;

– pour des expressions toutes faites d'origine étrangère (latines, en particulier) :

> C'est ***a priori*** impossible ; il a fait son ***mea culpa.***

LES LETTRES CAPITALES OU MAJUSCULES

De même, **les lettres capitales** (ou « majuscules ») ne peuvent en aucun cas servir à créer un effet d'insistance sur le lecteur ; il faudra plutôt employer un procédé de style comme la mise en relief (voir page 178). On n'oubliera cependant pas que la majuscule est aussi un signe orthographique présent au début de toute phrase, au début des titres de livres (« J'ai lu *Autant en emporte le vent.* ») et à l'initiale des noms propres (Henri, l'océan Atlantique, le Bas-Rhin...), y compris ceux qui désignent les habitants d'un pays, d'une région, d'une ville (les Français, les Bourguignons, les Dijonnais), ou encore certains noms de périodes historiques (le Moyen Âge, la cinquième République).
On évitera d'abuser dans un manuscrit d'artifices de présentation tels que le fréquent soulignement de mots, l'utilisation de formes de lettres fantaisistes, la « décoration » des pages par des frises, etc.

LA PRÉSENTATION ET LA MISE EN PAGE

Si la présentation générale doit être sobre, il ne faut pas se priver pour autant des avantages qu'offre une **« mise en page »** soignée. Cette expression désigne la manière de disposer visuellement les informations présentées. On veillera en particulier à « aérer » la page, et à cet effet il convient de mettre en valeur les éventuels titres et sous-titres, de ménager des marges sur les côtés de la feuille, de laisser un espace suffisant entre les lignes (« interlignage »), d'éviter d'écrire trop bas et trop haut sur la feuille, d'utiliser harmonieusement l'espace réservé au texte sur la page, et surtout de structurer le texte en paragraphes correspondant à ses différentes divisions.

6 LE CHOIX DU TYPE DE PHRASE

> Une phrase est un assemblage de mots conforme à la norme grammaticale et ayant un sens. Elle commence par une majuscule et se termine par une ponctuation « forte ». Elle doit présenter un sens complet.

1 PHRASE SIMPLE ET PHRASE COMPLEXE

● **La phrase simple** ne comporte au maximum qu'un groupe verbal noyau (muni de son sujet propre) :

Le temps s'améliore.

Il peut s'agir aussi d'une **phrase sans verbe** (dite « nominale ») :

Quel beau soleil !

● **La phrase complexe** (voir aussi page 39) comporte plusieurs groupes verbaux, quelle que soit la nature des propositions (indépendantes, principales et subordonnées) qui la constituent :

Le temps s'améliore, | nous irons nous promener.
(deux propositions indépendantes)

Comme le temps s'améliore, | nous irons nous promener.
(une proposition subordonnée + une proposition principale)

REMARQUE Une phrase complexe peut aussi comporter non pas plusieurs groupes verbaux mais une proposition avec groupe verbal et une autre proposition constituée d'un groupe nominal qui, isolée, formerait une phrase complète :

Quelle joie | que le temps s'améliore !
(groupe nominal prop. principale + prop. subordonnée)

2 LES PHRASES ET LEUR ENCHAÎNEMENT

Le choix de la structure des phrases est important pour le style à l'écrit (voir page 74, « Varier les types de phrases ») ; si une interminable succession de propositions indépendantes juxtaposées (« parataxe », voir page 74) peut lasser par sa pauvreté, elle peut aussi permettre de donner volontairement à un récit un caractère froid, impersonnel, apparemment dénué de sentiments :

Il a mis le café / Dans la tasse (…)
Il a bu le café au lait (…)
Sans me parler / Il a allumé / Une cigarette (…)
Il a mis les cendres / Dans le cendrier
Sans me parler / Sans me regarder / Il s'est levé
Il a mis / Son chapeau sur la tête (…)
Et il est parti / (…) Sans une parole / Sans me regarder
Et moi j'ai pris / Ma tête dans ma main / Et j'ai pleuré.

(Jacques Prévert, « Déjeuner du matin », *Paroles,* éd. Gallimard)

7 L'ORDRE COURANT ET LA PLACE DES MOTS DANS LA PHRASE

> Dans les langues « à déclinaisons », comme autrefois le latin ou aujourd'hui l'allemand, la terminaison des mots indique leur fonction (leur rôle grammatical) dans la phrase ; l'ordre des mots a donc peu d'importance dans ces langues. En français, c'est la place des mots qui détermine leur fonction et donc le sens général de l'énoncé.

1 LA PLACE DES GROUPES FONCTIONNELS DANS LA PHRASE

On écrit généralement en tête le sujet du verbe de la phrase, qui représente en même temps le « thème », c'est-à-dire l'être ou la chose dont la phrase va parler. Après le sujet vient ce qu'on appelle le « prédicat », c'est-à-dire l'ensemble des informations données à propos de ce thème :

Janine
- *paraît très sympathique.*
- *a confié ses clefs à la voisine.*
- *sera rapidement guérie.*

[thème]   [prédicats possibles à propos de ce thème]

La phrase peut exprimer une infinité d'informations à propos du thème ; pour cela, elle s'organise en « groupes fonctionnels », parmi lesquels on trouve :

– le sujet (ou le groupe sujet) ; il indique qui fait l'action, la subit, se trouve dans tel état :

Les enfants *rient ;*

– le verbe (ou le groupe verbal) ; il indique l'action que fait ou que subit le sujet, ou dans quel état il se trouve :

Mireille **écrit** *un roman qui* **sera publié,** *elle* **se réjouit** *;*

– l'attribut du sujet (dans le cas d'un verbe « attributif » comme « être », « paraître », « avoir l'air »…) ; il indique l'identité ou les particularités du sujet :

Ce pneu semble **usé** *;*

– le complément d'objet (dans le cas d'un verbe dit « d'action ») ; direct (C.O.D.) ou indirect (C.O.I.), il indique sur quoi porte l'action exprimée par le verbe :

Le soleil a décoloré **le tapis** *; Le tabac nuit* **à la santé** *;*

– le complément d'objet second (C.O.S.) suit le complément d'objet dans certaines constructions verbales :

Je vais donner leurs graines **aux oiseaux** *;*
Pour obtenir de la peinture orange, mélangez le jaune **au rouge** *;*

LA PLACE DES MOTS DANS LA PHRASE

– le complément d'agent (dans le cas d'un verbe à la voix passive) indique qui fait l'action exprimée par le verbe, sur le sujet qui la subit :

*Le pont a été emporté **par les crues** ;*

– les compléments circonstanciels indiquent dans quelles circonstances (quand, pourquoi, comment, où…) se fait l'action exprimée par le verbe :

*Cet enfant pleure **beaucoup, en ce moment, parce qu'il a ses premières dents** ;*

– l'apostrophe indique à qui s'adresse un message énoncé à la 2e personne :

*Pourquoi es-tu en retard, **Sophie** ?*

Dans la phrase, ces groupes fonctionnels sont classés en deux catégories.

LES GROUPES ESSENTIELS

Certains groupes sont indispensables pour former une phrase compréhensible ; dans le cas de la phrase verbale, il s'agit du sujet (sauf pour les verbes à l'impératif qui n'en sont pas munis) et du verbe, éventuellement suivi du ou des compléments d'objet (verbe d'action transitif), de l'attribut du sujet (verbe attributif) ou du complément d'agent (verbe à la voix passive) ; une phrase ne comportant que ces éléments indispensables est appelée « **phrase minimale** ».

L'ordre normal des groupes fonctionnels est le suivant :

sujet / verbe / C.O.D. (+ C.O.S.) ou attribut du sujet.

Pour la bonne compréhension (et pour l'harmonie) de la phrase, le complément d'objet ou l'attribut ne doivent pas être trop éloignés du groupe sujet-verbe ; on veillera à ne pas insérer entre eux trop de groupes fonctionnels déplaçables (voir ci-dessous) : la phrase

La montre comportait, gravés sur le bracelet et imprimés sur le cadran, des motifs géométriques.

est maladroite et il vaudra mieux écrire :

La montre comportait des motifs géométriques, gravés sur le bracelet (…)

Néanmoins, cet ordre doit être parfois modifié.

● Dans la phrase interrogative (ou interro-négative) et dans les propositions incises (« dit-il », « répondis-je »), on inverse obligatoirement le pronom sujet :

*Il est là → Est-**il** là ?*

Le nom sujet dans la phrase interrogative doit être repris par un pronom :

*Jean est-**il** rentré ?*

● Le sujet doit être inversé dans les mêmes conditions quand certains adverbes ou locutions adverbiales sont en tête du membre de phrase : ainsi, à peine, à plus forte raison, au moins (du moins), aussi (au sens de « c'est pourquoi »), encore, peut-être, sans doute, tout au plus… :

*Peut-être réussirai-**je**, encore me faudra-t-**il** de la chance.*

● Le pronom personnel complément doit parfois obligatoirement se situer à une place différente de celle qu'aurait occupée le nom qu'il remplace :

– Le pronom C.O.D. précède le verbe au lieu de le suivre :

> *Nous admirons **le cheval** → Nous **l'**admirons ;*
> *Tu prends trois **de ces pommes** → Tu **en** prends trois.*

– Le pronom C.O.S. précède normalement le nom ou le pronom C.O.D., sauf si ce pronom C.O.S. est « lui » ou « leur » :

> *Je prête **ma voiture** (C.O.D.) à **Nicole** (C.O.S.) ;*
> *Je **te** (C.O.S.) **la** (C.O.D.) prête ;*
> *Je **la** (C.O.D.) **lui** (C.O.S.) prête.*

– À l'impératif, l'ordre des pronoms est le même que pour les noms, sauf avec « nous » où le C.O.S. peut précéder le C.O.D. ; des traits d'union relient le verbe et les compléments :

> *Prête **ta voiture** (C.O.D.) à **Nicole** (C.O.S.) ;*
> *Prête-**la** (C.O.D.) -**lui** (C.O.S.) ; prête-**la-moi** ;*
> *Prête-**la-nous** (C.O.D. + C.O.S.) ou Prête-**nous-la** (C.O.S. + C.O.D.).*

– Le pronom C.O.D. d'un verbe pronominal s'insère entre le pronom réfléchi (accompagnant le verbe) et le verbe :

> *Jean se lave **les mains** → Jean se **les** lave.*
> *Lave-toi **les mains** → Lave-**les**-toi.*

REMARQUE Les règles ci-dessus concernent l'ordre normal des mots dans la phrase ; mais un mot peut facultativement être placé à un endroit inhabituel quand on désire le mettre en valeur (voir page 178 : « Mettre en relief »).

LES GROUPES FACULTATIFS

● Les compléments circonstanciels sont facultatifs : une phrase qui n'en comporte pas manque de précision mais n'est pas incompréhensible. Ils n'ont pas de place fixe et se trouvent en tête, en queue ou au centre de la phrase.
La place choisie, la présence ou l'absence d'une virgule peuvent néanmoins induire de légères différences de sens :

> *Il a déplacé le vase **avec précaution** (aucune insistance) ;*
> ***Avec précaution**, il a déplacé le vase (insistance sur la manière) ;*
> *Il a, **avec précaution**, déplacé le vase (insistance sur la manière).*

REMARQUE On évite de placer après un groupe nominal un complément circonstanciel risquant de passer pour un complément de détermination ; la phrase *Il roule dans les rues sans lumière* est ambiguë ; si « sans lumière » est un complément circonstanciel de manière, et non le complément du nom « rues », mieux vaut écrire *Il roule sans lumière dans les rues.*

● Le complément d'agent lui non plus n'est pas indispensable ; l'utilisation d'un verbe à la voix passive sans complément d'agent peut même constituer un effet de style intéressant, en rendant l'énoncé volontairement mystérieux :

> *Deux gendarmes auraient été assassinés ces jours derniers pendant qu'ils conduisaient un prisonnier corse de Corte à Ajaccio.*
>
> (Guy de Maupassant, *Histoire corse*)

s'il existe, le complément d'agent se place souvent après le groupe verbal :

> *C'est ici que mon cousin Jean Rinaldi fut tué par Mathieu Lori.*
>
> (Guy de Maupassant, *ibidem*)

● La place de l'apostrophe est assez variable dans la phrase ; on la mettra en tête de phrase quand on désire attirer plus fortement l'attention de l'interlocuteur :

> **Les enfants,** *j'ai à vous parler.*

LA PLACE DES MOTS DANS LE GROUPE NOMINAL : LES EXPANSIONS DU NOM

Le groupe nominal est, au minimum, constitué d'un nom, propre ou commun, généralement précédé d'un « déterminant » *(quelques* **enfants,** *le* **Mont-Blanc)**. Il peut facultativement être enrichi, précisé par ce qu'on appelle des « expansions ».

L'ADJECTIF ÉPITHÈTE

● Il peut d'abord s'agir d'un ou plusieurs adjectifs qualificatifs épithètes (placés à côté de lui) : *un* **bel** *enfant*.

Il existe deux types d'adjectifs qualificatifs :
– certains servent à décrire (dans le cadre de sensations, de sentiments) la réalité que l'on évoque ; on dit alors qu'ils ont une valeur « descriptive » :

> *une* **vieille** *voiture, une* **somptueuse** *résidence, un train* **vide** *;*

– d'autres servent à classer dans une catégorie plutôt que dans une autre ; on dit qu'ils ont une valeur « distinctive » ou « relationnelle » ; ils sont souvent dérivés d'un nom commun : *une voiture* **utilitaire** (= du domaine de l'utilité, et non de l'agrément), *une résidence* **présidentielle** (= réservée au président), *un train* **régional** (= desservant une région).

● En règle générale, les adjectifs servant à décrire le groupe nominal se placent soit avant le nom (ils sont alors « antéposés ») quand ils sont plus courts que lui (exemple 1), soit après le nom (ils sont alors « postposés ») s'ils sont plus longs que lui (exemple 2) ; si le nom et l'adjectif sont de même longueur, l'ordre est assez variable et dicté par l'usage (exemples 3 et 4) :

> (1) *un* **beau** *mariage ;* (2) *un discours* **interminable ;** (3) *une* **jolie** *maison ;*
> (4) *un coup* **sec,** *un* **rude** *coup.*

On pourra néanmoins, dans un souci d'insistance, jouer sur la place inhabituelle de l'adjectif et mettre un adjectif assez long avant le nom, ou au contraire un adjectif court après le nom : *un* **interminable** *discours ; un endroit* **beau.**
Les adjectifs servant à classer se mettent obligatoirement après le nom qu'ils qualifient : *un mariage* **civil** (= non religieux), *une cérémonie* **funèbre** (= d'enterrement).

ATTENTION
Certains adjectifs ont un sens bien différent s'ils sont placés avant ou après le nom :

avant	après
une certaine difficulté : quelque difficulté (l'adjectif joue alors le rôle d'un déterminant indéfini),	**une difficulté certaine :** une difficulté incontestable ;
Il m'a montré différents objets : plusieurs objets,	**Il m'a montré des objets différents :** des objets qui n'étaient pas semblables ;
un maigre repas : un repas peu copieux, frugal,	**un repas maigre :** un repas « allégé » ;
un grand homme : un homme célèbre,	**un homme grand :** un homme de grande taille ;

LA PLACE DES MOTS DANS LA PHRASE

avant	après
une grosse chienne : une chienne encombrante, **la seule dame :** l'unique dame présente, **un simple problème :** un problème banal,	**une chienne grosse :** qui porte des petits ; **la dame seule :** la dame non accompagnée ; **un problème simple :** facile à résoudre.

autres adjectifs dans ce cas : **ancien, bon, brave, curieux, dernier, jeune, pauvre, petit** (signifiant « mesquin » quand il est postposé), **propre, sacré, triste, vague, vilain.** (Consulter un dictionnaire)

● Quand l'adjectif est lui-même suivi d'un complément ou complété par un adverbe en -ment, il est postposé :

> *un **lourd** secret, un secret **lourd à porter**, un **très lourd** secret, un secret **extrêmement lourd**.*

● Quand l'adjectif se rapporte à un nom lui-même muni d'un complément, il doit être souvent antéposé, pour des raisons d'équilibre de la phrase mais aussi de clarté :
*un cri **terrible** ; un **terrible** cri de bête* (et non : **un cri de bête terrible*, ce qui laisserait à croire que « terrible » se rapporte au nom « bête »).

On pourra néanmoins écrire une expression comme : *un oiseau de proie redoutable,* quand il n'y a pas de risque d'équivoque (le terme d'« oiseau de proie » forme un tout indissociable, et la pauvre « proie » ne peut être qualifiée de « redoutable »…).

● Quand plusieurs adjectifs épithètes se rapportent au même nom, plusieurs solutions sont possibles :
– on peut regrouper ces adjectifs avant ou après le nom, en les séparant par une virgule et éventuellement en coordonnant les deux derniers, s'ils n'ont pas un sens trop différent les uns des autres (sauf à vouloir produire un effet de style) ; mais on ne peut les antéposer s'ils sont trop nombreux :

> *un **bon et brave** chien ; un costume **démodé, élimé [et] crasseux** ;*

– on peut les disposer de part et d'autre du nom :

> *un **ridicule** chapeau **vert et rose** ; un **adorable** enfant **blond** ;*

– on peut juxtaposer sans virgule deux adjectifs après le nom, si le premier d'entre eux a une valeur distinctive :

> *un problème **grammatical ardu**, un temple **protestant désaffecté**, une mère **adoptive comblée**, un député **socialiste combatif**.*

▰ LES COMPLÉMENTS DE DÉTERMINATION

Le groupe nominal peut également être enrichi par un ou plusieurs compléments, dits **« compléments de détermination »,** lesquels admettent eux-mêmes d'être complétés :

> *un cri ; un cri **d'oiseau** ; un cri **d'oiseau de nuit**.*

On évitera cependant de multiplier les compléments de détermination d'un même nom, en particulier quand ils sont introduits par la même préposition, et de mélanger des compléments exprimant des qualités différentes : l'expression « un fer à repasser à vapeur » est maladroite, et il vaudra mieux se contenter d'écrire « un fer à vapeur », le contexte suffisant à indiquer que c'est un fer à repasser.

LES PROPOSITIONS RELATIVES DÉTERMINATIVES

Le groupe nominal peut être aussi suivi d'une proposition subordonnée relative dite « **déterminative** », jouant le même rôle qu'un adjectif ou un complément de détermination :

> *un chemin* **qui serpente dans la montagne** = *un chemin* **montagnard** = *un chemin* **de montagne.**

Dans ce cas, la subordonnée relative ne peut pas être séparée du groupe nominal et ne devra donc pas être trop longue si on ne veut pas nuire à la fluidité de la phrase.

L'APPOSITION

Le groupe nominal peut enfin être complété par une apposition. On dit qu'un groupe nominal, une suite de noms, un pronom, un adjectif qualificatif, un verbe au participe, une proposition relative, sont en fonction d'**apposition** quand, placés à côté d'un nom (ou d'un pronom), ils en précisent l'identité, la qualité, le métier, etc.

- L'apposition peut être séparée du terme auquel elle est apposée par une virgule, deux points ou des tirets :

> *On interrogea les habitants de la forêt,* **lapins, écureuils, chevreuils, geais, corbeaux, pies.**
> (Marcel Aymé, *Les Contes du chat perché*, éd. Gallimard, N.R.F., 1939)

Remarques

1. Si le pronom auquel on accole une apposition représente un groupe nominal qui serait précédé d'une préposition, l'apposition doit reprendre cette préposition : *Je lui arracherai poils et moustaches,* **à ce gringalet** *!*
(Marcel Aymé, *ibidem*)

ici, « à ce gringalet » est mis en apposition au pronom « lui », équivalent du groupe nominal prépositionnel « à ce chat » ;

2. L'adjectif, le participe, la proposition relative ainsi apposés ont souvent valeur de complément circonstanciel ; l'apposition peut alors facilement se déplacer dans la phrase, au même titre que le complément circonstanciel :

> *Ce rôti,* **plus cuit,** *aurait été délicieux*
> **Plus cuit,** *ce rôti aurait été délicieux* } (= s'il avait été plus cuit).

- L'apposition peut être aussi reliée au nom par la préposition « de » :

> *la ville* **de Besançon** *; ce galopin* **de Paul.**

- Plus rarement, elle se place directement à côté du nom :

> *le peintre* **Gustave Courbet.**

Remarque
Les indications données ci-dessus sur l'ordre des mots concernent surtout la prose, c'est-à-dire la forme que prend le langage quand il n'est pas en vers : en poésie, l'ordre est souvent bouleversé pour des raisons de rythme (voir page 95) et de sonorités.

8 L'USAGE DE LA PONCTUATION

> La ponctuation est un ensemble de signes indispensables à l'écrit pour délimiter les phrases, pour indiquer leur type en transcrivant sommairement les intonations de l'oral, pour leur donner un rythme (voir page 95) et, enfin, pour lever des équivoques de sens en séparant certains groupes de mots.

1 LES SIGNES DE PONCTUATION FORTE

On utilise quatre signes dits de « ponctuation forte », lorsqu'on veut clore une phrase.

■ **Le point** . termine une phrase de type déclaratif ou impératif, même nominale, et correspond à une pause prolongée :

Soit. Je te donne quatre cents francs. Mais tâche d'avoir une belle robe.
(Guy de Maupassant, *La Parure*)

Il est également utilisé dans les sigles (voir page 12) et abréviations :

O.N.F. (= Office National des Forêts) ;
Suggérer, v.t. (= verbe transitif).

■ **Les points de suspension** ... marquent une pause provisoire (la voix à l'oral ne retombe pas en une intonation descendante).

• À la fin d'une phrase de tout type (ils peuvent s'ajouter à un point d'exclamation ou d'interrogation), on les utilise :

– pour laisser place à la méditation, pour montrer qu'on pourrait expliquer, que l'évocation ou l'énumération est incomplète :

La jolie voix, et comme je pleurerais de plaisir à l'entendre...
(Colette, *La Maison de Claudine*, éd. Hachette, 1960)

– pour indiquer, dans un dialogue (par exemple au théâtre), qu'une réplique a été brusquement interrompue, ou qu'une question n'a pas obtenu de réponse :

ARISTE. – *Mais...*
CHRYSALE. – *Laissez faire, dis-je, et n'appréhendez pas.*
(Molière, *Les Femmes savantes*, acte II, scène 4)

Qu'est-ce que tu lis, Juliette ?... Dis, Juliette, qu'est-ce que tu lis ?...
(Colette, *La Maison de Claudine*, ibidem)

• À l'intérieur d'une phrase, ils montrent une hésitation, la difficulté à s'exprimer, une émotion particulière, etc. :

Sur ce pauvre petit être sans défense, on s'était rué comme... comme... comment dirait-il ?... comme un buffle, comme un buffle sauvage.
(Alphonse Daudet, *Le Petit Chose*)

Ils peuvent aussi indiquer qu'un mot est volontairement incomplet (par discrétion, ou pour éviter un mot grossier) :

> Le vicomte de Valmont à la marquise de Merteuil
> Du Château de ... 19 octobre 17**
>
> (Choderlos de Laclos, *Les Liaisons dangereuses*)

● Entre parenthèses, ou entre crochets, les points de suspension signalent dans une citation un passage supprimé.

■ **Le point d'interrogation** ? est utilisé :

– pour marquer la fin d'une phrase interrogative, au discours direct : *Viens-tu ?*

– à l'intérieur d'une phrase, pour indiquer une série de questions pressantes prononcées dans un même mouvement :

> *Qu'est-il devenu ? où est-il ? où se cache-t-il ?*
>
> (Molière, *L'Avare,* acte IV, scène 7)

■ **Le point d'exclamation** ! est utilisé dans des cas bien distincts.

● À la fin d'une phrase exclamative, il traduit un sentiment (joie, colère, impatience, détresse) : *Viens donc !*

● Il peut apparaître à l'intérieur d'une phrase,

– après les interjections : *Zut ! j'ai cassé mon crayon ;*

– entre parenthèses : il a valeur de commentaire, et exprime familièrement l'ironie, l'étonnement de l'auteur : *Je vends ma superbe (!) voiture.*

REMARQUE La bande dessinée utilise un procédé dont il faut s'abstenir à l'écrit : le point d'exclamation, éventuellement redoublé, y est parfois accompagné d'un point d'interrogation pour marquer un étonnement mêlé de joie ou de colère, etc. :

> *Vous avez vu ça ??!!*
>
> (Franquin, « Les Aventures de Spirou et Fantasio », *Z comme Zorglub*)

2 LES AUTRES SIGNES DE PONCTUATION

Ces signes de ponctuation ne doivent se trouver qu'à l'intérieur des phrases.

■ **Le point-virgule** ; signale à la fin d'une proposition une pause moins longue que celle qu'introduit le point.

En même temps, il crée un lien logique entre les deux membres de phrase qu'il relie et qui, appartenant à la même phrase, sont nécessairement complémentaires : il ponctue ainsi les étapes successives d'un récit, le cheminement d'un raisonnement, les différents éléments d'une énumération, etc. Les membres de phrase placés après le point-virgule sont souvent elliptiques (des mots, déjà présents dans le premier membre, peuvent y être sous-entendus) :

> *Victor alla successivement à Morlaix, à Dunkerque et à Brighton ; au retour de chaque voyage, il lui offrait un cadeau. La première fois, ce fut une boîte en coquilles ; la seconde, une tasse à café ; la troisième, un grand bonhomme en pain d'épice.*
>
> (Gustave Flaubert, « Un Cœur simple », *Trois contes*)

L'USAGE DE LA PONCTUATION

■ **Les deux points :** indiquent eux aussi une simple pause entre deux propositions qu'ils lient logiquement de façon étroite, remplaçant souvent une conjonction de coordination (voir aussi « Les articulations, liaisons et transitions », page 59) ;
ainsi la phrase : *Je rentre : il fait trop froid ;*
est l'équivalent de : *Je rentre car il fait trop froid.*

Ils annoncent donc souvent une explication, mais aussi :
– une énumération :

> *On voyait contre les murs : des chapelets, des médailles, plusieurs bonnes Vierges, un bénitier en noix de coco (...)*
>
> (Gustave Flaubert, « Un Cœur simple », *Trois contes*)

– dans un texte didactique (visant à enseigner), un exemple illustrant l'idée énoncée ; dans un récit, une citation au discours direct :

> *Il était mort immédiatement, et le chef avait dit : « Bon ! encore un ! »*
>
> (Gustave Flaubert, *ibidem*)

■ **La virgule ,** marque une pause brève et remplit plusieurs fonctions.

● Elle sépare des termes placés côte à côte et jouant le même rôle grammatical ; si les deux derniers sont liés par une conjonction de coordination, la dernière virgule disparaît :

> *Des oppressions, des toux, une fièvre continuelle et des marbrures aux pommettes décelaient quelque affection profonde.*
>
> (Gustave Flaubert, *ibidem*)

● Elle détache et met en valeur certains groupes fonctionnels (compléments circonstanciels, mots en apposition...) ou les mots qui sont à une place inhabituelle (redondance) :

> *Le lendemain, **dès l'aube**, elle se présenta chez le docteur.*
>
> *Ça ne leur fait rien, **à eux**.*
>
> (Gustave Flaubert, *ibidem*, pour ces deux exemples)

La présence ou l'absence d'une virgule est parfois capitale pour la compréhension ; on comparera : *il n'est plus atteint par la maladie* (= il est guéri) ; *il n'est plus, atteint par la maladie* (= il est mort, parce que la maladie l'a emporté).

● Elle permet d'insérer une proposition, appelée « proposition incise », à l'intérieur d'une autre proposition :

> *Ils sont trop verts, **dit-il**, et bons pour des goujats.*
>
> (Jean de La Fontaine, « Le Renard et les Raisins », *Fables*)

● Elle permet de distinguer un nom en fonction d'apostrophe d'un nom complément d'objet :

> *Regarde, Jean !* (apostrophe : on s'adresse à Jean) ;
>
> *Regarde Jean !* (C.O.D. : il faut regarder Jean).

● Elle signale une ellipse (un mot sous-entendu) :

> *La paix se conclut donc, on donne des otages ;*
> *Les Loups, leurs Louveteaux ; et les Brebis, leurs Chiens.*
>
> (Jean de La Fontaine, « Les Loups et les Brebis », *Fables*)

L'USAGE DE LA PONCTUATION

● Elle accentue un lien logique (par exemple un lien de conséquence) entre deux propositions, même coordonnées :

> *Félicité lui en fut reconnaissante comme d'un bienfait, et désormais la chérit avec un dévouement bestial.*
>
> (Gustave Flaubert, « Un Cœur simple », *Trois contes*)

ATTENTION
– On ne sépare jamais par une virgule le verbe de ses compléments essentiels (complément d'objet, complément d'agent), sauf s'ils sont déplacés pour des raisons d'expressivité :

> *J'ai offert un jeu de construction à Thomas.*
>
> *À Thomas, j'ai offert un jeu de construction.*

– On ne sépare par une virgule la proposition subordonnée relative de sa proposition principale que si la relative équivaut à un complément circonstanciel (relative dite « explicative ») ; on comparera :

> *Nous avons adopté ce chien, qui a l'air affectueux.*

(= nous l'avons adopté justement pour cette raison)

> *Nous avons adopté ce chien qui a l'air affectueux.*

(= nous avons adopté un chien apparemment affectueux) ;

■ **Le tiret** – ne doit pas être confondu avec le trait d'union des mots composés (comme dans « eau-de-vie », ou « aigre-doux »).

● Il est utilisé comme ponctuation du dialogue pour indiquer, à la place des guillemets, le début d'un dialogue, ou d'une phrase au discours direct, puis pour marquer un changement d'interlocuteur :

> *Il ouvrit les yeux.*
> *– Quelle heure est-il ?*
> *– Minuit.*
>
> (Antoine de Saint-Exupéry, *Vol de nuit,* éd. Gallimard, 1931)

ATTENTION
– On ne peut pas utiliser ensemble tiret et guillemets.
– Pour distinguer le dialogue du récit dans lequel il est inséré, on signale chaque réplique par un nouveau paragraphe (généralement précédé d'un « blanc typographique »).

● À l'intérieur d'une phrase, le tiret sert aussi à isoler (ce qui revient souvent à mettre en valeur) un ou plusieurs mots constituant une explication, un commentaire, une citation rapide, une apposition, etc. :

> *C'est donc possible – **mais oui, je suis la dernière née des quatre** – c'est donc possible que ma mère ait bientôt cinquante-quatre ans ?... Je n'y pense jamais. Je voudrais l'oublier.*
>
> (Colette, « Amour », *La Maison de Claudine,* éd. Hachette, 1960)

ATTENTION
Le tiret est dans ce cas redoublé, sauf si les mots qu'il isole sont aussi les derniers de la phrase.

L'USAGE DE LA PONCTUATION

● Le tiret sert enfin à présenter une énumération, une liste, ou les différentes parties d'un plan détaillé (voir page 58).

ATTENTION

Dans un écrit rédigé, les tirets devront disparaître au profit de mots de liaison (voir page 59).

■ **Les guillemets** « » ou " " sont un signe de ponctuation double.

● On les utilise pour rapporter au discours direct les paroles ou la pensée d'un personnage ou d'une personne réelle :

> *L'un dit : « Je n'y vas point, je ne suis pas si sot. »*
>
> (Jean de La Fontaine, « Conseil tenu par les rats », *Fables*)

ATTENTION

– Ces paroles forment une phrase autonome qui doit commencer par une majuscule et se terminer par sa ponctuation d'origine.

– Elles sont généralement annoncées par une proposition faisant partie du récit (« L'un dit », dans l'exemple précédent) ; cette proposition, si elle est courte, peut interrompre la citation (elle est alors dite « incise ») sans obliger à fermer les guillemets :

> *« Entrez, **dis-je en ouvrant la porte**, je vous attendais. »*

mais si l'interruption est trop longue, mieux vaudra fermer les guillemets et les rouvrir au retour du style direct.

– Dans le cas d'un dialogue, les guillemets ne sont utilisés qu'au début et à la fin de ce dialogue, chaque changement d'interlocuteur étant signalé par un tiret :

> *« Que faisiez-vous au temps chaud ?*
> *Dit-elle à cette emprunteuse.*
> *– (...) Je chantais, ne vous déplaise.*
> *– Vous chantiez ? j'en suis fort aise :*
> *Eh bien ! dansez maintenant. »*
>
> (Jean de La Fontaine, « La Cigale et la Fourmi », *Fables*)

● Les guillemets servent aussi, dans les mêmes conditions, à isoler une citation extraite d'un texte.

● Ils permettent enfin, comme les caractères italiques (voir page 18) de marquer une distance que prend celui qui écrit par rapport à un mot ou à une expression jugés incorrects :

> *Cette firme est le « sponsor » de l'équipe.*

■ **Les parenthèses ( )** sont un signe de ponctuation double.

● On les utilise comme les tirets pour isoler une remarque, une explication, un commentaire d'importance secondaire.

Si l'on ouvre une parenthèse là où aurait dû se trouver un autre signe de ponctuation, celui-ci est rejeté après la seconde parenthèse :

> *Bien sûr, il se savait déjà renvoyé pour la fin de l'année scolaire (il ne fit que la sixième à Saint-Cosmes), mais c'était époustouflant de panache.*
>
> (Jean Rouaud, *Le Monde à peu près,* éd. de Minuit, 1996)

L'USAGE DE LA PONCTUATION

ATTENTION

Il faut éviter d'interrompre la phrase par de trop longues parenthèses qui en détruisent le rythme et nuisent à la compréhension ; les informations essentielles figureront avant les parenthèses ; les explications entre parenthèses trouveront mieux leur place en fin de phrase.

● Les parenthèses servent aussi à présenter les indications de mise en scène (les « didascalies ») à l'intérieur du texte écrit d'une réplique de théâtre :

> VALÈRE, bas à Lucas. – *Il aime à rire.* (À Sganarelle.) *Allons, monsieur.*
> (Molière, *Le Médecin malgré lui,* acte I, scène 5)

● Des points de suspension entre parenthèses (...) signalent dans une citation un passage que l'on a supprimé.

● Un nombre entre parenthèses (1) permet, après un mot ou un groupe de mots, le renvoi à une note (placée en bas de page, en fin de livre ou de chapitre).

■ **Les crochets [ ]** sont eux aussi un signe double.

● On les utilise pour rétablir, dans un texte cité hors contexte, un ou plusieurs mots qui n'y étaient pas à l'origine mais qui sont nécessaires à la compréhension :

> *Enfin l'heureux jour [du bal] arriva ; on [les sœurs de Cendrillon] partit, et Cendrillon les suivit des yeux le plus longtemps qu'elle put.*
> (Charles Perrault, « Cendrillon ou la petite pantoufle de verre », *Contes de ma mère l'Oye*)

● Comme les parenthèses, les crochets complétés par des points de suspension signalent dans une citation un passage supprimé.

● Enfin, ils signalent un mot transcrit en alphabet phonétique international (A.P.I.) :

> *[gajyr]* (transcription de « gageure »).

■ **L'astérisque** (nom masculin) * indique :

– après un mot, qu'il faut se reporter à une note le concernant ; ou encore que le mot, ou le nombre, a été tronqué (par discrétion, pour éviter de le révéler entièrement) :

> *Cette grâce lui vint après les élections de 182*.*
> (Stendhal, *Le Rouge et le Noir,* livre I, ch. 1)

– avant un mot ou une phrase, que la forme employée n'existe normalement pas dans la langue :

> *Il ne faut pas écrire « que je *croive », mais « que je croie ».*

REMARQUE   On rencontre parfois des astérisques disposés en triangle *** pour séparer à l'intérieur de certains textes l'introduction du développement, et le développement de la conclusion. Un astérisque unique * permet de séparer les parties à l'intérieur du développement.

9 LES ERREURS D'EXPRESSION LES PLUS FRÉQUENTES

> On ne peut se faire comprendre sans respecter le code de la langue. Mais ce code est complexe et des souplesses existent dans son application. C'est aussi en ayant en tête les fautes rencontrées le plus fréquemment qu'on acquiert le réflexe de se corriger pour parvenir à des constructions correctes.

1 RÈGLES, « LICENCES » ET « TOLÉRANCES GRAMMATICALES »

Les écrivains s'accordent parfois le droit d'enfreindre certaines règles ; ces « licences » cependant ne se trouvent guère qu'en poésie : ainsi l'orthographe de quelques mots peut-elle être modifiée (« encor » au lieu de « encore ») pour qu'un vers compte le nombre de syllabes voulu. L'écrit courant n'est donc pas concerné.

D'autre part, des « tolérances » ont été officiellement prévues dans l'usage de la langue ; par exemple, l'arrêté ministériel du 8 décembre 1976 énumère des cas où, dans les examens et concours (jusqu'à la fin de la scolarité secondaire), deux possibilités peuvent être admises ; l'une d'elles n'est cependant tolérée que parce qu'elle existe dans l'usage, répond à une logique grammaticale, ou encore parce que la différence de sens entre les deux tournures n'est perceptible qu'au « locuteur ou scripteur averti » ; par exemple :

– l'usage admet que le présentatif « c'est » soit suivi d'un nom singulier ou d'un nom pluriel : *C'était/C'étaient nos amis* ;

– on tolère que le pronom indéfini « on » entraîne un accord au féminin et/ou au pluriel quand il désigne une femme ou un groupe de personnes : *On est restés* (au lieu de : *resté*) *amis* ;

– on admet indifféremment *Ils ont ôté leur chapeau* ou *Ils ont ôté leurs chapeaux*, la différence étant mince (au singulier, on indique que chacun a ôté son chapeau ; au pluriel, on se représente plusieurs personnes et plusieurs chapeaux). Cependant, il ne s'agit là que de tolérances ; pour être toujours sûr de faire bonne impression à l'écrit, mieux vaut s'en tenir strictement aux règles.

2 L'EMPLOI DES PRONOMS

Les pronoms sont des mots variables remplaçant généralement (avec les mêmes fonctions possibles) un ou plusieurs groupes nominaux que l'on peut citer. Ces pronoms sont dits « représentants » :

*J'ai vu **les tigres** → Je **les** ai vus.*

LES ERREURS D'EXPRESSION LES PLUS FRÉQUENTES

On doit s'assurer que le lecteur est à même de comprendre quel groupe nominal le pronom représentant remplace ou annonce.

L'EMPLOI DES PRONOMS PERSONNELS

Ces pronoms appartiennent aux 1re, 2e ou 3e personnes :

Tu (2e personne) *nous* (1re p.) *la* (3e p.) *présenteras.*

Seul celui de 3e personne est représentant ; il peut remplacer un ou plusieurs mots, et même toute une proposition :

*J'ai vu **Thomas et Jeanne** : **les** connais-tu ?*

*On dit **qu'elle est malade** et je **le** crois* (« le » : pronom neutre remplaçant la proposition « qu'elle est malade »).

Leur forme varie selon leur fonction dans la phrase :

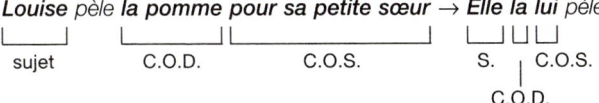

sujet	C.O.D.	C.O.S.	S.	C.O.S.
				C.O.D.

ATTENTION

– « Leur », pronom C.O.S. de 3e personne, pluriel de « lui », ne prend pas de « s » : *J'ai prêté des livres **aux enfants** → Je **leur** ai prêté des livres* (ne pas confondre avec l'adjectif possessif, variable : leur maison, leurs enfants).
– La place des pronoms personnels compléments obéit à des règles précises (voir page 21).
– On ne peut pas reprendre par un pronom personnel pluriel un nom même collectif (désignant au singulier plusieurs êtres ou plusieurs choses) :
au lieu de : **La police arriva et ils me ramenèrent chez moi,* il faut écrire : *Les policiers arrivèrent et ils …*

L'EMPLOI DES PRONOMS ADVERBIAUX « EN » ET « Y »

Ces pronoms dits « adverbiaux » sont tantôt des adverbes (généralement de lieu), tantôt des pronoms personnels.

● « y » remplace un groupe nominal non humain, complément d'objet indirect, précédé de la préposition « à » :

*Je pense **à mon voyage** → **J'y** pense.*

● « en » remplace un groupe nominal, C.O.I. ou complément de détermination, précédé de la préposition « de », ou un nom C.O.D. précédé de l'article partitif ou indéfini :

*Nos voisins parlent **de leur voyage** → Ils **en** parlent ;*
*M. Dupont est l'oncle **de Marie** → Il **en** est l'oncle ;*
*Il a avalé **du sable** (article partitif) → Il **en** a avalé ;*
*Elle a acheté **des melons** (article indéfini) → Elle **en** a acheté.*

ATTENTION

– « en » et « y » C.O.I. ne peuvent représenter une personne :

*Je pense **à Paul, à Paule** → Je pense **à lui, à elle*** (et non **J'y pense*) ;
*Je parle **de Paul, de Paule** → Je parle **de lui, d'elle*** (et non **J'en parle*) ;

LES ERREURS D'EXPRESSION LES PLUS FRÉQUENTES

– le nom C.O.D. déterminé par un article défini doit être remplacé par le pronom personnel « le, la, les » :

> Elle a acheté **les melons** → Elle **les** a achetés.

LES PRONOMS RELATIFS

Le pronom relatif introduit une proposition subordonnée relative et remplace généralement un nom ou un pronom, appelé son « antécédent », situé dans la proposition précédente :

> J'ai acheté **un ordinateur** | **qui** me rend de grands services.
> (antécédent)   (pronom relatif, remplaçant le nom « ordinateur »)

Le pronom relatif simple : une forme pour chaque fonction

Les formes simples ne varient ni en genre ni en nombre, mais correspondent à des fonctions grammaticales bien précises :

– **« qui »** est généralement sujet :

> L'acteur **qui** joue ce rôle est connu ;

il peut aussi être précédé d'une préposition et devenir complément indirect, à condition de représenter une personne :

> La dame **à qui** j'ai parlé est professeur ;

– **« que »** (« qu' ») peut être :
→ C.O.D. (le plus souvent) :

> As-tu vu le chapeau **que** portait la reine ?

→ attribut du sujet :

> Le prétentieux **qu'**il est devenu !

→ complément circonstanciel de temps ou de quantité :

> Les dix minutes **qu'**elle parla parurent une éternité ;

– **« quoi »** est complément indirect et toujours du genre neutre : il ne peut avoir pour antécédent que les pronoms neutres « ce », « quelque chose », « rien », ou toute une proposition :

> C'est ce **sur quoi** nous sous sommes mis d'accord ;

> C'est quelque chose **contre quoi** il s'est toujours révolté ;

> Il s'enfuit, **après quoi** il alla se constituer prisonnier ;

– **« dont »** remplace un nom ou un pronom précédés de la préposition « de », quelle qu'en soit la fonction :

> C'est le garçon **dont** je t'avais parlé (= je t'avais parlé de ce garçon) ;

> Un couteau **dont** le manche est cassé est inutilisable (= le manche du couteau est cassé) ;

> La manière **dont** il procède me surprend (= il procède d'une certaine manière).

REMARQUE On omet assez souvent l'antécédent du pronom relatif pour alléger la phrase (c'est le cas dans les proverbes) :

> *Qui* (= tout homme qui) *veut voyager loin ménage sa monture.*

Mais « que » sans antécédent devient « qui » :

> *J'étais las de fréquenter qui* (= ceux que) *je fréquentais.*

■ Le pronom relatif « lequel » : pour éviter les ambiguïtés

Ce pronom relatif est variable en genre et en nombre ; il peut s'employer avec les prépositions « à » et « de » (avec lesquelles il fusionne, sauf au féminin singulier) :

masc. sing.	fém. sing.	masc. plur.	fém. plur.
lequel	laquelle	lesquels	lesquelles
auquel	à laquelle	auxquels	auxquelles
duquel	de laquelle	desquels	desquelles

Son emploi peut permettre d'éviter une confusion sur l'antécédent, dans la mesure où, contrairement aux relatifs invariables, il porte la marque du genre : ainsi la phrase : *Le père de Marie, qui m'avait annoncé leur départ, prépare le déménagement,* est ambiguë (on ne sait pas si c'est Marie ou son père qui a « annoncé ») ; le doute sera levé par l'emploi du pronom relatif variable :
si l'antécédent est « Marie », on écrira :

> *Le père de Marie, **laquelle** m'avait annoncé...* ;

si l'antécédent est « le père », on écrira :

> *Le père de Marie, **lequel** m'avait annoncé...*

REMARQUE Le relatif précédé d'une préposition doit être nécessairement une forme variable s'il ne désigne pas une personne mais un groupe, un animal, une chose, une réalité abstraite :

> *C'est le chien **par lequel** (et non *par qui) le facteur a été mordu ;*
>
> *Explique-moi le projet **auquel** tu faisais allusion.*

■ Les pronoms relatifs composés : pour alléger la phrase

Les pronoms composés « quiconque », « qui que », « quoi que » (à ne pas confondre avec la conjonction « quoique », voir page 60), « qui que ce soit qui » sont employés souvent sans antécédent et allègent l'expression :

> *Je récompenserai **quiconque** me rapportera mon portefeuille* (= toute personne qui).

■ Quelques erreurs à éviter

Il faut veiller à respecter quelques règles.

● La forme du pronom relatif doit correspondre à la fonction qu'il occupe dans la proposition relative ; pour déterminer plus facilement cette fonction, on substitue son antécédent au relatif, sans changer la structure de la proposition :

> *Ce bâtiment* | ***dont** les tuiles sont vernies* | *est l'hôpital.*

→ *Les tuiles **de ce bâtiment** sont vernies ;* l'emploi de « dont » est ici correct puisque ce pronom relatif s'emploie à la place d'un complément introduit par la préposition « de » ;

LES ERREURS D'EXPRESSION LES PLUS FRÉQUENTES

mais dans la phrase : *Quel malheur qu'il ait accidenté la voiture **que** son père a économisé pendant dix ans ! l'emploi du pronom relatif est incorrect : il faut écrire La voiture **pour laquelle** son père a économisé, puisque le relatif est ici complément circonstanciel de but, et non C.O.D. ;

● Il faut éviter dans la proposition relative les mots faisant double emploi (pléonasme, voir page 80) avec le pronom relatif, comme dans la phrase (extraite de la presse) :

> Elle s'est éteinte à la maison de retraite **où** depuis cinq ans elle **en** était devenue pensionnaire.

En effet, le pronom « où » signifie « dans la maison » tandis que le pronom « en » signifie « de la maison » ; l'un des deux pronoms est donc de trop ; on peut écrire au choix : Elle s'est éteinte à la maison de retraite ; elle en était pensionnaire depuis..., ou Elle s'est éteinte à la maison de retraite où (ou : dont) elle était pensionnaire depuis...

● Il ne faut pas abuser des subordonnées relatives, qui alourdissent la phrase ; en particulier la relative déterminative, simple expansion (voir page 69) du groupe nominal antécédent, est souvent remplaçable par un simple adjectif qualificatif ou un complément de détermination :

> Ce fauteuil est garni d'une mousse **qui ne peut prendre feu** (→ ininflammable) ;

> Un orvet est un lézard **qui n'a pas de pattes** (→ sans pattes).

Remarques

1. La relative dite « explicative », qui remplace un complément circonstanciel (souvent de cause), doit être séparée par une virgule de la proposition principale : La portière, qui était mal fermée, s'est ouverte en marche.

2. Il existe en français un adjectif relatif ; déterminant du nom avec lequel il s'accorde en genre et en nombre, il a les mêmes formes que le pronom relatif « lequel ». Un nom précédé d'un adjectif relatif équivaut à un pronom relatif ; l'emploi d'un tel groupe permet d'éviter toute confusion sur l'antécédent puisque celui-ci est repris avec le relatif.

On peut ainsi éviter la cocasserie d'une phrase comme : Il a acheté un disque de son chanteur préféré, qui était en solde (« qui » désigne-t-il le disque ou le chanteur ?) en écrivant Il a acheté un disque de son chanteur préféré, **lequel disque** était en solde.

REMARQUES SUR L'EMPLOI DES AUTRES PRONOMS

● Le pronom indéfini « chacun » (ainsi que l'adjectif « chaque ») impose toujours le singulier :

> Que **chacun** parle à son tour. **Chaque** invité garde son verre.

● Le pronom démonstratif « ceci » annonce ce qui va suivre, le pronom « cela » reprend ce qui a été déjà énoncé :

> La Fontaine a dit **ceci** : « La raison du plus fort est toujours la meilleure » ; **cela** constitue la morale de la fable « Le Loup et l'Agneau ».

LES ERREURS D'EXPRESSION LES PLUS FRÉQUENTES

3 **LES ADVERBES**

Ces mots invariables servent à modifier le sens du verbe, de l'adjectif ou de l'autre adverbe à côté duquel ils sont placés, et expriment la manière, la quantité, le temps, le lieu, l'affirmation ou la négation :

*Tu triches **mal** ;*

*Les pâtes sont **vraiment trop** cuites.*

De nombreux adjectifs qualificatifs sont utilisés avec la valeur d'adverbes de manière et deviennent invariables :

*Ils parlent **fort** ; Nous travaillons **dur** ; L'herbe pousse **dru** ; La voiture freine **court** ; Ces produits coûtent **cher**, etc.*

ATTENTION
Tous les adjectifs ne peuvent prendre cette valeur ; en particulier, on n'emploie pas l'adjectif « pareil » au sens de l'adverbe « pareillement » ou de la locution « de la même manière » ; on écrira : *Ces deux amies semblent pareilles* mais *Elles s'habillent de la même manière* (et non **Elles s'habillent pareil*).

4 **L'EXPRESSION DE LA NÉGATION**

Pour donner à une phrase la forme négative, on utilise un adverbe (ou une locution adverbiale) de négation, qui comprend toujours le mot « ne » :

– employé seul :

*Je **ne** sais ;*

– précédé ou suivi de « rien », « personne », « aucun », « jamais », « plus », « ni…ni », « nul », « que », qui peuvent s'accumuler :

*Je **ne** sais **rien** ; **Rien ne** va aujourd'hui ; **Jamais** je **n'**ai compris ; **Nul ne** vient **jamais plus** ; Il **n'**a **nul** ami ;*

– suivi de « pas (encore) », « ni… ni » (et aussi de « point » ou « goutte », vieillis) :

*Je **ne** sais **pas** ; Je **n'**ai vu **ni** Sophie **ni** Mireille ; Il **n'**y a **point** de quoi vous alarmer ; On **n'**y voit **goutte**.*

ATTENTION
● On ne peut trouver seule la seconde partie de la négation que dans une phrase sans verbe :

*– Qui avez-vous vu ? – **Personne** (= Nous **n'**avons vu **personne**).*

● Les adverbes de négation qui suivent « ne » peuvent se combiner, mais deux « ne » consécutifs se détruisent, et atténuent l'affirmation :

*Je **ne** dis **pas** que je **n'**accepterai **pas** votre offre*
(= je l'accepterai peut-être, mais…).

● Une négation doit être accompagnée de « non plus » : on n'écrit pas **Marie, elle aussi, n'aime pas cuisiner* mais *Marie (elle) non plus n'aime pas cuisiner.*

37

LES ERREURS D'EXPRESSION LES PLUS FRÉQUENTES

- Dans des expressions comme *Tous ne sont pas riches,* on applique une négation à une expression signifiant la totalité, ce qui revient à exprimer une négation partielle : Il y a des gens qui sont riches, mais ce n'est pas le cas de tous. Si l'on veut exprimer une négation totale, on écrira :

    Personne n'est riche.

- L'adverbe « ne... que », d'une part, l'adverbe « seulement » ou l'adjectif « seul(e) » d'autre part, ne doivent pas coexister dans la même phrase (ils ont la même signification et feraient double emploi) : on n'écrit pas **Il n'y a qu'une seule solution* mais *Il n'y a qu'une solution.*

- L'adverbe « ne », employé seul dans certaines subordonnées, ne leur donne pas un sens négatif ; appelé **« ne explétif »,** il ne sert qu'à conférer à la phrase une certaine élégance :

    Rentrez avant que l'orage [n'] éclate. Je crains qu'ils [ne] viennent nous voir (= je crains leur visite).

    Si l'on veut donner à la subordonnée un sens négatif, il faudra écrire :

    *Je crains qu'ils **ne** viennent **pas**.*

5 LA RUPTURE DE CONSTRUCTION

- Quand un mot est suivi de plusieurs compléments, ceux-ci doivent être des mots, groupes de mots ou propositions de même nature, de même fonction et de même construction (ils doivent être tous construits directement, sans préposition, ou introduits par la même préposition ou la même conjonction). On dit sinon qu'il y a « rupture de construction », ou « anacoluthe ». Ainsi, on ne peut écrire :

    *Les enfants ont joué de la clarinette puis aux échecs,

parce que le verbe « jouer » est d'abord suivi d'un complément introduit par la préposition « de » puis d'un autre introduit par la préposition « à », qui lui donnent chacun un sens différent ; on doit donc employer deux verbes distincts :

    Les enfants ont joué de la clarinette puis engagé une partie d'échecs.

- Il en va de même quand deux mots ont en commun un complément.
    On ne peut écrire :

    *Faut-il suivre ou résister à ses envies ?

parce que le complément « ses envies » ne peut être commun aux deux verbes : « suivre » appelle un complément d'objet direct (sans préposition), tandis que « résister » appelle un complément d'objet indirect (introduit par la préposition « à ») ; il faut reprendre le C.O.D. par un pronom et écrire :

    *Faut-il suivre ses envies, ou **y** résister ?*

REMARQUE Quand on emploie un parallélisme exprimé à l'aide des conjonctions « ou... ou... », « soit... soit... », « [ne...] ni... ni... », « à la fois... et... », chaque conjonction doit être placée devant un des termes entre lesquels existe l'alternative, et qui doivent être des mots de même nature ; on doit donc écrire : *Je n'aime ni pêcher ni chasser ; Il est à la fois érudit et modeste* et non **À la fois il est érudit et modeste,* ou *Je vais visiter soit Rome soit Naples,* et non **Je vais soit visiter Rome soit Naples* (ou alors, il faut insérer un verbe après le deuxième « soit » : *Je vais soit visiter Rome soit découvrir Naples).*

D'autre part, on ne peut pas mélanger « ou » et « soit » : *soit à Rome ou à Naples est incorrect, il faut écrire soit à Rome soit à Naples, ou bien ou à Rome ou à Naples.

6 LA CONSTRUCTION DE CERTAINS VERBES

De nombreux verbes changent de sens suivant leur construction :
– « abuser » avec C.O.D. signifie « tromper » *(Il a abusé ses clients)*, avec C.O.I., « user avec exagération de » *(Tu abuses de ta force)* ;

– « pallier » (= remédier à) est transitif direct : *Le livre pallie les insuffisances du professeur* ;

– « préférer » est suivi de deux compléments dont le second est introduit par la préposition « à » (et non par la conjonction « que ») : *Je préfère les pâtes au riz*. Mais on écrit avec deux infinitifs : *Je préfère marcher **plutôt que de** courir* ;

– « se rappeler » est suivi d'un C.O.D., « se souvenir » d'un C.O.I. : *Il se rappelle son enfance ; il se souvient de son enfance.*

7 LA CONSTRUCTION DES INFINITIFS, PARTICIPES OU GÉRONDIFS SANS SUJET PROPRE

Quand le verbe noyau de la phrase est accompagné d'un verbe complément aux modes infinitif, participe ou gérondif, ce dernier, qui n'a pas de sujet propre, doit obligatoirement se rapporter au sujet du verbe dont il est complément :
Tu embrasseras grand-père avant de partir (= c'est la personne représentée par « tu » qui part, et non « grand-père ») ;
Une phrase comme celle-ci :

*Se plaignant d'avoir mal au cœur, l'instituteur téléphona aux parents de Pierre.

est donc incorrecte car c'est « l'instituteur » qui téléphone, mais « Pierre » qui a mal au cœur ; l'infinitif doit être remplacé par une proposition subordonnée conjonctive munie d'un sujet :

Comme Pierre se plaignait..., l'instituteur téléphona...

8 LES PHRASES COMPLEXES

LEUR CONSTRUCTION

On appelle « phrase complexe » une phrase comportant plusieurs groupes verbaux munis d'un sujet propre, et donc constituée de plusieurs propositions. Ces propositions peuvent être :

● des propositions indépendantes (fonctionnant de manière autonome), juxtaposées (placées côte à côte) ou coordonnées (reliées par un adverbe, une conjonction de coordination) :

Le temps s'améliore, | *nous pourrons sortir,*

Le temps s'améliore, | ***donc** nous pourrons sortir ;*

● des propositions parmi lesquelles une ou plusieurs, dites « propositions subordonnées », ne peuvent exister seules mais dépendent d'une autre proposi-

LES ERREURS D'EXPRESSION LES PLUS FRÉQUENTES

tion de la phrase, dite « proposition principale », à laquelle les subordonnées sont généralement reliées par un « mot subordonnant » (conjonction de subordination, pronom relatif, mot interrogatif) :

> Le temps s'améliore, | **si bien que** nous pourrons sortir,
>
> Le temps | **qui** s'améliore | nous permettra de sortir,
>
> Je me demande | **quel** temps il fera demain.

Il est impossible qu'une proposition subordonnée constitue une phrase à elle seule : une principale doit obligatoirement l'accompagner. Dans ce groupe de deux phrases :

> *Nous nous promenions en forêt. Quand l'orage éclata.

la seconde est incorrecte parce que l'emploi de la conjonction de subordination « quand » (qu'il ne faut pas confondre avec un adverbe) fait attendre une proposition principale absente de la phrase. On doit donc regrouper les deux propositions dans une seule phrase complexe et écrire :

> Nous nous promenions en forêt **quand** l'orage éclata.

ou supprimer « quand » pour faire de la seconde phrase une véritable proposition indépendante :

> Nous nous promenions en forêt. **Soudain,** l'orage éclata.

ATTENTION
Les propositions subordonnées interrogatives, où l'on rapporte une question au style (ou discours) indirect, diffèrent des indépendantes où on la rapporterait au style direct :
– par la construction et la ponctuation : l'interrogation n'étant plus formulée dans une phrase autonome, il n'y a plus lieu d'employer l'inversion du sujet, ni la locution « est-ce que », ni les guillemets, ni le point d'interrogation :

> style direct : *Passerez-vous nous voir ?*
>
> style indirect : *Nous voudrions savoir si vous passerez...*

– quand le statut du narrateur l'exige, par le jeu des pronoms employés (voir aussi « Dialogue et discours rapporté », page 115) :

> style direct : *Comment êtes-**vous** entré ?*
>
> style indirect : *Il ne sait pas comment **je** suis entré ;*

– souvent, par le temps employé : l'interrogation indirecte, faisant partie du récit, est soumise aux règles de la concordance des temps (voir page 119) :

> style direct : *Il lui a demandé : « Quand auras-tu fini ? »*
>
> style indirect : *Il lui a demandé quand il **aurait** fini ;*

– parfois par le mot interrogatif employé, adverbe ou pronom :

> style direct : *Il demande : « Que font-ils ? »*
>
> style indirect : *Il demande **ce qu'**ils font.*
>
> style direct : *Il demande : « Vient-elle ? »*
>
> style indirect : *Il demande **si** elle vient.*

L'EMPLOI DES MODES DANS LES PROPOSITIONS SUBORDONNÉES

De nombreuses subordonnées doivent comporter le mode subjonctif. On doit employer le subjonctif, entre autres :

- après des verbes ou des périphrases verbales exprimant :
– la possibilité, l'éventualité :

> *Il se peut qu'elle **ait** tort ;*

LES ERREURS D'EXPRESSION LES PLUS FRÉQUENTES

– le doute :

> Je doute qu'il **vienne** maintenant ;
> Ne crois pas qu'il te **veuille** du mal ;
> Je ne suis pas sûre que vous **aimiez** ma cuisine.

ATTENTION
Les mêmes verbes, à une autre voix ou à la forme affirmative, peuvent exprimer une certitude et appeler l'indicatif :

> Je me doute qu'il ne **viendra** plus ;
> Je crois qu'il te **veut** du bien ;

– des sentiments divers (crainte, regret, surprise, joie) :

> Je crains qu'il ne **pleuve** (« ne » explétif, voir page 38) ;
> Je m'étonne qu'elle ne **sorte** pas.

● après certaines conjonctions de subordination exprimant :
– le temps : avant que, en attendant que, jusqu'à ce que (mais pas « après que », voir page 42) :

> Asseyez-vous en attendant que **vienne** votre tour ;

– le but ou la crainte (ce qu'on veut obtenir ou éviter) :

> Ferme les stores pour éviter que le tapis ne **déteigne** ;

– l'opposition (voir page 180) ;

> Il conduit encore, bien qu'il ne **voie** plus très clair ;

– une cause que l'on écarte :

> Je le punis, non qu'il m'**ait nui**, mais pour son bien ;

– la condition (voir page 188) : à condition que, pourvu que...

> Servez-vous, à moins que votre régime ne vous l'**interdise**.

● Le subjonctif s'impose dans les propositions relatives :
– après un adjectif ou un adverbe au superlatif :

> Voici l'hôtel le moins cher que je **connaisse** ;

– après « le (la) seul(e) », « le premier (la première) », « il n'y a que »... :

> Il n'y a que Papa qui [Papa est le seul qui] me **comprenne ;**

– après les relatifs indéfinis à valeur d'opposition (voir page 180) « qui (quoi) que », « quel(le)(s) que », « où que » :

> Où que je me **rende**, je le croise ;
> Quoi que je **dise**, on me contredit ;

– dans une relative à valeur de but :

> Je cherche un chien qui **sache** chasser.

● On l'emploie enfin :
– après « si/tout(e)... que » (opposition) :

> Tout courageux qu'il **prétende** être, il s'est enfui ;

– dans toute proposition subordonnée jouant le rôle de sujet :

> Qu'il **pleuve** me contrarie.

LES ERREURS D'EXPRESSION LES PLUS FRÉQUENTES

▰ DIFFICULTÉS LIÉES AUX CONJONCTIONS DE SUBORDINATION

- La conjonction « après que » doit être suivie de l'indicatif :

    Juste après que nous **sommes rentrés**, *le téléphone a sonné.*
    Vous pourrez partir après que le visa vous **aura été accordé**.

- « Si » doit être élidé devant « il(s) ».

    S'il *pleut, nous rentrerons.*

- On écrit « de (telle) manière (façon) que », « s'attendre que », « consentir que », et non « *de manière (façon) à ce que », « *s'attendre à ce que », « *consentir à ce que » :

    Il est parti, **de manière qu'***on ne le questionne pas ;*
    Pierre ne **s'attendait** *pas* **qu'***on lui fît des compliments.*

- Pour exprimer l'opposition :
  – « *malgré que » est incorrect ; « malgré » n'est pas une conjonction mais une préposition qui ne peut être suivie que d'un nom ou d'un pronom :
  Tu t'entêtes, malgré nos remontrances (ou : *bien que nous t'ayons fait des remontrances*) ;

  – « sans que » ne doit pas être suivi d'un « ne » explétif (voir page 38) ; on doit écrire : *Il sont venus sans que je le sache* (et non : *sans que je ne le sache*).

9 QUELQUES AMBIGUÏTÉS À ÉVITER

Pour être compris, on doit éviter les phrases ambiguës, comportant deux ou plusieurs interprétations possibles entre lesquelles le contexte n'aide pas à choisir. Ces ambiguïtés ont par exemple pour cause :
– l'emploi des possessifs de 3e personne :
dans la phrase *Anne a affirmé à Marie beaucoup aimer sa sœur*, la sœur est-elle celle d'Anne ou de Marie ? Pour lever l'équivoque, on peut écrire soit *Anne a affirmé à Marie beaucoup aimer* **la sœur de celle-ci**, (= la sœur de Marie), soit *À Marie, Anne a affirmé beaucoup aimer* **sa propre sœur** (= la sœur d'Anne) ;

– l'emploi de phrases elliptiques (où des mots sont sous-entendus) :
J'ai rencontré Jean, mais pas Jacques signifie soit *J'ai rencontré Jean, mais je n'ai pas rencontré Jacques* (« Jacques » est alors complètement d'objet), soit *J'ai rencontré Jean, mais Jacques ne l'a pas rencontré* (« Jacques » est alors sujet) ; pour la clarté, mieux vaut donc renoncer à sous-entendre des mots dans le second membre de phrase ;

– l'emploi d'un complément de détermination :
la peur des parents est-elle la peur éprouvée par les parents (les parents ont peur, rôle « passif »), ou la peur suscitée par les parents (les parents font peur, rôle « actif ») ? Il vaut mieux préciser le sens si le contexte n'y suffit pas.

10 LE MOT JUSTE POUR UNE IDÉE PRÉCISE

> Le nombre de mots possédés par chaque individu, son vocabulaire, est très variable ; on considère qu'un adulte moyennement cultivé connaît le ou les sens d'environ 35 000 mots ; mais il faut distinguer entre le vocabulaire « passif », constitué des mots qu'on comprend, et le vocabulaire « actif », constitué de ceux, moins nombreux, qu'on utilise spontanément (environ 7 000 mots). Chacun dans sa vie ne cesse d'apprendre de nouveaux mots, au cours de ses conversations et de ses lectures.

1 LE LEXIQUE

Les usagers de la langue française disposent d'un **lexique** étendu ; on appelle ainsi l'ensemble des mots, noms propres exclus, pouvant être compris et utilisés pour communiquer dans une langue donnée, tous domaines et registres (voir page 9) confondus.

C'est le rôle des dictionnaires de recenser et d'expliquer les mots du lexique ; les dictionnaires de la langue française en un volume répertorient, selon le niveau de leur public, entre 35 000 mots (*Dictionnaire du français au collège*, Larousse) et 76 000 mots (*Dictionnaire de la langue française « Lexis »*, Larousse). Mais un dictionnaire ne contient jamais la totalité du lexique ; on n'y trouvera pas nécessairement certains termes spécialisés, très peu employés en dehors d'un domaine précis d'activité (sciences, métiers, techniques).

On peut tâcher d'enrichir son vocabulaire en lisant (presse, œuvres littéraires), en écrivant (ce qui amène à consulter souvent les dictionnaires et d'autres « usuels »), en écoutant les autres, en surveillant la précision de son langage, en regroupant les mots en familles, en s'interrogeant sur leur origine, leur composition (sens des préfixes et suffixes), bref en aimant sa langue et en étant curieux.

Il y a presque toujours un terme approprié pour exprimer ce que l'on veut décrire ; cependant, le français ne peut parfois traduire des nuances existant pourtant dans d'autres langues : ainsi il ne dispose pas d'autant de verbes précis que l'anglais pour décrire la lumière sous tous ses aspects (lumière fixe, tremblante ou clignotante, vive ou faible...), et doit recourir à une périphrase (« briller d'une lumière tremblotante ») là où la langue de Shakespeare n'utilise qu'un mot *(to glimmer)*.

2 LE SENS DES MOTS ; CHAMP SÉMANTIQUE ET POLYSÉMIE

Les mots servent à désigner, à représenter une réalité ou quelque chose d'imaginaire ; cette propriété s'appelle **la dénotation** (voir page 46) ; le **« sens »** d'un mot est la représentation qu'il appelle à l'esprit quand il est énoncé dans un contexte précis : le nom « chinois » peut ainsi désigner un habitant de la Chine (auquel cas il prend une majuscule), mais aussi, avec l'article défini, la langue parlée en Chine, ou encore un petit arbre du groupe des agrumes, une confiserie, ou un ustensile de cuisine (une passoire fine).

Chaque mot de la langue a donc son propre « champ sémantique », un ensemble de significations qu'il prend tour à tour selon le contexte. Rares sont les mots « univoques », c'est-à-dire ne comportant qu'un sens.

- On appelle **« sens propre »** ou « sens premier » la signification d'origine du mot, en dehors de tout emploi figuré :
un renard = un mammifère à long museau.

- Au sens propre s'oppose le **« sens figuré »**, la signification que prend un mot par les figures de style que sont la métaphore (voir pages 154 et 162) ou la métonymie (voir page 154) :
*Cet homme est un vieux **renard*** = un homme rusé, comme peuvent l'être les renards (métaphore) ; *Cette femme porte un **renard*** = un manteau en peau de renard (métonymie).

- Le **« sens littéral »** est la signification immédiate d'un énoncé, en dehors de toute interprétation :
la phrase *La faim fait sortir le loup du bois* peut signifier simplement que l'animal, affamé, sort de la forêt.

- Au sens littéral s'oppose un **sens symbolique :** l'énoncé ci-dessus est aussi un proverbe qui signifie que la nécessité pousse à des actions auxquelles on se refuserait ordinairement.

On appelle **« polysémie »** la propriété, pour un mot, de comporter plusieurs sens possibles. À l'écrit, le contexte éclaire en général le sens de l'énoncé, mais des équivoques peuvent subsister :
– si on emploie un niveau de langage inadapté au destinataire du message :
J'entends bien signifie en langage courant « j'ai une bonne ouïe, je perçois bien les sons », et en langage soutenu, « je comprends bien » ; *Il est un peu malade* peut signifier familièrement « Il est un peu fou », ou simplement, en langage courant, « Il est souffrant » ;
– si l'auteur mélange dans son énoncé des mots au sens propre et des mots au sens figuré, des expressions à prendre au sens littéral et des expressions ayant un sens symbolique.

3 LE DEGRÉ DE PRÉCISION DU VOCABULAIRE : LE CHAMP LEXICAL

Le **« champ lexical »** est l'ensemble de tous les mots du lexique concernant un domaine, une activité, une notion donnée. Ces mots peuvent être de toute nature. Par exemple, le champ lexical du *cheval* comprendra :
– des noms : *cavalier, écurie, mors, joug, sabot, ruade...*
– des verbes : *atteler, étriller, ferrer, galoper, hennir...*
– des adjectifs : *bai, cagneux, équestre, alezan, hongre...*
– des interjections : *hue !, dia !* etc.

Un champ lexical peut être inclus dans un autre : le champ lexical du sport contient celui des sports de ballon, à l'intérieur duquel on trouvera celui du rugby (le mot « mêlée » appartient à ce dernier champ, mais pas à celui du football).

LE MOT JUSTE POUR UNE IDÉE PRÉCISE

Les champs lexicaux peuvent aussi se recouper, c'est-à-dire qu'un mot peut appartenir à plusieurs champs à la fois (il est donc polysémique, voir page 44) ; ainsi le nom *papier* peut appartenir aux champs lexicaux suivants :
– l'industrie ou les arts graphiques *(du papier recyclé ; un catalogue sur papier glacé)* ;
– la presse *(un papier* = un article, dans le langage des journalistes) ;
– le bricolage ou la décoration *(choisir du papier peint).*

Pour éviter les ambiguïtés, le vocabulaire doit être précis ; quand ce sera possible, on préférera aux termes dits « génériques », qui servent à désigner une classe d'objets, des termes spécialisés, plus précis, plus descriptifs :

Terme générique	Termes spécialisés
Maison	Villa (= jolie maison individuelle)
	Pavillon (= maison de banlieue)
	Chalet (= maison en bois à la montagne)
	Cottage (= maisonnette de la campagne anglaise)

REMARQUES
1. L'utilisation de termes spécialisés n'est pas toujours un avantage ; ils peuvent même desservir l'expression dans des circonstances où il faut d'abord informer, et non rédiger une description littéraire, par exemple dans un rapport dont le ton se doit d'être impersonnel : il n'est pas nécessaire, pour informer son assureur d'un accident de voiture, d'employer les termes « berline », « coupé » ou « limousine » quand le mot « véhicule » suffit amplement.

2. On doit s'assurer que le destinataire connaît les mots spécialisés et les abréviations (le « jargon ») qu'on utilise ; on risque sinon d'être soupçonné de vouloir brouiller le message pour conserver une supériorité sur son destinataire ; à cet égard, les jargons comme le langage du droit, de la médecine, de la linguistique, jouent un peu le même rôle que l'argot et, ne s'adressant qu'aux « initiés », sont un signe d'appartenance au groupe donné ; communiquer, c'est au contraire aider l'interlocuteur à comprendre le message. On évitera le jargon :
– en utilisant des périphrases (voir page 78) plutôt que des mots obscurs : par exemple dans un contexte médical on parlera de maux d'estomac plutôt que d'« embarras gastriques » ;
– en évitant les termes spécialisés pour lesquels existe un synonyme compréhensible en langage courant : en architecture, l' « antependium » est le devant d'un autel, dans une église, et les « contrevents » ne sont autres que les volets d'une maison.

Rien n'est pire d'ailleurs que l'usage par un non-spécialiste d'un jargon mal maîtrisé qui ne trahit que la prétention ou l'incompétence.

4 LA SYNONYMIE : LES NUANCES DE SENS

On dit que deux mots sont « **synonymes** » quand ils ont la même signification : les adverbes « toutefois » et « néanmoins » sont synonymes. Il est rare pourtant que deux mots du vocabulaire soient l'exact équivalent l'un de l'autre ; il y a généralement entre eux de légères différences :
– de sens, liées à la signification d'origine et à son évolution : ainsi, les adverbes « toutefois » et « cependant » sont généralement synonymes et expriment tous deux une idée d'opposition *(Notre voiture est vieille, cependant/toutefois elle fonctionne bien),* mais « cependant » peut comporter en plus une nuance temporelle

due à son origine (« cependant » signifie étymologiquement « pendant ce temps ») : *Nous nous amusions à la fête, cependant maman était inquiète de notre retard ;*
– d'intensité : « hideux » est plus fort que « laid » ;
– d'emploi, de niveau de langage : le mot « maladie » peut avoir pour synonyme le mot « affection » *(il souffre d'une maladie/affection bénigne)*, mais ce dernier mot sera employé plus spontanément par le médecin et non par le malade : il s'agit d'un terme spécialisé ; les mots « bicyclette » et « vélo », bien que désignant le même objet, n'appartiennent pas au même niveau de langage (l'un est soutenu, l'autre courant) ;
– de connotations : voir ci-dessous.

5 AU-DELÀ DU SENS

LA DÉNOTATION

Dans une langue, les noms, les adjectifs qualificatifs, les verbes servent à désigner une réalité, concrète ou abstraite, une qualité, une action. Par exemple :
– le nom « chien » désigne un animal : *Madame L. promène son chien ;*
– l'adjectif « simple » permet, entre autres significations, de décrire en grammaire un temps qui se conjugue sans auxiliaire : *l'imparfait est un temps simple ;*
– le verbe « boire » signifie « avaler un liquide » : *si tu as soif, bois au robinet.*
Cette propriété des mots s'appelle la **« dénotation »**.

LA CONNOTATION

Mais, au-delà de leur signification, les mots évoquent souvent une idée supplémentaire, variable selon les individus, le contexte, les circonstances où ils sont employés : ainsi le verbe « boire » renvoie-t-il souvent à l'abus d'alcool ; le nom « chien » peut être associé par une personne à un souvenir agréable (celui d'un chien qu'elle a possédé), à l'idée de fidélité, d'affection ; pour une autre, c'est l'idée d'agressivité, de morsure qui dominera, une autre encore se souviendra de telle circonstance où le mot a été employé comme une injure, etc.

Ce sens supplémentaire que prend le mot par association d'idées s'appelle une **« connotation »**. Les connotations des mots sont d'ailleurs communes à la plupart des utilisateurs d'une langue donnée, surtout quand il s'agit de leur langue maternelle. On parle de **connotation péjorative** quand le mot comporte une critique, et de **connotation laudative** (on dit aussi : « méliorative ») quand il sous-entend un compliment. Selon le contexte, un même mot peut avoir une connotation laudative, péjorative, ou rester « neutre » ; ainsi l'adjectif « simple » :
– ne comporte aucune connotation particulière dans la phrase *L'imparfait est un temps simple*,
– comporte une connotation péjorative dans la phrase *Ce garçon est un peu simple* (un peu niais),
– comporte une connotation laudative dans la phrase *L'emploi de cette machine est simple* (facile à comprendre).

Les mots sont un peu comme des bâtons de dynamite : ils portent en eux une « charge » qui risque parfois de se retourner contre l'utilisateur maladroit.

Dire à quelqu'un qu'il a l'air « un peu abruti » (au sens de « accablé, incapable de réagir », comme après consommation de certains médicaments) risque fort d'être mal compris : dans le verbe « abrutir » se trouve en effet le mot « brute » et le mot est souvent employé de manière péjorative (c'est aussi l'alcool qui abrutit et, familièrement, l' « abruti » est celui qui ne comprend rien).

LE MOT JUSTE POUR UNE IDÉE PRÉCISE

REMARQUE   Certains suffixes donnent au mot un sens péjoratif, par exemple les suffixes **-âtre** : blanchâtre ; **-ard** : traînard ; **-asse** : fadasse ; **-aille** (désigne souvent un ensemble d'êtres ou de choses) : marmaille (enfants en bas âge).

ATTENTION
Certains des mots ainsi formés sont un peu familiers (traînard...).

6 LES BARBARISMES

Un « **barbarisme** » est l'emploi d'une forme n'existant pas en principe dans la langue, et jugée grossière ou du moins inélégante.

● Certains barbarismes tiennent à une ignorance de la conjugaison des verbes, de la formation du féminin, du pluriel des noms ou adjectifs, par exemple :
– l'indicatif passé composé du verbe « aller » n'est pas **j'ai été* mais *je suis allé(e)* ;
– le féminin de l'adjectif « enchanteur » n'est pas « *enchanteuse » mais « enchanteresse », celui de l'adjectif « coi » (muet, silencieux dans les expressions « rester, se tenir coi ») n'est pas « *coie » mais « coite », celui de « partisan » n'est pas « *partisante » mais « partisane », celui du participe « inclus » n'est pas « *inclue » mais « incluse » ;
– le pluriel du nom « ail » n'est pas « *ails » mais « aulx » ;
– le nom « espèce » est toujours féminin ; on n'écrit donc pas **C'est un espèce de terrain vague.* mais *C'est une espèce de terrain vague.*
   On peut éviter ces barbarismes en consultant les « usuels » (voir page 65).
   Encore faut-il avoir assez d'intuition à propos de la langue pour pressentir que telle forme pose problème.

● D'autres proviennent de la création abusive de dérivés (mots « forgés ») :
– à partir de noms comme « solution », « réception », « émotion » ou « clôture », on forme les verbes « solutionner », « réceptionner », « émotionner » ou « clôturer », qui paraissent plus commodes d'emploi (ils appartiennent au premier groupe et remplacent des verbes du troisième groupe, à la conjugaison réputée difficile, comme « résoudre », « recevoir », « émouvoir » et « clore ») ;
– le verbe « *insupporter », formé à partir de l'adjectif « insupportable », n'existe pas : on doit dire *Sa présence m'est insupportable* et non *Sa présence m'*insupporte.*

● Des barbarismes proviennent du fait qu'il est parfois malaisé de deviner quelle forme prendra un dérivé ; ainsi :
– les noms dérivés des verbes utilisent souvent un radical d'origine latine, qui n'apparaît pas nécessairement dans la conjugaison française :

   (é)mouvoir → *une (é)motion* (forme latine *motum*),
   disséquer → *une dissection* (*sectum*),
   dissoudre → *une dissolution* (*solutum*),
   absorber → *une absorption* (-p- comme dans le latin *sorptum*) ;

– les noms dérivés d'adjectifs sont souvent formés sur le féminin et/ou sur une forme ancienne de cet adjectif :

   gentil, gentille → *la gentillesse,*
   bref, brève (en ancien français *brief, brieve*) → *la brièveté.*

Même si le radical reste intact, les suffixes utilisés pour dériver les mots sont nombreux ; on peut certes dégager certaines règles de dérivation : ainsi les adjectifs en **-eux** donnent naissance à des noms en **-osité** (généreux, générosité, nerveux, nervosité), mais certains mots ainsi formés, même s'ils sont attestés dans le dictionnaire (« dangcrosité », « tortuosité »...), paraissent être... des monstruosités.

- D'autres barbarismes consistent à « écorcher » des mots existants (souvent par contamination avec des formes proches) :

on écrit	sens	on n'écrit pas
en définiti**ve**	finalement	*en définitif
aux **dé**pens de	au détriment de	*au dépend de
un dile**mm**e	choix entre deux solutions toutes deux désavantageuses	*un dilemne
etc.	abréviation de et cetera (= et le reste ; s'emploie seulement à propos de choses)	*ect
empr**ein**t(e) de	qui est marqué(e) par	*emprunt(e)
frus**te**	peu raffiné, peu poli	*frustre
un in**farc**tus	accident cardiaque	*infractus
de pl**ain**-pied	au niveau du sol (maison)	*de plein...
ré**mun**érer	payer pour un travail	*rénumérer
je vous **sau**rais gré	je vous serais reconnaissant(e) (verbe « savoir gré »)	*je vous serais gré
sens dessus-dessous	en désordre	*sans...
tant p**is**	c'est dommage	*tant pire

7 LES IMPROPRIÉTÉS

Au contraire du barbarisme qui est l'emploi d'une forme inexistante, **l'impropriété** consiste à utiliser un mot qui existe, mais auquel on prête un sens qu'il n'a pas.

Par exemple, le verbe « déposer », dérivé du verbe « poser », ne peut s'appliquer qu'à un objet solide ; il y a donc une impropriété dans la phrase : *Maman a déposé le potage dans nos assiettes*, le verbe « déposer » étant employé à la place de « verser ».

- Les impropriétés peuvent provenir du fait que les mots dérivés ne reprennent pas nécessairement tous les sens du mot dont ils proviennent ; par exemple :
– l'adjectif « large » signifie au sens propre « étendu dans une de ses dimensions » *(une pièce deux fois plus longue que large)*, au sens figuré « qui n'est pas étroit de mentalité » *(avoir l'esprit large)*, ou encore « généreux » *(un large pourboire)* ; mais le nom dérivé « largeur » ne s'emploie que dans les deux premiers sens (la largeur de la pièce, une grande largeur d'esprit), tandis que l'employer à propos d'une somme d'argent serait impropre : le nom dérivé dans ce sens est « largesse » *(la largesse du pourboire a étonné le serveur)* ;
– de l'adjectif « nu » proviennent deux participes passés employés comme adjectifs : « dénudé » s'emploie au sens propre *(une épaule dénudée, un fil électrique dénudé)*, « dénué » s'emploie au sens figuré (= qui ne possède pas : *un enfant dénué de méchanceté)* ;
– du verbe « désintéresser » proviennent deux noms : « le désintérêt » désigne l'abence d'intérêt, de goût pour quelque chose *(le désintérêt du public)*, « le désintéressement » désigne l'absence de calcul *(elle a agi avec désintéressement = sans attendre d'argent ou de récompense en retour)*.

LE MOT JUSTE POUR UNE IDÉE PRÉCISE

- Pour éviter les impropriétés, il faut aussi connaître le sens des préfixes et des suffixes, par le jeu desquels les mots prennent un sens bien particulier :

– **le préfixe in-** (qui peut prendre les formes im-, il- ou ir-, selon la consonne qui suit au début du radical) a deux valeurs : c'est souvent un préfixe négatif (*infidèle* = qui n'est pas fidèle) ; mais il peut indiquer aussi l'entrée dans un lieu, s'opposant au préfixe e- (ou ex-) qui indique la sortie d'un lieu ; on ne confondra donc pas : *irruption* (= entrée violente) et *éruption* (= sortie brutale : éruption volcanique, éruption de boutons...) ;

– **le préfixe ad-** (a-) indique lui aussi un mouvement vers un lieu : *amener* signifie « mener auprès de » (lieu où l'on va), *emmener* indique le mouvement inverse (lieu d'où l'on vient) :

> *Marie amène sa sœur à l'école, et l'emmène après les cours.*
> *Emmène-moi loin d'ici.*

REMARQUE On ne confondra pas les verbes amener/emmener, qui indiquent que l'on mène une personne, un animal ou même un objet qui peuvent se déplacer par eux-mêmes, avec les verbes apporter/emporter, qui indiquent que l'on doit déplacer, porter soi-même la chose (et, rarement, l'être !) qui est l'objet de l'action :

> *J'amène les enfants au cinéma,*
> *J'amène Médor chez le vétérinaire,*
> *J'amène la voiture au garage,*

mais :

> *J'apporte mes crayons en classe,*
> *J'emporte le chat dans son panier,*
> *J'emporte ces jouets qui encombrent le tapis ;*

- L'emploi de certaines prépositions est spécialisé :

– « grâce à » implique une conséquence positive, « à cause de », une conséquence négative :

> **Grâce à** *sa persévérance, Marie a réussi son examen ;*
> *La voiture a dérapé* **à cause du** *verglas ;*

– le verbe « aller » est suivi de la préposition « à » (ou « en » dans certains cas) s'il s'agit d'un lieu, d'un spectacle (**aller à** Avignon, **en** Provence, **au** Maroc, **en** Tunisie, **au** théâtre), de la préposition « chez » s'il s'agit d'une personne (**aller chez** le docteur, **chez** le coiffeur, **chez** Tante Ursule),

– la préposition « vers » implique un déplacement : *L'enfant court* **vers** *sa grand-mère* ; on ne peut donc pas « être vers sa grand-mère », mais « auprès de » ou « chez » celle-ci ;

– le complément circonstanciel de moyen, quand il s'agit d'un transport, est généralement introduit par la préposition « en » s'il s'agit d'un véhicule qui enferme au moins partiellement son utilisateur, par « à » dans les autres cas :

> *on se déplace* **en** *voiture,* **en** *train,* **en** *calèche,* **en** *barque,*

mais

> *on se déplace* **à** *bicyclette,* **à** *motocyclette,* **à** *cheval,* **à** *dos de chameau ;*

– la préposition « après » ne peut avoir qu'un sens temporel :

> **Après** *le dessert, nous avons pris du café ;*

49

on ne peut donc écrire	on doit écrire
*être fâché après Jean	être fâché **contre** Jean
*la clef est après la serrure	la clef est **sur (à)** la serrure
*je cherche après Titine	**je cherche Titine**
*il demande après sa mère	**il demande sa mère** ;

– quand on fait état d'une estimation, on emploie la préposition « à » si on propose un véritable intervalle : un gâteau de cinq **à** sept parts ; on emploie la conjonction « ou » si on propose un choix entre deux nombres consécutifs : un gâteau de cinq **ou** six parts ;

– le verbe « commencer » suivi de la préposition « à » signifie « se mettre à » : **commencez à** écrire ; suivi de la préposition « par », il signifie « faire en premier lieu : **commencez par** trouver les idées, vous écrirez ensuite ;

● Mots ou expressions dont le sens est souvent méconnu.

terme	sens	ne pas confondre avec
achalandé	qui a beaucoup de clients un stand bien achalandé	≠ approvisionné un magasin bien approvisionné
une alternative	un choix entre deux solutions Il est confronté à une alternative : payer son repas, ou être emmené à la gendarmerie.	≠ une possibilité Il a deux possibilités : payer ou être emmené...
un avatar	un des états successifs par lesquels passe quelque chose qui subit des transformations Avant d'être définitif, ce manuscrit a connu bien des avatars.	≠ ennui, mésaventure
s'avérer	se vérifier, être reconnu comme vrai Nos craintes sont avérées.	≠ se révéler La rumeur s'est révélée fausse.
un bout	une extrémité Les outils sont au bout de cette allée.	≠ un morceau Le chien mange un morceau de viande.
disputer	réclamer pour soi : Les chiens se disputent un os. lutter : disputer un match	≠ gronder, réprimander (un enfant)
dur	rigide, difficile à entamer	ne signifie « difficile » qu'en langage familier
paniquer	affoler, remplir de panique (emploi familier)	≠ s'affoler
refléter	renvoyer une image L'eau reflète le pont.	≠ se refléter : être reflété Le pont se reflète dans l'eau.
risquer de	être susceptible de faire (personne) ou être susceptible d'arriver (événement) (sens négatif) : Il risque d'échouer.	≠ avoir des chances de (sens positif) J'ai des chances de vous rencontrer.
soi-disant	qui affirme quelque chose à propos de soi-même ; le mot, invariable, ne s'emploie qu'à propos d'une personne une soi-disant voyante	Pour une chose, on emploie l'adjectif « prétendu(e) » une prétendue antiquité

LE MOT JUSTE POUR UNE IDÉE PRÉCISE

LES EMPRUNTS ; LES MOTS ET EXPRESSIONS D'ORIGINE ANGLAISE

Au fur et à mesure que les peuples empruntent à d'autres cultures des formes d'art, des inventions, des traits de civilisation (cuisine, mode de vie), leurs langues s'enrichissent elles aussi de mots puisés à l'étranger. Le phénomène n'a rien d'anormal, et personne n'est choqué d'entendre parler de spaghetti (mot italien), de chips (mot anglais), de soja (mot mandchou) ou de taboulé (mot arabe) : ces mots, pourtant, sont entrés dans le dictionnaire (et donc dans l'usage) depuis moins d'un siècle pour la plupart, quelques années pour certains.

● On appelle « **emprunt** » le fait, pour une langue, d'intégrer dans son lexique un mot d'une autre langue. Par extension, on donne aussi le nom d'emprunt au mot ainsi adopté.

En règle générale, les emprunts subissent assez peu de modifications d'aspect par rapport au mot d'origine (« spaghetti » a même gardé la forme du pluriel en -i, caractéristique en italien des mots masculins pluriels) ; leur prononciation reprend (parfois, assez approximativement) celle de l'original.

Cependant, ils n'en conservent pas toujours exactement la ou les significations : le verbe « trinquer » (choquer son verre contre celui de quelqu'un d'autre) est un emprunt à l'allemand « trinken » dont le sens de « boire » est moins spécialisé. Le recours à l'emprunt n'est pas contestable quand il permet d'enrichir la langue de mots dont elle a besoin.

● Il est pourtant une langue à laquelle le français contemporain emprunte beaucoup : c'est l'anglais. Qui se souvient que les mots « bol », « contraception », « détective » ou « pyjama » (lui-même emprunté à une langue de l'Inde) sont, à l'origine, des emprunts à l'anglais ? Cependant, ces emprunts – appelés des « anglicismes » – se multiplient à l'heure actuelle. Ils consistent :

– à s'approprier des mots nouveaux : un sport « indoor », un sport se pratiquant en salle ; un « goal » (abréviation du nom composé *a goal keeper*), un gardien de but ; un « pipe-line », un oléoduc ou un gazoduc ;

– à employer des mots existant en français, mais dans un sens que seul connaît l'anglais : ainsi le verbe « réaliser » signifie à l'origine en français « rendre réel » (réaliser son rêve), et non « se rendre compte », au sens du verbe anglais *to realize*. « Je réalise que je suis en retard » est donc un anglicisme ;

– à calquer sur l'anglais des constructions de phrases : la formule « Votre attention, s'il vous plaît », souvent entendue dans les aéroports ou les magasins à grande surface, imite l'expression anglaise *Your attention, please* (le français a plutôt tendance dans ce cas à employer le mot « Attention ! » comme une interjection et non comme un nom commun).

● Ces expressions, qui attestent de la vitalité culturelle, scientifique, linguistique, commerciale, diplomatique... des pays anglo-saxons, irritent parfois ceux qui voient avec inquiétude reculer la place de la langue française dans le monde.

Quiconque aime sa langue et sa culture doit la défendre, et si certains mots comblent un vide dans le vocabulaire, il n'en va pas de même pour tous et mieux vaudrait – comme le font les Québécois, avec souvent plus de détermination que les « Français de France » – éviter les anglicismes quand existe déjà un mot français bien formé et expressif, de création récente ou non : pourquoi parler de « challenge » (parfois prononcé à l'anglaise [tʃalɛndʒ] !) quand existent les

LE MOT JUSTE POUR UNE IDÉE PRÉCISE

mots « défi », « pari », « épreuve »... ? La vitalité de la langue française est cependant assez grande pour les mots du langage courant : dans bien des cas, l'emprunt à l'anglais n'a été que provisoire ; par exemple, l'expression « mountain bike » a été rapidement et définitivement remplacée par « vélo tout terrain » (V.T.T.), le « computer » des débuts de l'informatique par « ordinateur », tandis que le « gasoil » (carburant) s'est rapidement francisé en « gazole ».

● En tout état de cause, pour une bonne compréhension du message, on vérifiera, en consultant le dictionnaire, que l'emprunt est définitivement intégré dans la langue avant de l'utiliser : par exemple, le langage du sport (et, avec lui, celui du spectacle, du commerce, de la finance) abuse d'expressions comme « être en pole position » (dans le domaine des courses automobiles), incompréhensibles à qui ne connaît pas l'anglais : mieux vaut suivre les recommandations officielles et dire « être en première ligne » ou « être en tête », dans la mesure où ces expressions existent et sont connues de tous.

quelques anglicismes à éviter	mots ou expressions souhaitables
un airbag (automobile)	un coussin gonflable
un best-seller	un livre, un produit à succès
un break (faire un –)	faire une pause
un building	un gratte-ciel
un caddie (dans un magasin)	un chariot
un Compact Disc	un disque compact/laser
un crash (aérien), se crasher	un accident aérien, s'écraser
le design (industriel)	le style
un disc jockey (D.J.)	un animateur
dispatcher	répartir, réguler
duty-free (shop)	(boutique) hors-taxes
l'efficience	l'efficacité
le fast-food	la restauration rapide
un fax	un télécopieur, une télécopie
un jerrican	un bidon, une nourrice
en kit	à monter soi-même
knock-out (K.-O.) (être –)	au tapis, au sol, hors service
un/le leader	un meneur, le premier
le leadership	l'hégémonie
un planning	un programme
le rush	l'(heure d') affluence
le score	la marque, les points
self-service	libre-service
un sniper	un tireur isolé, un franc-tireur
un sponsor, sponsoriser	un parrain/mécène, parrainer
un tee-shirt (ou T-shirt)	un maillot
un tennisman, une tenniswoman	un joueur, une joueuse de tennis
un test	une épreuve
top niveau	de haut niveau

9 LES NOMS COMMERCIAUX

On veillera à ne pas employer, pour désigner certains objets, des noms de marques (ou de modèles) devenus d'un usage si courant qu'on les prend pour des noms communs ; ainsi, on n'écrit pas « une Mobylette » mais « un cyclomoteur », on n'écrit pas « un Vélux » mais « une fenêtre de toit, une tabatière ».

LE MOT JUSTE POUR UNE IDÉE PRÉCISE

LES NÉOLOGISMES

DES MOTS COMPOSÉS

En dehors de l'emprunt aux langues étrangères, il est tentant de créer des mots nouveaux en utilisant les ressources propres à notre langue, en particulier les préfixes et suffixes :

● Par exemple, le suffixe « -iste » (« qui pratique, ou est partisan de ») a donné naissance dans les quarante dernières années à de nombreux mots : « plagiste » (personne qui exploite une plage commercialement), « styliste », « graphiste », « tiers-mondiste », « contactologiste » (spécialiste des lentilles de contact), « juillettiste » (personne prenant ses vacances au mois de juillet)... Ces mots sont entrés dans le dictionnaire, mais il s'en crée sans cesse de nouveaux, comme « européiste » (partisan de la construction européenne) ou « citroëniste » (amateur de voitures de marque Citroën).

● Le préfixe « anti- » (« contre », « qui s'oppose à ») est lui aussi très productif, en particulier dans le domaine commercial (où l'imagination des fabricants est inépuisable) et politique : produit antimites, lessive anticalcaire, peinture antirouille, détergent antitraces, vitre électrique antipincement, appareil photo anti-yeux-rouges, militant antinucléaire, commando antiavortement... Les adjectifs ainsi formés (souvent invariables, parfois substantivés) ont un succès plus ou moins durable, en fonction des préoccupations du temps.

Si ces néologismes, formés à partir de mots existants, sont aisément compréhensibles, il sera prudent de vérifier avant de les employer qu'ils sont bien attestés par le dictionnaire : on n'y trouvera pas, par exemple, l'adjectif « anti-âge » (!) qui qualifie telle crème de beauté du commerce.

D'autre part, on évitera des néologismes inélégants comme les noms abstraits en « -abilité » dérivés d'adjectifs en « -able » : au lieu de parler de « l'invérifiabilité d'une hypothèse », mieux vaudra tourner la phrase autrement et écrire que « l'hypothèse est invérifiable » ou « ne peut être vérifiée ».

DES MOTS EXISTANTS QUI ÉVOLUENT

Tous les **néologismes** ne sont pas des mots nouveaux : ils proviennent parfois de l'évolution de mots existants ; par exemple le mot « parabole », qui en mathématiques désigne une « courbe plane dont chaque point est équidistant d'un point fixe appelé *foyer* et d'une droite fixe appelée *directrice* », est entré récemment dans le langage courant pour désigner, depuis que l'objet s'est démocratisé, une antenne en forme de parabole permettant de recevoir par satellite des images télévisées. Il s'agit là d'un détournement de sens (« trope ») appelé « métonymie » et consistant à désigner un objet par une de ses caractéristiques (voir page 154).

ATTENTION
● L'emploi nouveau n'est pas toujours perçu comme un néologisme, car le glissement de sens se fait progressivement (on a d'abord parlé d' « antenne parabolique » avant d'employer « parabole »).

● De telles créations appartiennent souvent au langage familier, inventif en néologismes pour lesquels il utilise volontiers la métaphore (voir page 154) et la métonymie : c'est par métonymie qu'on désigne les gendarmes sous le nom de « képis », ou les ouvriers sous le nom de « cols bleus ». Le néologisme peut être

53

la simple abréviation d'un mot existant : « l'intox », propagation de fausses nouvelles, est une forme abrégée du mot « intoxication » (utilisé en ce sens à l'origine par les services secrets, le but étant de tromper les services adverses).

▰ DES MOTS INVENTÉS

L'utilisation des néologismes peut aussi être, en littérature, le moyen de créer un univers onirique (univers du rêve), imaginaire, fantastique ou étrange :

> (...) une vieille <u>paricaridelle</u> <u>ramiellée</u> et <u>foruse</u> se hâtait vers la ville (...). La <u>paricaridelle</u> excitée et quelques vieilles <u>coquillardes</u>, sales rides et mauvaises langues, <u>achactées</u> à tout, épiaient les retardataires.
>
> (Henri Michaux, *Plume*, éd. Gallimard, 1930).

Dans cet extrait, les néologismes ont été soulignés ; on notera qu'ils n'empêchent nullement de comprendre l'histoire ; l'expression « sales rides », calquée sur « mauvaises langues », bien que constituée de mots existants, peut elle aussi être considérée comme un néologisme dans la mesure où elle n'existe pas en tant qu'expression figée à valeur d'adjectif qualificatif (être mauvaise langue, c'est être médisant).

11 LES HOMONYMES ET LES PARONYMES

De fréquentes confusions proviennent de ressemblances entre les mots.

● Les mots de sens différent dont l'orthographe et la prononciation sont identiques sont appelés des **« homonymes »** : ainsi le mot « ferme » peut être un nom *(travailler à la **ferme**)*, un adjectif qualificatif *(un matelas **ferme**)*, un verbe *(**ferme** la porte)*. On parle d' « homographes » quand seule l'orthographe est semblable *(Les poules du **couvent** couvent)*, d' « homophones » quand seule la prononciation l'est *(un **vers**, un **ver**)*.

● Les mots de sens différent dont l'orthographe et/ou la prononciation sont proches (mais pas semblables) sont appelés des **« paronymes ».** On distinguera par exemple « perpétrer » (un crime) : commettre, et « perpétuer » (une tradition) : rendre perpétuel, permanent.

Les paronymes appartiennent souvent à la même famille : l'« effraction » est une entrée de force (on « brise » une porte), l' « infraction », un manquement à la loi (on « brise » la loi). Certains paronymes de même nature ne se distinguent à l'écrit que par la présence ou l'absence d'un accent sur une voyelle (et à l'oral par une légère différence de prononciation) :
– *bailler* (littéraire : donner), *bâiller* (de sommeil, et plus généralement « être ouvert », « béer » ; N.B. : on écrit *bayer* dans l'expression « bayer aux corneilles ») ;
– *chasse* (action de chasser), *châsse* (reliquaire) ;
– *cote* [kɔt] (niveau), *côte* [kot] (montée) ;
– *haler* (tirer, remorquer), *hâler* (brunir la peau) ;
– *pécher* (commettre une faute), *pêcher* (du poisson) ;
– *roder* (commencer d'user : roder une soupape, un moteur), *rôder* (errer avec de mauvaises intentions : le renard rôde) ;
– *tache* (d'encre), *tâche* (travail).
Autres homonymes et paronymes à distinguer :
– *acception* (sens d'un mot), *acceptation* (accord) ;

LE MOT JUSTE POUR UNE IDÉE PRÉCISE

– *adhérence* (fait d'adhérer, au sens propre : adhérence d'un pneu), **adhésion** (sens figuré : adhésion à une association) ;
– *adorer* (aimer beaucoup), **abhorrer** (avoir en horreur) ;
– *allocation* (somme d'argent), **allocution** (discours) ;
– *amande* (fruit de l'amandier), **amende** (sanction) ;
– *aménager* (faire des aménagements, transformer), **emménager** (apporter ses meubles dans un nouveau logement) ;
– *amnésie* (perte de la mémoire), **amnistie** (loi qui supprime certaines poursuites judiciaires), **armistice** (arrêt des hostilités entre des pays jusque-là en guerre) ;
– *attentionné* (qui est plein d'attentions), **intentionné** (qui a de bonnes, de mauvaises dispositions d'esprit à l'égard de quelqu'un : **bien, mal intentionné**) ;
– *avènement* (arrivée, venue), **événement** (fait marquant) ;
– *avoir à faire* (être occupé), **avoir affaire à** (être en rapport avec) ;
– *bimensuel* (qui a lieu deux fois par mois), **bimestriel** (qui a lieu tous les deux mois), **biennal** ou **bisannuel** (qui dure deux ans, ou a lieu tous les deux ans),
– *but* (objectif), **butte** (élévation de terrain), *être* **en butte** *à* (être exposé aux coups de) ;
– *cahot* (secousse due à la route, difficulté dans un processus, adjectif : **cahoteux**), **chaos** (grand désordre, adjectif : **chaotique**) ;
– *cession* (action de céder), **session** (temps de réunion), **cessation** (action de cesser) ;
– *cœur* (qui bat), **chœur** (ensemble de chanteurs) ;
– *compréhensible* (que l'on peut comprendre : *une phrase –*), **compréhensif** (qui comprend, aide, pardonne : *un patron –*) ;
– *conjecture* (supposition : *se perdre en conjectures*), **conjoncture** (circonstances : *La conjoncture est mal choisie*) ;
– *décade* (durée de dix jours), **décennie** (durée de dix ans) ;
– *déceler* (trouver ce qui était caché : une maladie), **desceller** (décrocher ce qui était scellé), **desseller** (enlever la selle) ;
– *dénoter* (révéler : *Ses traits dénotent sa fatigue*) ; **détonner** (chanter faux, ou ne pas être dans le ton : *Le jaune détonne dans le décor*) ; **détoner** (exploser) ;
– *dessin* (action de dessiner), **dessein** (intention) ;
– *un différend* (un désaccord), **différent**(e) (adj. qual., qui n'est pas semblable) ;
– *s'enfuir* (prendre la fuite), **enfouir** (creuser et enterrer) ;
– *s'égayer* [segeje] (s'amuser), **s'égailler** [segaje] (se disperser) ;
– *l'encre* (d'un stylo), *l'ancre* (d'un bateau) ;
– *enduire* (badigeonner : *enduire de colle*), **induire** (amener à : *induire en erreur*) ;
– *une envie* (désir), **à l'envi** (expression équivalente : à qui mieux mieux) ;
– *évoquer* (faire penser à), **invoquer** (faire appel à) ;
– *un filtre* (objet pour filtrer) ; *un philtre* (breuvage magique) ;
– *un fond* (partie la plus basse : *le fond du puits*), *un* **fonds** (bien possédé ou réserve d'argent : *vendre son fonds*), *des* **fonts baptismaux** (nom masc. pl., bassin contenant l'eau du baptême) ;
– *frustrer* (verbe : priver), **fruste** (adjectif : peu raffiné) ;
– *hiberner* (passer l'hiver dans un état d'engourdissement : *La marmotte hiberne*), **hiverner** (séjourner pendant l'hiver) ;
– *imminent* (qui est sur le point de se produire), **éminent** (qui se situe au-dessus, élevé, remarquable) ;
– *imprudent* (qui n'est pas prudent), **impudent** (effronté) ;
– *inculper* (mettre en examen une personne supposée coupable), **inculquer** (enseigner durablement) ;

- *infliger* (faire subir), *affliger* (plonger dans le chagrin) ;
- *luxe* (possession de biens coûteux), *luxure* (péché, vice), *luxation* (déboîtement d'une articulation) ;
- *martyr* (personne qui souffre), *martyre* (souffrance subie) ;
- *opportun* (qui arrive au bon moment), *inopportun* (qui arrive au mauvais moment, adj. qual.), *importun* (qui dérange, ennuie, fatigue, adj. et nom commun) ;
- *opprimer* (traiter injustement par la violence), *réprimer* (combattre par la force), *oppresser* (empêcher de respirer) ;
- *original* (qui sort de l'ordinaire, document authentique), *originel* (d'origine) ;
- *un parterre* (de fleurs), *par terre* (locution : à terre) ;
- *une partie* (élément d'un tout, ou jeu), *un parti* (décision que l'on prend, ou groupement politique) ;
- *partiel* (concernant une partie), *partial* (qui prend parti) ;
- *personnaliser* (donner un caractère personnel), *personnifier* (évoquer une chose comme si c'était une personne) ;
- *une pose* (action de poser : *pose du papier peint* ; *Le modèle prend la pose*), *une pause* (arrêt, repos : *Dix minutes de pause !*) ;
- *prêt(e) à* (adj. qual. : *Elle est prête à partir*), *près de* (adverbe, invariable = sur le point de : *Elle est près de partir*) ;
- *prescrire* (ordonner), *proscrire* (interdire) ;
- *quand* (lorsque), *quant à* (en ce qui concerne) ;
- *rabattre* (replier), *rebattre les oreilles* (répéter sans cesse) ;
- *raisonner* (utiliser sa raison ou un raisonnement), *résonner* (produire un son) ;
- *recouvrer* (retrouver : *recouvrer la santé*), *recouvrir* (couvrir de nouveau) ;
- *un repère* (marque pour retrouver), *un repaire* (lieu de refuge d'une bête sauvage, d'un voleur) ;
- *un risque* (danger), *une rixe* (querelle violente) ;
- *romanesque* (qui concerne le roman), *romantique* (relatif au romantisme ; qui touche la sensibilité) ;
- *un seau* (récipient), *un sceau* (cachet), *un sot* (stupide) ;
- *sensé* (qui a du bon sens : *C'est un conseil sensé*), *censé* (dont on suppose quelque chose : *Il est censé venir demain*) ;
- *septique* (qui contient des germes), *sceptique* (qui doute) ;
- *serment* (promesse solennelle), *un sermon* (discours de morale) ;
- *simuler* (faire semblant), *stimuler* (pousser à agir) ;
- *une suggestion* (action de suggérer, de proposer), *une sujétion* (état de soumission) ;
- *trac* (angoisse avant d'affronter le public), *tract* (feuille distribuée aux fins de propagande) ;
- *il vaut* mieux (il est préférable), *il faut* (il y a obligation) ;
- *vénéneux* (qui a du venin, du poison, en parlant des plantes), *venimeux* (qui a du venin, en parlant des animaux) ;
- *une voie* (chemin), *une voix* (son qui sort de la bouche) ;
- *voir* (verbe à l'infinitif), *voire* (adverbe, au sens de « et même » : *C'est une faute, voire un crime*).

11 LES DIVISIONS ET LES ARTICULATIONS DU TEXTE

> Pour être compris du lecteur, l'auteur doit dès les premières lignes le préparer à entrer dans le texte en lui indiquant ce qu'il peut en attendre : c'est le rôle de l'introduction. Le texte répond à une structure prévue à l'avance (plan) : il comporte donc des divisions (parties) que le lecteur doit pouvoir repérer, au travers de paragraphes, et dont il doit comprendre l'enchaînement, grâce aux articulations logiques et aux transitions qui offrent un lien entre les parties. Enfin, une conclusion doit lui permettre de « faire le point » au terme de sa lecture.

1 Savoir introduire

CE QU'ON SUPPOSE CONNU

Quand on communique avec une autre personne, on a souvent présents à l'esprit ce qu'on appelle des « présupposés », c'est-à-dire des informations nécessaires à la compréhension du message, mais que l'on suppose connues du destinataire et qu'on ne lui indique pas dans le message. Ainsi, quand on dit : « Nous pouvons sortir maintenant », le présupposé est peut-être que la pluie nous empêchait jusque-là de sortir, malgré notre envie de le faire ; ou que la voiture qui gênait la sortie est partie ; ou encore que les poursuivants auxquels on voulait échapper se sont éloignés... On ne rappelle pas cette information rendue évidente par la situation dans laquelle le message est produit (« le contexte »).

À l'oral, les présupposés, les sous-entendus sont nombreux car on se trouve dans une situation de communication directe ; le message est nécessairement placé dans un contexte. De plus, l'intonation des phrases prononcées aide à leur interprétation : dans la phrase exclamative « Elle va partir ! », le ton adopté indique si celui qui parle éprouve du désespoir, du soulagement ou de la joie.

ANNONCER LE SUJET

Mais à l'écrit, toutes ces aides disparaissent : la lettre, le récit, le rapport seront le plus souvent lus en l'absence de leur auteur qui ne pourra pas en éclairer le sens. On doit donc, dès les premières lignes, permettre au lecteur de comprendre quel est le contenu du texte qu'il a sous les yeux. Cette partie s'appelle **« l'introduction ».**

L'introduction sera de nature variable selon les types de textes produits.

LES DIVISIONS ET LES ARTICULATIONS DU TEXTE

- **Pour annoncer un récit d'événements imaginaires** (roman, nouvelle, etc.), il suffit souvent de donner quelques indications de lieu, de temps, même vagues, de présenter un personnage et d'employer un temps verbal approprié (par exemple, le passé composé ou le passé simple), pour que le lecteur comprenne qu'on va lui raconter une histoire et y « entre » sans difficultés :

> « Arsène Muselier arriva à la Vieille Vaîvre vers six heures du matin et se mit à faucher le pré [...] La Vieille Vaîvre était une pièce de terre d'environ un hectare, découpée dans la forêt à cinq cents mètres de la lisière. »
>
> (Marcel Aymé, *La Vouivre*, éd. Gallimard, 1945)

Dans un conte, la célèbre formule « Il était une fois... » joue exactement le même rôle :

> « Il était une fois une petite fille de village, la plus jolie qu'on eût su voir ; sa mère en était folle, et sa mère-grand plus folle encore. »
>
> (Charles Perrault, « Le Petit Chaperon rouge », *Contes de ma mère l'Oye*)

Généralement, sous son apparente simplicité le début du récit, appelé aussi « l'incipit », est particulièrement soigné dans sa rédaction, car c'est en quelque sorte pour l'auteur le premier contact avec un lecteur qu'il souhaite séduire.

- Le but de **l'introduction d'une lettre** est également, sinon de plaire au destinataire, du moins de retenir son attention et de le mettre dans les meilleures dispositions possibles. Il s'agit à cet effet, après une formule de salutation, d'indiquer le plus tôt possible l'objet de la lettre : qui est-on ? à quel titre écrit-on ? qu'espère-t-on obtenir ?

> Monsieur le Percepteur,
> Locataire d'un appartement rue ***, j'ai reçu ma feuille d'imposition au titre de la taxe d'habitation, et désirerais obtenir certains éclaircissements sur son calcul.

- **Dans un développement plus général** (réflexion sur une question, argumentation), l'introduction sert à bien mettre en place les éléments du problème que l'on va traiter : elle permet d'expliquer pourquoi ce problème mérite d'être examiné, pose précisément la question qui fait l'objet du développement, et éventuellement indique quelle méthode va être suivie pour mener la réflexion qui suit.

Pour plus de détails, voir page 99 : « Les types de textes fondamentaux ».

2 ORGANISER SES IDÉES : LE « PLAN »

Tout texte constitue un ensemble organisé : l'auteur doit livrer au lecteur les informations dans un ordre logique, variable selon le message à transmettre ; par exemple, un récit (voir page 100) présentera les événements selon un axe chronologique (des événements les plus anciens aux événements les plus récents), mais un texte argumentatif pourra classer les idées par thèmes (voir page 144).

Le canevas selon lequel l'auteur se propose de présenter les informations est appelé le **« plan »** du texte ; il doit être fixé préalablement à toute opération d'écriture. On trouvera pages 99 à 150 des conseils pour diviser en parties chacun des types de textes fondamentaux.

3 LA MISE EN FORME DU TEXTE

Quand l'auteur s'est fait une idée claire des divisions que va comporter son texte, il lui reste à les mettre en forme en rédigeant les paragraphes correspondants et en prévoyant entre ceux-ci les articulations logiques (à l'intérieur d'une partie, d'un paragraphe à l'autre) et les transitions (d'une grande partie à l'autre).

Le travail se termine par la rédaction de l'introduction et de la conclusion, qui doivent être mises au point en dernier pour être cohérentes avec le contenu du développement.

4 LA PRÉSENTATION EN PARAGRAPHES

On appelle « **paragraphe** » un ensemble de phrases formant un bloc de texte délimité par un retour à la ligne et, généralement, par un alinéa (le premier mot de la ligne est décalé vers la droite par rapport à la marge).

Ce bloc de texte ne doit développer qu'une idée (accompagnée d'exemples dans le texte argumentatif), ou une étape du récit.

Un retour à la ligne (nouveau paragraphe) permet de changer d'idée ou d'examiner la même idée sous un autre angle.

Ainsi, dans un récit, un premier paragraphe présentera les actions successives effectuées par un personnage dans un certain lieu à un certain moment, puis l'auteur ira à la ligne pour faire intervenir un autre personnage, changer de lieu, de moment, passer à une autre série d'actions, introduire une description ou un dialogue :

> [récit]   *La voiture ralentit, s'arrêta.*
> [nouvelle étape du récit]   *Aussitôt King* [le lion] *fut contre elle, debout, et ses pattes de devant sur les épaules de Bullit. Avec un rauque halètement de fatigue et de joie, il frotta son mufle contre le visage de l'homme (...). Crinière et cheveux roux ne firent qu'une toison.*
> [dialogue]   *– Est-ce que vraiment on ne croirait pas deux lions ? dit Patricia* [la fille de Bullit].
> [retour au récit, nouvelle étape]   *Elle avait parlé dans un souffle, mais King avait entendu sa voix. Il étendit une patte, en glissa le bout renflé et sensible comme une éponge énorme autour de la nuque de la petite fille, attira sa tête contre celle de Bullit et leur lécha le visage d'un même coup de langue.*
>
> (Joseph Kessel, *Le Lion*, éd. Gallimard, « Bibliothèque blanche », 1958)

Le changement de paragraphe permet donc au lecteur d'anticiper sur sa lecture, de prévoir un changement dans le texte ; d'autre part, un écrit structuré se reconnaît à la présence de paragraphes qui rendent le plan apparent.

5 LES ARTICULATIONS, OU LIENS, LOGIQUES

La « logique » est la science qui apprend à raisonner, c'est-à-dire à construire sa connaissance ou son jugement par des opérations intellectuelles rigoureuses, par exemple la déduction dans le raisonnement en trois temps appelé « **syllogisme** » :

> *Tous les chats sont cruels ;*
> **or**, *Mistigri est un chat ;*
> **donc**, *Mistigri est cruel.*

LES DIVISIONS ET LES ARTICULATIONS DU TEXTE

On notera cependant que la logique n'aboutit pas toujours à la vérité : si le syllogisme possède une logique interne, il n'est pas nécessairement juste ; dans l'exemple précédent, la troisième affirmation n'est vraie que si la première l'est aussi, ce qui n'est pas prouvé (il existe peut-être des chats débonnaires, et Mistigri en fera éventuellement partie).

Pour convaincre et séduire le lecteur, le texte doit en tout cas présenter les informations selon un enchaînement compréhensible, conforme à la logique, depuis l'introduction jusqu'à la conclusion.

On appelle **« articulation »**, « lien logique » ou **« mot de liaison »** un terme qui permet au lecteur de suivre les étapes du raisonnement ou du récit, de passer d'une phrase ou d'un paragraphe à l'autre. Il s'agit souvent d'une préposition, d'une conjonction ou d'un adverbe, parfois d'une formule entière. Les mots, locutions ou formules énumérés ci-dessous servent à exprimer différents types d'enchaînements.

- Addition d'idées, **énumération** ordonnée d'arguments qui se complètent et se renforcent progressivement :
de plus ; d'abord/ensuite (ou : puis)/enfin ; d'une part/d'autre part ; en premier lieu ; par ailleurs ; en outre ; de plus ; de surcroît ; à plus forte raison ; il ne faut pas oublier que... ; (il y a, on voit, on trouve) également... ; il s'ajoute à cela que... ; on ajoutera... ; on ne saurait passer non plus sous silence... :

> J'étais ému, **d'une part** parce que le lieu m'impressionnait, **d'autre part** parce que mon avenir dépendait de cet entretien.

- **Opposition** (contradiction) entre des faits, des idées, des arguments qui infirment (contredisent) ou nuancent (restreignent) une affirmation précédente, ou constituent une objection possible à laquelle on va répondre ensuite :
mais ; or ; cependant ; néanmoins ; toutefois ; en revanche ; pourtant ; au contraire ; d'un autre côté ; tout au plus ; au moins ; du moins ; or (raisonnement en trois temps) ; on peut (on pourrait) objecter que...

À l'intérieur d'une phrase, dans une proposition subordonnée, on utilisera les conjonctions « bien que », « quoique » ou « encore que » (voir page 179 : « Nuancer » et page 180 : « Opposer ») :

> **Quoique** la panne nous ait retardés, nous avons pu assister au spectacle.

- **Causalité** ou explication de ce qui précède (on montre que deux phénomènes ou deux événements sont en corrélation, qu'ils sont liés par une relation de cause à effet) :
car, en effet (ces deux conjonctions ne peuvent se cumuler), c'est-à-dire, c'est que, la cause en est que, il faut savoir que, voici pourquoi... :

> La voiture cahotait dans le chemin : **c'est que** les pluies de la veille avaient creusé de nombreuses ornières.

Dans une proposition subordonnée, on utilisera les conjonctions « comme » (la subordonnée est alors placée en tête de phrase), « parce que », « puisque », « étant donné que », etc. (voir page 169 : « Expliquer »).

- **Conséquence** de ce qui précède (rapport inverse de la causalité) :
aussi, ainsi (avec inversion du sujet après ces deux conjonctions), donc, c'est pourquoi, voilà pourquoi, par conséquent, en conséquence, d'où (+ groupe nominal), c'est la raison pour laquelle, cela explique que, cela a entraîné/causé... :

> L'eau doit subir des traitements de plus en plus complexes, **c'est la raison pour laquelle** son prix augmente.

LES DIVISIONS ET LES ARTICULATIONS DU TEXTE

Dans une proposition subordonnée, « si bien que », « de telle sorte que » (voir page 169 : « Expliquer »).

- **Exemple** illustrant l'argument qui vient d'être énoncé : (c'est) ainsi (que), par exemple, c'est le cas de (voir page 175 « Illustrer par un exemple ») :

> Au cours du Moyen Âge, l'Inquisition fut sans pitié ; **c'est ainsi que** de nombreux « hérétiques » furent condamnés à mort après avoir été torturés.

- **Hypothèse** (dans une proposition subordonnée) :
si, au cas où, dans l'hypothèse où (voir page 188 « Supposer ») :

> **Dans l'hypothèse où** l'eau viendrait à manquer, des restrictions devraient être envisagées.

ATTENTION
« Si » peut aussi exprimer l'opposition :

> **Si** Pierre a beaucoup travaillé dans le passé, il est devenu très paresseux à présent.

- Balancement ou **hésitation** entre différentes possibilités :
ou, ou bien (seuls ou redoublés), soit (que)... soit (que)... :

> Janine ne viendra pas, **soit qu**'elle ne le puisse pas, **soit qu**'elle ne le veuille pas.

ATTENTION
On ne doit pas mélanger « ou » et « soit » dans la même phrase (voir page 38).

- **Conclusion :**
Pour conclure, en conclusion, en résumé, en définitive, finalement, enfin, au total... :

> **Finalement**, cette expérience aura été bénéfique pour chacun.

REMARQUES
1. On allégera le style en évitant de toujours placer ces mots de liaison en tête de phrase ou de paragraphe : il est souvent possible de les insérer après un premier groupe de mots, ou même à la fin de la phrase, comme dans cet exemple de description (les mots de liaison sont en gras) :

> « Cette corvette [bateau à trois mâts] (...) était **en apparence** une corvette de charge [de transport], **mais en réalité** une corvette de guerre. Elle avait la lourde et pacifique allure marchande ; il ne fallait pas s'y fier **pourtant**. Pour le service qu'elle avait à faire cette nuit-là, le chargement avait été remplacé (...) par trente caronades [gros canons] de fort calibre.
>
> (Victor Hugo, *Quatre-vingt-treize*)

2. « Voici pourquoi » annonce une cause qui n'a pas été encore expliquée, « voilà pourquoi » indique la conséquence de ce qui a été déjà énoncé :

> Nous sommes soumis aux perturbations pluvieuses, **voici pourquoi :** l'anticyclone s'est décalé vers le sud.

> L'anticyclone s'est décalé vers le sud, **voilà pourquoi** nous sommes soumis aux perturbations.

3. Certains signes de ponctuation ont la même valeur qu'un mot de liaison :
– les deux points annoncent une explication ou traduisent une opposition :

> Nous pûmes sortir **:** il ne pleuvait plus.
> Il pleuvait **:** on décida d'aller se promener ;

LES DIVISIONS ET LES ARTICULATIONS DU TEXTE

– la virgule ou le point-virgule indiquent une simple succession :

   « *Je suis venu, j'ai vu, j'ai vaincu.* »

   (Jules César, Discours devant le Sénat, 47 av. J.-C.)

(Voir aussi page 26 : « La ponctuation »)

6 LES PHRASES ET PARAGRAPHES DE TRANSITION

Si, dans un paragraphe ou à l'intérieur d'une même partie du développement, on peut se contenter de mots de liaison pour donner de la fluidité à l'argumentation ou au récit, le lecteur a souvent besoin de points de repère plus visibles – une phrase ou même tout un paragraphe – pour passer de l'introduction au développement, d'une partie du développement à l'autre, et du développement à la conclusion.

Ces points de repère sont appelés des **« transitions »**. Une transition doit à la fois faire allusion à ce qui vient d'être écrit et annoncer ce qui va l'être immédiatement après.

● Exemple : développement concernant les parcs zoologiques, voir sujet page 143.

– Première partie : arguments en défaveur des zoos.
– Transition possible pour annoncer la deuxième partie :

   [annonce de la suite] *Il existe pourtant des raisons de défendre les parcs zoologiques,* [allusion à ce qui précède] *malgré tout ce qu'a priori ils peuvent avoir de cruel pour les animaux.*

– Deuxième partie : arguments en faveur des zoos.

● Autre exemple : passage d'une partie à l'autre dans un texte narratif :

1. Récit [Franz, les yeux bandés, est amené chez un hôte mystérieux] :

   Bientôt, au changement d'atmosphère, il comprit qu'il entrait dans un souterrain ; au bout de quelques secondes de marche, il entendit un craquement, et il lui sembla que l'atmosphère [...] devenait tiède et parfumée ; enfin il sentit que ses pieds se posaient sur un tapis épais et moelleux : ses guides l'abandonnèrent. Il se fit un instant de silence, et une voix dit en bon français, quoique avec un accent étranger :
   – Vous êtes le bienvenu chez moi, monsieur, et vous pouvez ôter votre mouchoir.

→ Formule de transition permettant de passer du récit au portrait de l'hôte mystérieux :

   Comme on le pense bien, Franz ne se fit pas répéter deux fois cette invitation ; il leva son mouchoir, et se trouva en face d'un homme...

2. Portrait de l'inconnu :

   ... de trente-huit à quarante ans, portant un costume tunisien.
   [...] Quoique d'une pâleur presque livide, cet homme avait une figure remarquablement belle [...]

→ Paragraphe de transition permettant de passer du portrait à une description du cadre :

   Mais ce qui étonna Franz, qui avait traité de rêve le récit de Gaetano, ce fut la somptuosité de l'ameublement.

LES DIVISIONS ET LES ARTICULATIONS DU TEXTE

3. Description de la chambre et de son luxe :

   Toute la chambre était tendue d'étoffes turques [...]

→ Paragraphe de transition permettant de passer de la description au dialogue :

   L'hôte laissa un instant Franz tout à sa surprise, et d'ailleurs il lui rendait examen pour examen, et ne le quittait pas des yeux.

4. Début du dialogue :

   Monsieur, lui dit-il **enfin** [mot de liaison signalant la nouvelle partie], *mille fois pardon des précautions que l'on a exigées de vous pour vous introduire chez moi [...]*

   (Alexandre Dumas, *Le Comte de Monte-Cristo*,
   Première partie, ch. XXXI, « Italie. – Simbad le marin »)

SAVOIR CONCLURE :
LES DIFFÉRENTES FORMES DE CONCLUSION

La partie appelée « **conclusion** » clôt le texte et est lue, en général, en dernier. Le destinataire, à partir de la conclusion, va se former une opinion globale sur ce qu'il vient de lire. Cette partie doit donc être aussi soignée que l'introduction.

Selon les types de textes, la conclusion répond à différents objectifs ; par exemple :

• Elle termine le récit en indiquant sur quelle situation finale (voir page 102) il débouche et éventuellement quelle « morale » le narrateur peut en tirer pour lui-même ou pour les autres.

• Après un développement général, elle résume les informations ou les arguments apportés et indique clairement quel jugement après examen de ces données il est permis de se former sur le problème traité. Elle permet aussi d'indiquer les limites de la réflexion menée, en montrant si nécessaire qu'elle s'inscrit dans une « problématique » plus large (voir page 146).

• Pour une lettre, elle énonce ce que l'émetteur attend désormais du destinataire, par exemple ce que doit contenir sa réponse éventuelle :

   En cas d'erreur concernant mon impôt, je vous serais obligé de m'indiquer quelle est à présent pour moi la démarche à suivre.

Elle termine la lettre à l'aide d'une formule de salutation appropriée (voir page 122).

12 LE TRAVAIL AU BROUILLON ET LA RELECTURE DU TEXTE

> Écrire n'est pas une tâche facile ; le texte, à quelque
> type qu'il appartienne, doit souvent passer par une phase
> de mise au point à l'aide d'un brouillon
> ou d'un programme informatique avant d'être recopié ou
> imprimé sous sa forme définitive.
> Quelque soin qu'il y mette, l'auteur peut laisser passer
> des erreurs, surtout s'il travaille en temps limité.
> Aussi le texte, avant d'être remis à son destinataire,
> doit-il être relu méthodiquement, ce qui permet de
> vérifier tant sa conformité au code de la langue
> que sa cohérence.

1 LE BROUILLON EFFICACE

Quelques principes permettent d'utiliser le brouillon de la manière la plus efficace possible.

1. Ce qui distingue le brouillon du texte définitif, c'est qu'il ne sera lu que par son auteur ; celui-ci peut donc y multiplier sans complexe essais et ratures ; un brouillon « impeccable » est un brouillon inutile ; plus on aura travaillé au brouillon, moins le texte définitif comprendra de défauts.

Encore faut-il que le brouillon reste exploitable au moment de la mise au propre du texte ; il faut pour cela :
– utiliser des feuilles suffisamment grandes, détachables et sur lesquelles on n'écrit qu'au recto si le brouillon se poursuit sur plusieurs pages ; cela permet de mettre les pages en regard l'une de l'autre, voire de les découper pour procéder à des « collages », des déplacements de paragraphes ;
– afin de ménager de la place pour des modifications même importantes, sauter des lignes et, mieux encore, n'écrire que sur la moitié gauche de la feuille, les modifications se plaçant à droite en regard du texte raturé : cette disposition qui respecte le sens de la lecture permet de ne pas revenir en arrière avec le stylo quand on apporte des modifications, ou avec le regard quand on recopie.

2. Le brouillon sert d'abord à la recherche des idées et à la mise au point du plan (en particulier dans le cas d'une argumentation ou d'une narration d'une certaine longueur).

● On note les idées, ou les séquences narratives du récit, en les présentant :
– en « style télégraphique », sous forme de groupes nominaux plutôt que de propositions rédigées (exemple : « informatique = gain de temps ») ;
– bien séparément l'une de l'autre ; les idées (chacune accompagnée d'un exemple pour un texte argumentatif) font l'objet de « blocs de texte » distincts, repérés par un tiret, un gros point ou tout autre signe caractéristique ;

● Ensuite, après avoir attribué un numéro à chaque idée, on met au point le plan, qui doit figurer sur une feuille séparée : la succession de ces numéros dans l'ordre voulu indique l'organisation de chacune des parties.

● Lors de la mise en forme définitive, on garde le plan sous les yeux et on rédige en se reportant au fur et à mesure aux idées numérotées.

3. Il n'est pas *a priori* nécessaire de tout rédiger au brouillon ; si le plan est suffisamment détaillé, une bonne partie du texte peut être écrite directement « au propre », ce qui permet de gagner du temps en cas de travail en temps limité ; mais le texte devra être alors relu avec un soin particulier (voir page 67). On ne rédigera au brouillon que des parties plus délicates à écrire comme l'introduction, la conclusion, les formules de transition, ou dans une lettre (ou le texte d'un discours) certains passages nécessitant de « peser ses mots ».

2 UNE AIDE CONFORTABLE À L'ÉCRITURE : LE « TRAITEMENT DE TEXTE »

L'informatique constitue, si l'on y a accès, un auxiliaire précieux pour l'écriture ; on peut soit utiliser dans un ordinateur un logiciel de traitement de texte, soit recourir à une machine à écrire munie par construction d'un tel programme. Ce système de **« traitement de texte »** présente de multiples avantages.

● L'élaboration du texte se fait sans brouillon, sans ratures, directement sur l'écran de l'appareil. On peut à volonté effacer et remplacer un mot ou toute une ligne, voyager dans le texte pour y insérer autant de mots que nécessaire, déplacer ou supprimer des « blocs de texte » entiers ; certains programmes sont même munis de correcteurs orthographiques intégrés (qui sont néanmoins impuissants à corriger les fautes dues à la grammaire).

● Les textes, stockés sur des disquettes informatiques, peuvent être à tout moment retrouvés pour être consultés, modifiés et/ou réimprimés ; on peut ainsi stocker par exemple des modèles de lettres prêts à l'emploi.

● La présentation matérielle du texte ne souffre pas la critique pour peu que la machine soit bien utilisée ; on peut ainsi choisir le style et la taille des caractères, obtenir des lignes de longueur régulière, centrer un titre, imprimer certains mots en gras, en italiques ou avec une trame grisée, numéroter automatiquement les pages, présenter le texte en colonnes, faire des tableaux, et surtout éliminer presque complètement les fautes de frappe puisque le texte peut être intégralement relu et corrigé avant impression.

3 LES OUTILS DE L'ÉCRITURE : LES OUVRAGES DE RÉFÉRENCE

En dehors des examens où l'emploi d'ouvrages de référence est rarement autorisé, le rédacteur d'un texte n'est pas démuni face aux difficultés de la langue, et différents instruments de travail s'offrent à lui.

● De nombreuses fautes peuvent être évitées grâce à l'utilisation régulière des **grammaires** (qui offrent une description complète de la langue), des **guides d'orthographe, de difficultés grammaticales** ou **de conjugaison**.

- Il est également conseillé de se munir d'un **dictionnaire**.

L'instrument « tout-terrain » par excellence est un **ouvrage courant** comme le *Petit Larousse* qui offre déjà une foule de renseignements utiles pour l'écrit :
– sur les mots de la langue : orthographe, sens, origine et registre des mots et des expressions, même récents, construction des verbes (des tableaux aident également à leur conjugaison), genre des noms, sens des préfixes et suffixes (en annexe), aspiration ou non du « h » à l'initiale d'un mot, ce qui permet de savoir s'il faut faire une élision (et une liaison à l'oral) : on écrit, quand le « h » est muet, « l'hiéroglyphe », « j'héberge » mais, quand le « h » est aspiré, « le handicap », « le héros », « je hurle », « je heurte » ;
– grâce aux « pages roses », sur le sens et l'emploi des principaux proverbes mais aussi des locutions grecques, latines et étrangères les plus couramment utilisées dans la langue, et qu'on doit présenter en italiques (ou souligner) dans le texte : *ad vitam æternam* (à jamais, pour toujours), etc. ;
– sur les noms propres appartenant aux cultures française, francophone et étrangères, dans tous les domaines.

- Il existe aussi des ouvrages plus complets, plus spécialisés ou plus onéreux :
– **les dictionnaires de langue française** recensent davantage de mots (parfois regroupés en familles), sur lesquels ils donnent des renseignements détaillés (étymologie, date d'apparition dans la langue, synonymes et antonymes, sens anciens ou littéraires, etc.) ;
– **le dictionnaire analogique** fonctionne par champs lexicaux et permet à partir d'un thème de retrouver de nombreux mots ou expressions de toute nature et de tous niveaux de langage, et donc d'enrichir son vocabulaire et le propos développé dans le texte : par exemple, à l'entrée « avare », on trouvera des synonymes de cet adjectif (chiche, grippe-sou, grigou...) mais aussi des synonymes du mot « avarice » et des expressions concernant l'attitude de l'avare (remplir son bas de laine, ne pas attacher son chien avec des saucisses...) ;
– **le dictionnaire des synonymes** indique en les commentant les différents synonymes des mots et des expressions, tous niveaux de langue confondus ;
– **le dictionnaire des difficultés de la langue française** est particulièrement précieux car il présente en un seul volume et par ordre alphabétique les difficultés liées au lexique (paronymes, impropriétés, barbarismes), à l'orthographe, à la conjugaison et à la syntaxe ;
– d'autres dictionnaires de langue s'adressent à ceux qui veulent approfondir : **dictionnaire étymologique** (origine des mots), **dictionnaires des locutions, des anglicismes, des mots d'origine étrangère, des proverbes, des citations**...

4 GÉRER SON TEMPS DANS LES ÉPREUVES DE CONTRÔLE ET D'EXAMEN

Savoir bien utiliser son temps est alors capital ; lors de la rédaction d'un devoir écrit, il est indispensable de se réserver un moment suffisant, non seulement pour la recherche méthodique des idées et la rédaction (en faisant un usage rationnel du brouillon, voir page 64), mais aussi pour la mise au net du texte définitif sur la feuille de « copie » (voir « La présentation matérielle »), et pour la relecture. Pour éviter d'être pris de court, on divisera à l'avance le temps disponible en séquences dont on tâchera de respecter la durée.

5 LA RELECTURE

Plus généralement, **la relecture** est indispensable pour tout texte, au moins par souci de correction envers le destinataire. L'écriture met en œuvre des mécanismes trop complexes pour qu'on puisse être jamais certain de présenter un texte « parfait ».

● Comment relire ? Sur le moment, on n'a pas toujours le « recul » nécessaire pour détecter ses fautes. L'idéal consiste, quand c'est possible, à ne reprendre son texte que « la tête froide », afin de porter sur lui un regard plus objectif.

● La relecture doit s'effectuer en plusieurs temps.

1. On relit d'abord le texte pour repérer et corriger les fautes d'orthographe (accents, fautes d'usage ou de grammaire), les erreurs de graphie (mots dont on a inversé les syllabes, mots recopiés deux fois...), et vérifier la ponctuation (n'a-t-on pas oublié, par exemple, de fermer des parenthèses ou des guillemets ?).

2. On s'assure ensuite de la qualité de la grammaire et du style : les phrases sont-elles intelligibles ? le texte est-il facile à lire ?

Si l'écriture paraît manquer de fluidité et de simplicité, le lecteur ressentira certainement le même malaise et trouvera confuses les idées de l'auteur :

> *Ce que l'on conçoit bien s'énonce clairement,*
> *Et les mots pour le dire arrivent aisément.*
>
> (Boileau, *L'Art poétique*, I, 153-154).

Sans remettre à ce stade en question tout le travail (on ne doit évidemment pas charger de ratures l'exemplaire définitif), on peut encore corriger certaines fautes, par exemple :
– éliminer les erreurs grossières (verbes qui manquent, phrases incomplètes, négations sans « ne », subjonctif après certaines conjonctions, etc.) ;
– faire « respirer » le texte en coupant en phrases plus courtes telle « période » constituée d'une interminable suite de propositions ;
– éliminer pléonasmes, verbes « passe-partout » et répétitions ;
– supprimer les ambiguïtés (provenant par exemple de la place d'un complément).

3. On relit enfin globalement, sans s'arrêter sur les détails, pour s'assurer que l'ensemble est cohérent, en répondant aux questions suivantes :
– Le texte satisfait-il à l'objectif que je m'étais fixé au départ (ou que fixait le « sujet » proposé) ? N'y a-t-il pas des digressions (développements hors sujet), des détails inutiles ?
– Les différentes parties suivent-elles un ordre logique, et s'enchaînent-elles bien ? Ne manque-t-il pas une formule de transition, un mot de liaison ?
– Les événements relatés (dans un récit), les arguments avancés sont-ils convaincants et à leur place dans le développement ?
– Le lecteur est-il à même de tout comprendre ? Tous les personnages du récit, par exemple, ont-ils été présentés ? N'y a-t-il pas des références à des lieux ou des événements connus de moi seul, des allusions à des faits culturels ou des notions (dans l'argumentation) sur lesquels des éclaircissements s'imposent ?

4. En dehors du cas particulier d'un examen, il est toujours utile de soumettre le « produit fini » à une ou plusieurs personnes extérieures qui trouveront à coup sûr des erreurs restées invisibles à l'auteur.

5. Ici encore, l'emploi d'ouvrages de référence (voir page 65) peut permettre de lever les derniers doutes.

13 Comment alléger

> L'efficacité du texte est d'autant plus grande que
> le destinataire a plus de facilité à le lire, sans être freiné
> par des fautes d'orthographe ou de grammaire,
> des ambiguïtés ou des impropriétés
> (voir « Écrire pour être compris »).
> Mais un style « lourd », des répétitions, l'emploi de mots
> inutiles peuvent aussi gêner la lecture : sans qu'il y ait de
> « fautes » à proprement parler (le message reste conforme
> à la « norme » grammaticale, orthographique et lexicale),
> le destinataire du texte ne prend pas plaisir à le lire et
> porte inconsciemment un jugement négatif sur son auteur.

1 Favoriser la concision

On satisfera d'abord le lecteur en allégeant les phrases, c'est-à-dire en recherchant **la concision ;** on dit qu'un auteur, un texte, un style sont « concis » quand ils savent exprimer des idées en peu de place, sans détours ni détails inutiles. En effet, à la lecture, on ne « stocke » dans sa mémoire qu'un nombre limité de mots à la fois (voir page 92) ; les phrases trop longues nuisent donc à l'efficacité du texte et à son expressivité, de même que les détails superflus nuisent à sa cohérence et en font perdre de vue l'objectif.

2 Éviter l'accumulation de propositions subordonnées

Les propositions subordonnées conjonctives et relatives ne sont pas économes en mots : elles sont introduites par un mot subordonnant (conjonction, pronom relatif) et leur verbe doit être muni de son sujet propre. Quand elles s'emboîtent les unes dans les autres, elles ralentissent encore la lecture. On doit donc parfois trouver des tournures plus concises.

Les propositions subordonnées conjonctives complément circonstanciel peuvent être remplacées :

- Quand leur sujet et celui de la proposition principale sont identiques :
– par un adjectif, un participe ou un gérondif en apposition (placés ou non en tête de phrase) :

> *Il se tut parce qu'il avait honte* → **Honteux**, *il se tut ;*
> *Alors que nous nous promenions, nous avons découvert une cabane*
> → *Nous avons découvert une cabane* **en nous promenant** *;*

– par un infinitif précédé d'une préposition :

> *Pierre a été puni parce qu'il a frappé un camarade*
> → *Pierre a été puni* **pour avoir frappé** *un camarade.*

- Quand le sujet des deux propositions est différent, par une proposition participiale, d'où l'économie d'une conjonction :

> *Comme les touristes sont partis, les magasins ferment* →
> **Les touristes étant partis**, *les magasins ferment.*

Remarque On pourra encore alléger en employant le participe passé sous sa forme dite « réduite », sans auxiliaire :

> *Les touristes **partis**, les magasins ferment.*

- Dans tous les cas :
- par un groupe nominal :

> *Bien que je le leur aie interdit, les enfants sont allés se baigner* →
> **Malgré mon interdiction**, *les enfants sont allés...*

- par une proposition indépendante coordonnée ou juxtaposée :

> *Je le leur avais interdit, **mais** les enfants sont allés...*
> *J'ai eu beau le leur interdire, les enfants sont allés...*

3 Alléger la phrase de ses propositions relatives

- Sauf si l'on veut obtenir un effet de mise en relief, mieux vaut supprimer l'expression « il y a... qui » :

> *Il y a peu d'élèves qui fument* → *Peu d'élèves fument.*

- Les propositions relatives déterminatives (expansions du groupe nominal, voir page 23) peuvent laisser place :
- à un complément de détermination ou un adjectif qualificatif (employé ou non comme nom) :

> *un chien dont le poil était terne* → *un chien **au poil terne** ;*
> *des arguments qui convainquent* → *des arguments **convaincants** ;*
> *un homme qui aime les cigares* → *un **amateur de** cigares* (voir aussi : « L'emploi des préfixes et suffixes ») *;*

- par un participe présent (invariable) en fonction d'épithète, et dont l'orthographe peut être différente de celle de l'adjectif (dit « adjectif verbal ») correspondant :

> *des arguments qui ne convainquent personne* → *des arguments **ne convainquant** personne.*

4 L'emploi des préfixes et suffixes

Les mots dérivés à l'aide de **préfixes** et **suffixes** permettent souvent d'éviter de longues périphrases (voir page 78) :

> *un comportement qui prête à rire* → *un comportement ris**ible** ;*
> *un mauvais fonctionnement* → *un **dys**fonctionnement ;*
> *un véhicule à une, à deux places* → *un véhicule **mono**place, **bi**place ;*
> *un thème qu'on rencontre partout* → *un thème **omni**présent ;*

COMMENT ALLÉGER

L'élève se corrigera de lui-même → *il s'**auto**corrigera* ;
un animal fréquentant les cavernes → *un animal caver**nicole*** ;
Ce devoir a été noté au-dessus de sa valeur → *a été **sur**noté* ;
celui qui fait équipe avec moi → *mon **co**équipier* ;
percer de part en part → ***trans**percer*.

On peut en particulier éviter une négation en utilisant les préfixes privatifs dé(s)-, dis-, a-, anti-, in- (im-, il-, ir-, selon la consonne qui suit), mé-, més-, mal- :

ne pas être favorable → *être **dé**favorable* ;
ne plus espérer → ***dés**espérer* ;
non continu → ***dis**continu* ;
sans nationalité, sans patrie → ***a**patride* ;
ne pas être sympathique → *être **anti**pathique* ;
qui n'est pas habituel / mûr (sens figuré) / légal / réaliste
→ ***in**habituel / **im**mature / **il**légal / **ir**réaliste* ;
qu'on ne peut pas résoudre → ***in**soluble* ;
ne pas bien connaître → ***mé**connaître* ;
ne pas estimer assez → ***més**estimer* ;
être peu ou n'être pas adroit → *être **mal**adroit*.

5 LES LOCUTIONS

Une « **locution** » est un groupe de mots indissociables jouant le rôle d'un mot simple. Le remplacement d'une locution par un mot simple de même sens peut alléger la phrase :

locutions adverbiales	adverbes de même sens
de temps en temps	parfois
à l'extérieur	dehors
locutions conjonctives	**conjonctions de coordination**
soit... soit...	ou
par conséquent	donc
locutions conjonctives	**conjonctions de subordination**
à condition que (+ subj.)	si (+ indic.)
de même que, à l'instar de	comme
locutions prépositives	**prépositions**
en direction de	vers
en dépit de	malgré
locutions verbales	**verbes**
faire don de	donner
prendre note de	noter

6 ALLÉGER L'INTERROGATION

Au discours direct, la tournure avec l'adverbe « est-ce que... » gagne a être remplacée par une simple inversion du sujet :

Est-ce que tu veux que je vienne ? → ***Veux-tu** que je vienne ?*

COMMENT ALLÉGER

7 SUPPRIMER LES DÉTERMINANTS

Il est possible de supprimer les déterminants :

- devant des noms formant une énumération :

    Camemberts, roqueforts, tomes de Savoie, bleus des Causses voisinaient sur l'étal du fromager.

- dans certaines locutions verbales où le nom complément est indissociable du verbe :

    donner congé, prendre/demander rendez-vous, tenir parole...

- après certaines prépositions (compléments circonstanciels formant des expressions figées) :

    *donner **par charité**, agir **sans méchanceté**, creuser **avec énergie**, venir **en voisin**, passer **sous silence**, couper **à travers bois**.*

ATTENTION
– Quand le nom est accompagné d'un adjectif qualificatif ou d'un complément, on doit généralement rétablir le déterminant :

   *demander **un** rendez-vous **matinal**, agir sans **la moindre** méchanceté, creuser avec **l'**énergie **du désespoir**, avec **une** énergie **féroce**.*

– La présence ou l'absence de déterminant peut induire des différences de sens :

   prendre congé : dire au revoir avant de quitter un lieu,
   prendre un congé : prendre de courtes vacances.

8 SUPPRIMER LES ATTRIBUTS DU SUJET

Pour faire l'économie du verbe « être » et d'une proposition, on peut transformer en épithète un adjectif attribut du sujet :

   *Son visage **est maigre et** inspire la pitié →*
   *Son visage **maigre** inspire la pitié.*

9 UTILISER LES COMPARATIFS ET SUPERLATIFS IRRÉGULIERS

Au comparatif et au superlatif, le choix existe pour certains adjectifs entre une forme composée (avec « plus » au comparatif, « le (la) plus » au superlatif), et une forme plus élégante, en un seul mot :

positif	comparatif	superlatif
petit(e)	plus/assez petit(e) → mineur(e) ou moindre	le (la) plus petit(e) → le (la) moindre

   C'est un souci mineur (= moins important)
   voyager pour un coût moindre (= plus petit)
   C'est le moindre de mes soucis (= le plus petit)

COMMENT ALLÉGER

positif	comparatif	superlatif
grand(e)	plus/assez grand(e) → majeur(e)	le (la) plus grand(e) → –
	C'est un argument majeur (= plus important que d'autres)	
mauvais(e) méchant(e) grave	plus mauvais(e) plus méchant(e) plus grave → pire (masc. ou fém.) ou pis (neutre)	le (la) plus mauvais(e) le (la) plus méchant(e) le (la) plus grave → le (la) pire ou le pis
	Tu es pire que ton frère (= plus méchant) *C'est pis que tout cela* (= plus grave) *Voilà la pire nouvelle* (= la plus mauvaise) *Le pis est que je l'ai cru !* (= le plus grave)	

ATTENTION
Ces comparatifs et superlatifs irréguliers appartiennent à la langue soignée :
– « pis » s'emploie au genre neutre, c'est-à-dire généralement comme attribut des pronoms « cela », « c' », ou d'une proposition subordonnée conjonctive jouant le rôle de sujet ;
– « moindre », « mineur », « majeur » ne s'emploient que dans un sens figuré, pour qualifier l'importance (et non la taille) ; « majeur » ne s'emploie comme superlatif que dans l'expression « la majeure partie » (= la plus grande partie).

10 LES ADVERBES ET COMPLÉMENTS DE MANIÈRE

Les adverbes de manière (en particulier en « ment ») alourdissent la phrase, surtout s'ils s'accumulent. On pourra les remplacer par un groupe nominal complément circonstanciel de manière :

danser élégamment → danser **avec élégance** ;
Indubitablement, il est doué → **Sans aucun doute**, il est doué ;
Il travaille extraordinairement lentement → **avec une extraordinaire lenteur**.

REMARQUE   À un verbe accompagné d'un complément circonstanciel de manière ou à un groupe nominal suivi d'un adjectif qualificatif, on peut souvent substituer un verbe ou un nom simples de même sens :

*parler **à voix basse*** → chuchoter ;
*un chien de garde **très gros** (et **très méchant**)* → un molosse.

11 L'ABUS DE LA FORME PASSIVE

Un verbe à la voix passive indique que le sujet du verbe subit une action, accomplie par le « complément d'agent » :

La route   **sera rouverte**   *par les chasse-neige.*

sujet
qui subit l'action   verbe
à la voix passive   compl. d'agent
qui fait l'action

COMMENT ALLÉGER

On peut toujours remplacer un verbe à la voix passive par un verbe à la voix active ; le complément d'agent du verbe passif devient le sujet du verbe actif correspondant, le sujet du verbe passif en devient le C.O.D. :

Les chasse-neige **rouvriront** *la route.*
   sujet   verbe   compl. d'objet
qui fait l'action   à la voix active   qui subit l'action

Le français utilise peu la phrase de forme passive ; la voix active, plus concise (aux temps simples, le verbe ne comprend pas d'auxiliaire), rend la phrase plus « dynamique » puisque les actions sont présentées comme faites, et non subies.

REMARQUE Un verbe passif sans complément d'agent pourra devenir un verbe actif avec pour sujet le pronom « on » :

La route a été salée → On a salé la route.

12 L'ABUS DE LA FORME NÉGATIVE

Comme la forme passive, la forme négative ralentit la phrase et donne l'impression que l'auteur est, lui aussi, négatif dans son message, qu'il est peu constructif et communique sans bonheur. Plusieurs moyens permettent d'éviter cette forme :
– l'emploi de mots de sens négatif (souvent dérivés, voir page 69) :

L'ouvrage n'est pas achevé → L'ouvrage est inachevé ;
Le chauffage ne fonctionne plus → Nous voilà privés de chauffage.

– l'emploi de la préposition « sans » :

La maison n'a pas de charme → La maison est sans charme ;

– l'emploi d'un antonyme :

Je ne me suis pas assise → Je suis restée debout ;

– l'emploi d'un adverbe de restriction plutôt que de négation :

Mamie n'aime guère le vin → Mamie apprécie peu le vin.

13 OSER L'IMPLICITE

Dans un énoncé oral, beaucoup d'idées ne sont pas exprimées, parce qu'elles sont évidentes : on dit qu'elles sont implicites (voir aussi page 57 la notion de « présupposé »). À l'écrit, le lecteur a besoin de certaines informations, mais le texte gagne à être allégé de celles que la logique suffit à établir :

J'étais revenu lorsqu'elle m'avait annoncé la mort de mes parents – les freins avaient lâché et ils avaient dévalé la colline dans la vieille Panhard que conduisait mon père (...)
(Philippe Djian, « Tango », *Crocodiles*, éd. Bernard Barrault, Coll. « Librio », 1989)

L'idée implicite ici est que les parents du narrateur ont trouvé la mort dans l'accident consécutif à la rupture des freins. Mais les détails de cet accident n'apportent rien à l'action principale (le retour à la ferme), on peut donc les supprimer.

14 COMMENT VARIER

> Un style réussi, c'est un style « expressif », propre à frapper le lecteur pour le convaincre et lui faire partager un état d'esprit. Les moyens stylistiques pour y parvenir sont étudiés en détail à partir de la page 151. Mais, quels que soient les procédés mis en œuvre, il est avant tout nécessaire de maintenir l'intérêt en variant les tournures.

1 PHRASE NOMINALE ET PHRASE VERBALE

• La majorité des phrases ont pour « noyau » un verbe et sont donc appelées « **phrases verbales** » :

> Je suis très surprise.

• Mais on peut aussi employer des phrases sans groupe verbal, appelées « **phrases nominales** » (ou « adverbale ») et pouvant parfois se réduire à un mot :

> Quelle surprise ! Très surprenant ! Victoire !

On n'abusera pas de ces phrases, qui visent à frapper, par une formule-choc, l'imagination du lecteur et émaillent le style journalistique ou publicitaire.

2 VARIER LES TYPES DE PHRASES

Verbale ou nominale, la phrase doit obligatoirement appartenir à l'un (et théoriquement un seul) des quatre types suivants qui ne peuvent se combiner (sauf pour les deux derniers d'entre eux) et sur lesquels on peut jouer en fonction de l'effet recherché :

• **phrase déclarative :** elle énonce un constat, sans émotion particulière, et se termine par un point ou des points de suspension :

> Nous avons fait un beau voyage.

• **phrase interrogative :** elle pose une question (réelle ou « rhétorique ») et se termine par un point d'interrogation :

> N'était-ce pas un beau voyage ?

• **phrase exclamative :** elle exprime un sentiment fort et se termine par un point d'exclamation :

> Quel beau voyage nous avons fait !

• **phrase impérative :** elle exprime un ordre, une défense (ordre à la forme négative) ou une exhortation (vif encouragement) ; elle peut être également exclamative :

> Rappelle-toi ce beau voyage !

COMMENT VARIER

3 JOUER SUR LES FORMES DE LA PHRASE

La phrase peut, en outre, prendre facultativement une ou plusieurs des « formes » suivantes :

– **forme emphatique :** un des mots de la phrase est mis en relief (voir page 178) :

> Voilà que le robinet fuit ;

– **forme impersonnelle :** la phrase a pour noyau un verbe dit « unipersonnel » ou « impersonnel », verbe à la 3e personne du singulier dont le sujet grammatical (le pronom « il ») ne représente aucune réalité :

> Il faut changer le joint ;

– **forme négative** (voir page 37) ; la phrase comporte un adverbe de négation :

> Le plombier n'est encore pas venu ;

– **forme passive** (voir page 72) ; le verbe est à la voix passive :

> Le robinet sera peut-être réparé demain ;

La phrase peut prendre différentes formes à la fois ; ainsi :

> Ce robinet, ne sera-t-il donc jamais réparé ?

est une phrase de type interrogatif, et de formes emphatique, passive et négative.

On peut tirer parti à l'infini, sur le plan du style, d'une telle variété de possibilités ; par exemple, l'emploi d'une phrase impersonnelle peut permettre d'atténuer (voir page 155) une affirmation : *Il y a peu d'espoir de réussite* est moins brutal que *Vous avez peu d'espoir de réussir*.

4 SUBORDINATION OU COORDINATION

● La « **subordination** » est une construction de phrase consistant à faire dépendre une ou plusieurs propositions subordonnées d'une proposition principale :

> *On m'accuse*   **bien que** *je sois innocent.*
> └─────────┘   └────────────────┘
> proposition principale   proposition subordonnée conjonctive

● Les mêmes idées peuvent aussi figurer dans des propositions indépendantes coordonnées, c'est-à-dire reliées par une conjonction de coordination ou un adverbe ; ce procédé s'appelle la « **coordination** » :

> *On m'accuse* | **mais** (ou : **pourtant**) *je suis innocent.*

● On peut aussi se contenter de juxtaposer les propositions indépendantes : il n'y a pas alors entre elles de mot de liaison mais un signe de ponctuation :

> *On m'accuse : je suis innocent.*
> *On m'accuse ? Je suis innocent.*

La subordination ou la coordination permettent d'expliciter la logique de l'auteur, qui analyse les rapports entre les faits au lieu de les constater séparément.

La juxtaposition (« **parataxe** ») peut donner une allure « neutre » à la phrase mais aussi, par sa brutalité, renforcer le lien logique exprimé (cause, opposition...).

75

COMMENT VARIER

REMARQUE Quand deux propositions indépendantes ont un sujet identique, l'une d'elles peut être remplacée par un groupe infinitif (sans sujet) introduit par une préposition :

Il n'a pas attendu l'autobus, mais il est parti à pied.
Sans attendre *l'autobus, il est parti à pied.*

5 SUBSTANTIVER

Il est possible d'utiliser comme nom commun (« **substantif** »), des mots appartenant à d'autres catégories grammaticales ; précédés d'un déterminant, ils prennent le sens et la fonction d'un nom. On peut ainsi substantiver :
– un adjectif qualificatif : ***Le vert*** *te va bien* (= couleur) ;
– un verbe : *Il en perd **le boire et le manger*** (= l'appétit) ;
– un pronom : ***Un rien*** *l'amuse* (= une chose sans importance) ;
– une interjection ou une onomatopée : ***le tic-tac*** *de la montre* (= le battement) ;
– un adverbe : *Elle se met en colère pour **un oui**, pour **un non*** (= pour tout motif) ;
– une conjonction : *Avec **des** « **si** », on mettrait Paris en bouteille* (= avec des suppositions) ;
– une proposition entière : *Je me moque du **qu'en dira-t-on*** (= de l'opinion publique, des commérages).

ATTENTION
– Les mots invariables substantivés restent généralement invariables.
– Certains de ces emplois sont familiers.

6 NOMINALISER

« **Nominaliser** », c'est remplacer un adjectif, un verbe (ou une proposition subordonnée, voir page 75), par un groupe nominal dont le noyau est un nom (généralement abstrait, voir page 91) dérivé de cet adjectif ou de ce verbe :

*Luc va bientôt **guérir** → **La guérison de Luc** est proche ;*
*J'étais **trop inquiet** pour dormir → **L'inquiétude** m'empêchait de dormir.*

REMARQUES

● La nominalisation économise l'emploi du pronom « cela » :

*Elle est fatiguée, cela m'étonne → **Sa fatigue** m'étonne.*

● Un mot polysémique (qui comprend plusieurs sens) peut donner lieu à des nominalisations différentes selon son sens dans la phrase :

*Il est facile de **régler** ce moteur → Le **réglage** est facile ;*
*Il faut **régler** par chèque → Le **règlement** se fait par chèque.*

7 IMAGER

Le lecteur est sensible à un style « concret » (voir page 91) qui l'aide à se représenter la réalité décrite. Les images (comparaisons et métaphores, voir pages 161 et 162) y contribuent :

*marcher tout doucement → marcher **à pas de loup** ;*
*ne pas voir la réalité en face → **se boucher les yeux**.*

15 COMMENT ÉVITER RÉPÉTITIONS, PLÉONASMES ET REDONDANCES

> Le langage oral est souvent très répétitif de façon à mieux faire passer un message. Certaines formulations employées oralement ne s'utilisent pas dans la langue écrite : une plus grande rigueur est nécessaire dans la recherche de l'expression.

1 LA RÉPÉTITION VOLONTAIRE : UN PROCÉDÉ DE STYLE

La répétition de mots semblables ou visiblement apparentés peut permettre à l'auteur de produire un effet d'insistance, ou de traduire une obsession (dans l'exemple suivant, celle de la narratrice pour un personnage dont elle est jalouse) :

> [...] l'incontestée **petite Bouilloux** nous désarmait. Quand ma mère la rencontrait dans la rue, elle arrêtait **la petite Bouilloux** et se penchait sur elle. [...] Elle touchait [...] la joue transparente et rose de **la petite Bouilloux**, [...] et laissait partir l'enfant [...] en soupirant :
> – C'est prodigieux !...
> Quelques années passèrent, ajoutant des grâces à **la petite Bouilloux**.
> (Colette, « La Petite Bouilloux », *La Maison de Claudine*)

2 RÉPÉTITIONS UTILES ET RÉPÉTITIONS MALADROITES

● Certaines répétitions sont inévitables dans un texte d'information où l'on a besoin de mots précis dont il n'existe pas de synonymes. Il n'est pas non plus forcément choquant de voir répétés dans une phrase certains « mots-outils » comme les articles (« le », « un(e) »...), les pronoms personnels, les prépositions courantes (« à », « de ») ou les auxiliaires verbaux (« être », « avoir »), encore qu'on doive tâcher d'éviter les reprises les plus flagrantes :

> Tu auras **à** écrire **à** Mamie **à** Noël → Tu **devras** écrire à Mamie **pour** Noël.

● Mais quand la répétition provient de la négligence de l'auteur, elle constitue une faute voyante et révèle la pauvreté du vocabulaire. Différents moyens permettent d'alléger la phrase de ses répétitions.

3 L'EMPLOI D'UN SYNONYME

Il est d'abord assez souvent possible de remplacer un mot par un de ses synonymes, à condition que celui-ci soit exact.

Le synonyme d'un mot est un terme ou une périphrase (groupe de mots) de même nature et de même sens dans un contexte donné :

> un travail **facile** → un travail **aisé** (adjectifs qualificatifs) ;
> répondre **facilement** → répondre **aisément** (adverbes) ;

montrer dc la **facilité** › *montrer de l'***aisance** (noms communs) ;
faciliter la tâche → **rendre** la tâche **plus aisée** (verbe remplacé par une périphrase verbale).

ATTENTION
- Comme la plupart des mots sont polysémiques (ils comprennent plusieurs sens), deux termes sont rarement interchangeables dans tous leurs emplois : ainsi, l'adjectif « facile » ne peut être remplacé par « aisé » dans l'expression « un enfant facile », mais signifie alors « docile », « obéissant » ou « peu exigeant » ; le dictionnaire donne à cet égard des indications précises.
- Les synonymes envisagés seront inadaptés s'ils comportent par rapport au mot à remplacer des nuances concernant :
– le registre de langue : « aisé » appartient à un niveau plus soutenu que « facile » ; on évitera de mélanger dans un texte des mots appartenant à des registres trop éloignés ;
– l'intention : le mot « bande » (une bande de jeunes), est péjoratif, il exprime une critique absente du mot « groupe » ;
– le degré de précision au sein d'un champ lexical (voir page 44) : le nom « enseignant », plus général qu'« instituteur », peut toujours remplacer ce dernier d'une phrase à l'autre, mais l'inverse ne sera vrai que si l'« enseignant » en question exerce dans une école primaire.

REMARQUE Plutôt qu'un synonyme, il suffit parfois de trouver une expression proche pour le sens : ainsi, dans la phrase : *Je ne sais pas nager mais mon frère, lui, sait très bien nager*, on peut remplacer le second membre par : *mais mon frère, lui, est* **fort à son aise dans l'eau**.

4 L'EMPLOI D'UNE PÉRIPHRASE

Quand un mot, par exemple un nom propre, ne comporte pas de synonyme, on peut employer à sa place une **« périphrase »**, c'est-à-dire une expression qui le qualifie, ou en donne une définition :

la Terre → *la planète bleue, notre planète ;*
Molière → *« l'auteur du* Misanthrope *»*   (Boileau) *;*
Rome → *la capitale de l'Italie, la Ville éternelle.*

5 L'EMPLOI D'UN ANTONYME

L'antonyme est un mot dont le sens s'oppose à celui d'un autre ; seuls peuvent donc posséder un antonyme les termes faisant référence à un extrême : « chaud » a pour antonyme « froid », « brûlant » a pour antonyme « glacé » ; « tiède » n'a pas d'antonyme s'il signifie « ni très chaud ni très froid », mais dans « une réaction tiède » son contraire est « passionné ».

Un mot polysémique comporte plusieurs antonymes :

une mer **calme** ≠ *une mer* **agitée, déchaînée, houleuse** *;*
un temps **calme** ≠ *un temps* **orageux, instable** *;*
une rue **calme** ≠ *une rue* **passante, bruyante** *;*
un caractère **calme** ≠ *un caractère* **bouillant, impulsif...**

Au lieu d'un synonyme, on peut employer, à la place d'un verbe, d'un adverbe ou d'un adjectif qualificatif, son antonyme (de préférence d'une famille de mots différente) accompagné d'une expression indiquant la négation ou la restriction :

COMMENT ÉVITER RÉPÉTITIONS, PLÉONASMES ET REDONDANCES

> Ce commerçant est **désagréable** → **(très) peu aimable** ;
> travailler **à contrecœur** → **sans enthousiasme** ;
> Nous **nous ennuyons** → Nous **sommes loin de nous amuser**.

Ce procédé d'expression doit toutefois être utilisé prudemment car il constitue une figure de style (la « litote », voir page 163) et procure donc un effet (d'insistance, d'ironie, etc.).

6 L'ELLIPSE

On peut aussi éviter la répétition de mots inutiles (car déjà exprimés précédemment) en en faisant l'**ellipse** (en les sous-entendant) [dans les exemples, les mots dont on fait l'ellipse sont rappelés entre crochets] :

> « Il paraissait que sa mort avait été violente et [que] son agonie [avait été] terrible. »
>
> (Prosper Mérimée, *La Vénus d'Ille*)
>
> Les enfants voulaient voir le lac. Quand nous sommes arrivés au bord [du lac], des canards se sont approchés [de nous].

7 LA MISE EN APPOSITION

Pour éviter la répétition du verbe « être », on peut mettre **en apposition** l'adjectif ou le nom attribut du sujet :

> M. X était absent de son domicile, il était encore au travail
> → M. X, encore au travail, était absent de son domicile.

8 LA REPRISE PAR UN PRONOM

Le groupe nominal ou l'un de ses équivalents (verbe à l'infinitif, proposition subordonnée) peut être remplacé par un pronom (personnel, adverbial, relatif, démonstratif, possessif, numéral, interrogatif) à condition que celui-ci ne soit pas trop éloigné du groupe remplacé, que l'on doit identifier sans ambiguïté possible (voir p. 32 « Les points de grammaire... »). Généralement, ce pronom est placé après le groupe qu'il remplace, il le reprend :

– *Il y avait du potage mais je n'ai pas pris de ce potage*
→ *Il y avait du potage mais je n'***en** (pronom adverbial) *ai pas pris* ;
– *Je voulais parler, mais je ne parvenais pas à parler*
→ *Je voulais parler, mais je n'***y** (pronom adverbial) *parvenais pas.*
– *Je préfère son quartier à notre quartier*
→ *Je préfère son quartier* **au nôtre** (pronom possessif) ;
– *Que préfères-tu : ce cahier-ci ou ce cahier-là ?*
→ *Que préfères-tu : ce cahier-ci ou* **celui-là** ? (pronom démonstratif) ;
– *J'avais planté six arbustes, deux arbustes ont survécu*
→ *J'avais planté six arbustes,* **deux** (pronom numéral) *ont survécu* ;
– *Il y avait deux routes. Quelle route fallait-il prendre ?*
→ *Il y avait deux routes,* **laquelle** (pronom interrogatif) *fallait-il prendre ?*

REMARQUES
1. Le pronom peut aussi annoncer le groupe qu'il remplace, ce qui permet de varier les tournures :

Je n'avais pas vu Jeanne depuis longtemps, mais Jeanne n'a pas changé → Je ne l' (pronom personnel) *avais pas vue depuis longtemps, mais Jeanne...*

2. L'emploi de pronoms démonstratifs peut permettre de lever une ambiguïté ; de deux noms consécutifs, le dernier cité peut être remplacé par « ce dernier » (cette dernière) ou « celui-ci » (celle-ci), le premier cité (le plus éloigné dans la phrase) par « le premier » (la première) ou « celui-là » (celle-là) :

*J'ai bavardé avec **Marie** et **Lise**, **cette dernière/celle-ci** (= Lise) est en sixième, **la première/celle-là** (= Marie) en cinquième.*

3. Sans qu'il y ait toujours une exacte équivalence de sens, les groupes nominaux peuvent être repris par des pronoms indéfinis : *Les enfants ont organisé une fête.* **Chacun** [= chaque enfant, mais aussi peut-être des adultes] *a participé de bon cœur aux préparatifs,* **personne/nul** *n'a refusé de l'aide.*

ATTENTION
Le pronom indéfini « autrui » a un sens vague et signifie « un autre homme (en général), un autre humain » :

*Il n'est pas charitable de se moquer **d'autrui**.*

4. Un pronom personnel peut aussi éviter la répétition d'un adjectif qualificatif :

*Pierre est **fort** en anglais mais ne l'est pas en allemand.*

9 L'EMPLOI DE L'ADJECTIF POSSESSIF

L'adjectif possessif permet de remplacer un groupe nominal complément de détermination :

J'ai renoncé à cette émission : l'horaire de cette émission était trop tardif → **son** *horaire était trop tardif.*

REMARQUE On peut aussi remplacer le complément de détermination par le pronom « en », s'il s'agit d'une chose :

*Je tâte votre habit ; l'étoffe **en** est moelleuse.*

(Molière, *Tartuffe*, Acte III, scène 3)

10 LES ÉQUIVALENTS DE LA SUBORDONNÉE RELATIVE

Il est assez facile de supprimer une proposition subordonnée relative afin d'éviter la répétition du pronom « qui » :

*Il existe des plats préparés qui rendent service à ceux qui manquent de temps → aux gens **manquant** de temps / aux gens **pressés**.*

ATTENTION
Le pronom démonstratif « celui, ceux, celle(s) » ne peut pas être suivi d'un participe ni d'un adjectif : on ne peut donc écrire **ceux manquant...* ni **ceux pressés*.

11 LE PLÉONASME

Un « **pléonasme** » est l'emploi côte à côte de termes de même sens faisant double emploi. Il constitue généralement une faute.

COMMENT ÉVITER RÉPÉTITIONS, PLÉONASMES ET REDONDANCES

- Pour éviter un pléonasme, il faut prêter attention au sens des mots employés.
  Dans la phrase *Les voilà repartis de nouveau*, le préfixe « re- » signifie déjà « de nouveau » : il suffit donc d'écrire *Les voilà repartis*. De même, l'expression *une secousse sismique* (= un tremblement de terre) est pléonastique (elle constitue un pléonasme) car l'adjectif « sismique » signifie « qui concerne les tremblements de terre » : il suffit d'écrire *une secousse* ou, en langage scientifique, *une secousse tellurique* (= de la terre).

- Certains pléonasmes apparaissent mieux quand on connaît l'étymologie (l'origine) des mots ; dans l'exemple précédent, « sismique » vient du grec, *seiô*, « je secoue ».

- Le pléonasme peut souvent être évité grâce à la logique : écrire *Je souffre de mon genou droit*, c'est oublier qu'on ne peut avoir mal à celui de quelqu'un d'autre ; on écrira : *Je souffre du genou droit*. De même, on remplacera *Mes dernière années que j'ai passées* par **Les** *dernières années que j'ai passées*.

- D'autres pléonasmes sont liés à la grammaire et proviennent de l'emploi fautif de pronoms, en particulier le relatif « dont » (voir page 34) qui remplace un nom précédé de la préposition « de » ; on ne doit donc pas écrire *C'est **de cela** dont je parle* (la préposition « de » serait exprimée deux fois), mais *C'est **de cela** que je parle* ou *C'est cela **dont** je parle*.

Pléonasmes à éviter	Expressions correctes
car en effet/puis ensuite	car (ou : en effet) puis (ou : ensuite)
collaborer ensemble	collaborer, travailler ensemble
se cotiser à plusieurs	se cotiser
descendre en bas/monter en haut	descendre, aller en bas/monter, aller en haut
s'entraider mutuellement	s'entraider, s'aider mutuellement
un hasard imprévu	un hasard, un imprévu
une idée me vient à l'esprit	une idée me vient
marcher à pied	marcher, aller à pied
avoir le monopole exclusif de	avoir le monopole de…
un faux prétexte	un prétexte, une fausse raison
prévoir d'avance	prévoir
il suffit simplement de	il suffit de

ATTENTION
Le pléonasme peut être aussi un procédé de style volontaire, à valeur d'insistance (voir page 178) : *J'ai fabriqué cet objet **de mes propres mains**.*

12 LA REDONDANCE

Une « **redondance** » est la répétition, non du même mot, mais de la même idée dans un texte. Comme le pléonasme, elle peut être maladroite ou expressive (voir aussi « Comment éviter les mots inutiles ») :

> « *Ainsi*, **c'est convenu, c'est résolu, c'est dit, voilà un homme, voilà un vieillard** [...] *qui n'a rien fait* peut-être, *un innocent*, [...] *qui va être pris pour toi, qui va être condamné* [...]

(Victor Hugo, *Les Misérables*).

16 COMMENT ÉLIMINER CLICHÉS, LIEUX COMMUNS ET MOTS « PASSE-PARTOUT »

> Si l'on écrit, c'est pour communiquer des informations ou des idées utiles, précises ou intéressantes ; on doit donc débarrasser le message de ces formules presque vides de sens que sont les « clichés », de ces idées banales appelées « lieux communs » et de ces mots usés, au sens vague, que sont les mots « passe-partout ».

1 SAVOIR ÉVITER LES CLICHÉS

On appelle « **cliché** » une formule, une expression ou une image (comparaison ou métaphore, voir pages 161 et 162) dont le langage a abusé et qui a perdu toute originalité. Gustave Flaubert s'en moquait déjà dans son *Dictionnaire des idées reçues* (1880) :

> ACCIDENT. – *Toujours déplorable ou fâcheux (comme si on devait jamais trouver un malheur une chose réjouissante...).*
> CACHOT. – *Toujours affreux. La paille y est toujours humide. On n'en a pas encore rencontré de délicieux.*
> COMPAS. – *On voit juste quand on l'a dans l'œil.*
> DUR. – *Ajouter invariablement comme du fer. Il y a bien dur comme la pierre, mais c'est moins énergique.*

Sauf si l'on souhaite les utiliser de manière ironique, on doit éviter à l'écrit (et à l'oral) ces expressions « toutes faites » qui alourdissent la phrase sans la faire gagner en expressivité. Que peut-on qualifier de « clichés » ?

● Il s'agit d'abord de groupes nominaux où tel adjectif accompagne invariablement tel nom : *la vue* est *imprenable, les économies substantielles, les nouvelles sensationnelles, un nombre astronomique* (quand il est très élevé) ; *la réforme, fondamentale,* constitue *une ambition majeure du gouvernement pour la décennie à venir ; les doses* ne peuvent être que *massives, les quantités industrielles...* à moins que *la production* ne soit *en chute libre ; le chagrin,* quant à lui, est *profond* (qui avouerait que son chagrin est superficiel ?), *la fidélité totale,* et *le remède draconien.*

REMARQUE Les adjectifs en question sont, pour la plupart, hyperboliques ; l'« hyperbole » est le procédé de style qui consiste à décrire la réalité avec exagération pour mieux frapper l'esprit. Elle est fréquente à l'oral en langage courant ou familier :

> J'étais **mort** de fatigue. Ta tarte est un **chef-d'œuvre**.

À l'écrit, il faudra user avec prudence de ces locutions, et les réserver aux occasions où l'on a vraiment besoin d'être expressif ; on évitera en particulier l'abus d'adjectifs comme « merveilleux », « fantastique », « extraordinaire » ou, à l'inverse, « épouvantable », « horrible », « terrible » ou « formidable » (ces deux adjectifs prenant souvent d'ailleurs un sens positif alors qu'ils signifient à l'origine « extrêmement effrayant ») ; appliqués hors de propos à des réalités qui ne le justifient pas, ils perdent toute leur force. Mieux vaut utiliser des adjectifs ou des adverbes en apparence moins forts, mais plus exacts : la nouvelle est *étonnante* ; la vue, *très dégagée* ; la réforme, *importante* ; on a *beaucoup de chagrin*.

● Certaines comparaisons, certaines métaphores, accompagnent toujours les mêmes verbes, adjectifs ou noms et finissent par perdre de leur sens et de leur force. Elles forment alors des locutions « lexicalisées » (elles sont entrées dans le lexique mais leur force d'évocation s'est perdue) : on a *une faim de loup,* on se tient *droit comme un i,* Untel est *fort comme un Turc, riche comme Crésus, pauvre comme Job* ou encore *innocent comme l'agneau qui vient de naître ;* une chose ou une personne inutile est *la cinquième roue du carrosse,* quelqu'un qui ne sait plus où il en est *a perdu la boussole*, etc.

Mieux vaut parfois résister à la tentation de l'image : *Jeanne se tient bien droite, nous avons grand faim, Jacques est tout à fait innocent,*

ou en faire un usage réduit, et conserver les locutions qui paraissent encore vives pour l'imagination, comme *se dresser sur ses ergots* (prendre une attitude menaçante, comme celle d'un coq), *être gras à lard* (très gras), *être ferré à glace* (être prêt à toute éventualité, comme le cheval qui l'hiver porte des fers à crampons).

On évitera en tous cas d'employer des locutions dont on n'est pas certain du sens ou même de l'exactitude (en écrivant par exemple « vieux comme mes robes » au lieu de *vieux comme Hérode*).

Beaucoup d'expressions comme *en mettre sa main au feu* (en être sûr), *tenter de résoudre la quadrature du cercle* (un problème insoluble), *revenons à nos moutons,* font référence à une citation littéraire, à un fait historique ou légendaire parfois oubliés, si bien qu'on ne les utilise pas toujours à bon escient.

Ainsi parle-t-on parfois d'*ouvrier de la onzième heure* pour désigner quelqu'un qui arrive trop tard, alors que l'origine de l'expression se trouve dans l'Évangile selon saint Matthieu (20, 1-16) où il est montré qu'il n'est jamais trop tard pour venir à Jésus puisqu'au Royaume des cieux, celui qui est « embauché » à la onzième heure percevra autant que celui qui travaille depuis l'aube, sans ordre de préférence (« les derniers seront les premiers et les premiers seront les derniers »).

● Certains clichés sont à déconseiller doublement, du fait de leur manque de logique : quand on déclare ne pas avoir « le temps matériel » de faire quelque chose, on oublie que le temps est précisément un concept abstrait, immatériel ; il suffit ici de supprimer l'adjectif « matériel » pour éviter à la fois un cliché et une absurdité.

2 SAVOIR ÉVITER LES EUPHÉMISMES

Certains **euphémismes** sont, eux aussi, des clichés. On appelle ainsi une figure de style consistant à exprimer une idée jugée déplaisante (trop triste, trop crue, trop dévalorisante, etc.) par un mot ou une expression qui l'adoucissent : on dit qu'une femme « a perdu » son mari, ou que celui-ci « a disparu », pour signifier qu'il est mort.

Cependant, l'emploi trop systématique de l'euphémisme risque de déformer la pensée de l'auteur : une personne atteinte de surdité est « sourde », elle n'est « malentendante » que quand elle entend un peu, mais mal. Les euphémismes trahissent aussi la peur ou au moins l'embarras devant des réalités, des problèmes, des différences qu'on n'ose pas affronter : pourquoi refuser de parler des « aveugles », sous le couvert de l'expression « les non-voyants » ? Pourquoi, au lieu de parler de « misère », désigne-t-on poliment le phénomène sous le nom d'« exclusion » ?

Les euphémismes frôlent ainsi souvent l'hypocrisie et le ridicule, mieux vaut, quand on le peut sans risquer de déplaire, employer le mot précis et exact, et à l'exemple de Boileau, appeler « un chat un chat ».

3 SAVOIR ÉVITER LES LIEUX COMMUNS

Quand ce n'est pas l'expression mais l'idée qui est banale, on parle plutôt de **« lieu commun »** :

> *La vie est chère ! Les temps sont durs ! La terre est basse !*

Comme chacun connaît ces pensées mille fois répétées, mieux vaut s'en abstenir, comme y invitent ces extraits, très sarcastiques, du *Dictionnaire des idées reçues* de Flaubert (voir page 82) :

> CHIEN. – *Spécialement créé pour sauver la vie à son maître. Le chien est l'ami de l'homme.*
> ÉPOQUE *(la nôtre)* [N.B. : Flaubert écrivait au XIXe s.]. – *(...) Se plaindre de ce qu'elle n'est pas poétique. L'appeler époque de transition, de décadence.*
> MUSIQUE. – *Fait penser à un tas de choses. Adoucit les mœurs. Ex. :* La Marseillaise.
> VIEILLARD. – *À propos d'une inondation, d'un orage, etc., les vieillards du pays ne se rappellent jamais en avoir vu un semblable.*

4 LES MOTS « PASSE-PARTOUT »

On qualifie de **« passe-partout »** certains mots très courants, souvent des verbes, aux sens multiples mais vagues, et dont l'usage n'est pas toujours recommandé dans un texte un peu soigné, dans la mesure où l'on peut les remplacer par des termes plus « expressifs » et surtout plus précis.

Il en est ainsi du verbe « faire » qui semble pouvoir remplacer à peu près tous les verbes d'action existants : Maman fait le repas (= prépare le repas) ; Julien fait une maquette (= construit une maquette) ; le jardinier fait les plates-bandes (= bêche les plates-bandes).

Voici une liste alphabétique des principaux termes en question, avec des mots ou des tournures de remplacement possibles.

ALLER

*Ces pneus **vont** bien pour la neige*	**conviennent**
*Ils **vont** à Montréal*	**se rendent**

AVOIR

*La maison **a** deux étages et un grenier*	**comporte, comprend**
	se compose de

COMMENT ÉLIMINER CLICHÉS ET LIEUX COMMUNS

*Monsieur Dupont **a** des rhumatismes* — ***souffre de***
*La ville **a** mille habitants* — ***compte***
*Cette voiture **a** souvent des pannes* — ***connaît, subit***
*Autrefois les élèves **avaient** une blouse* — ***portaient***
*Cette maison **a** une bonne exposition* — ***jouit, bénéficie d'***
*Elle **a eu** une intervention chirurgicale* — ***a subi***
*Tu **as eu** la permission d'y aller* — ***as obtenu***
*Nous **aurons** des amis à dîner* — ***recevrons***
*Marc **a** de la sympathie pour Catherine* — ***ressent, éprouve***
*Le soleil **a** un effet sur le moral* — ***exerce***
*L'abus d'alcool **a** des conséquences* — ***entraîne***
*Seul le directeur **a** la clef* — ***détient***

IL Y A

Pour éviter cette tournure impersonnelle, on peut :

- faire du sujet réel le sujet d'un verbe plus précis :

  Il y a du vent dans les branches → ***Du vent souffle*** *dans...*
  Il y a du désordre dans la pièce → ***Le désordre règne****...*
  Il y a trop de papiers sur le bureau → ***Trop de papiers encombrent, embarrassent, couvrent*** *le bureau,* ***s'amoncellent*** *sur le bureau ;*
  Il y a une menace sur les emplois → ***Une menace plane, pèse****...*
  Il y a beaucoup de dessins dans le livre → ***Beaucoup de dessins illustrent, agrémentent, ornent*** *le livre,* ***figurent*** *dans le livre ;*
  Il y a de nombreux visiteurs à la foire → ***De nombreux*** *visiteurs* ***se pressent, se bousculent ;***

- la remplacer, à condition que la phrase ait une certaine longueur, par d'autres tournures impersonnelles : « il est » (un peu littéraire), « il existe » :

  Il est *des mots qu'on ne doit pas prononcer.*
  Il existe *des ouvrages sur la question.*

CHOSE

Ce nom, passe-partout par excellence, peut être remplacé selon le contexte par une foule de noms concrets ou abstraits : objet, phénomène, résultat, décision, situation, domaine...

*Ce vase chinois est **une très belle chose*** → ***un très bel objet** ;*
*La **chose** a de l'importance* → ***le débat, la question** ;*
*Voilà **une chose** dramatique* → ***une nouvelle, un événement**.*

DEVENIR

Ce verbe et son attribut du sujet pourront être remplacés par un verbe du 2ᵉ groupe en -ir (parfois à la voix pronominale) :

devenir pâle, grand, vieux, jaune → ***pâlir, grandir, vieillir, jaunir** ;*
devenir riche, laid → ***s'enrichir, s'enlaidir**.*

DIRE

*Marie **dit** des mots grossiers* — ***emploie, prononce***
*Il a **dit** des paroles menaçantes* — ***proféré***

COMMENT ÉLIMINER CLICHÉS ET LIEUX COMMUNS

Il **dit** son discours à toute allure	**débite**
Pourriez-vous **me dire** où est la poste ?	**m'indiquer**
Je n'ai su que lui **dire**	**répondre**
Émilie nous a **dit** une jolie fable	**récité**
S'il te plaît, **dis**-moi une histoire	**raconte**
Le ministre **dit** qu'il ne négociera pas	**déclare, prétend, affirme, assure, explique, soutient**
Il va enfin nous **dire** son secret	**apprendre, donner, confier, livrer, exposer, révéler, dévoiler, avouer...**
Tu **as dit** t'être trompé	**as reconnu, as convenu**

▰ ÊTRE

M. X **ne sera pas là** demain	**s'absentera**
Tous **sont autour d'**elle	**l'entourent**
La cathédrale **est** près des remparts	**se trouve, se situe**
Des papiers **sont sur** le sol	**jonchent**
L'intérêt du film **est** dans le suspense	**réside**

▰ FAIRE ET REFAIRE

Un petit groupe **se fit** dans la cour	**se forma**
Elle **a fait** un malaise	**a subi**
T'es-tu fait à ta nouvelle vie ?	**T'es-tu habitué ?**
Elle m'**a fait aller** dans sa chambre	**Elle m'a conduit(e)**
Nous **refaisons** ce meuble	**restaurons**
Il faut **faire** les vitres	**nettoyer**
J'ai **fait** dix kilomètres à pied	**(par)couru, marché**
Le conducteur **a fait** une manœuvre dangereuse	**a effectué**
Le mur **fait** deux mètres en hauteur	**mesure**
La nouvelle **a fait** un effet certain !	**a produit**
Ne **faites** pas d'erreur	**commettez**
Il **fait** du soleil	**Le soleil brille**
Nous allons **faire** la Grèce	**visiter, découvrir**

▰ LES GENS ET LES PERSONNES

On remplacera selon le contexte par un terme plus précis :

Des gens pressés → **des automobilistes / passants / clients...**
Les gens aiment les romans historiques → **le public aime** ;
Les personnes du premier rang → **les spectateurs**.

Dans un texte, argumentatif par exemple, où ces mots prennent un sens très général, on évitera d'en abuser et on les remplacera par : chacun, la population, le peuple, les hommes et les femmes.

▰ METTRE ET REMETTRE

Mets-toi là !	**assieds**-toi, **installe**-toi
Il s'est **mis** là pour nous surveiller	**posté**
J'ai **remis** le chaton par terre	**J'ai reposé**

COMMENT ÉLIMINER CLICHÉS ET LIEUX COMMUNS

Il **met** tout son argent dans sa maison	*dépense, investit*
Mettez ces stylos dans le tiroir	*Rangez*
Tu ne fais que **mettre** la zizanie	*provoquer, semer*
Combien de temps as-tu **mis** ?	*passé*
Je ne veux pas **le mettre** sur la liste	*l'inscrire*

PETIT ET UN PEU

On peut éviter l'adjectif « petit » (substantivé ou non), l'adverbe « un peu » grâce à des mots dotés d'un suffixe diminutif (exprimant la petitesse, l'affection, la familiarité, etc.) :

un petit chat, un petit ours	*un chat**on**, un ours**on***
un petit chien	*un chi**ot***
une petite bête, un petit mur	*une best**iole**, un mur**et***
un(e) petit(e) blond(e)	*un(e) blond**inet(te)***
le, la pauvre petit(e)	*le pauvr**et**, la pauvr**ette***
un peu triste	*trist**ounet(te)*** (familier)
un peu maigre	*maigr**elet(te)**, maigr**ichon(ne)***
sauter un peu ⎫ (= avec de petits	*saut**iller***
mâcher un peu ⎭ mouvements)	*mâch**ouiller**, mâch**onner***
pleurer un peu, pour la forme	*pleurn**icher***
voler un peu (pas très loin)	*vol**eter***
vivre petitement	*viv**oter***

RENDRE

Ce verbe suivi d'un C.O.D. et de son attribut pourra facilement être remplacé par un verbe du 2e groupe en -ir ou du 1er groupe en -er, -iser, -ifier suivi d'un C.O.D. ; le verbe comprend souvent aussi les préfixes (r)a- ou e(n)- :

*Cette robe **te rend (plus) mince** → Cette robe **t'amincit** ;*
*Rendre plus grand, pauvre, riche, court → **grandir, appauvrir, enrichir, raccourcir** ;*
*Rendre plus triste, plus joli → **attrister, enjoliver** ;*
*Rendre ridicule, liquide → **ridiculiser, liquéfier**.*

TRÈS

Cet adverbe utilisé pour former le superlatif d'un adjectif ou d'un adverbe pourra être remplacé par diverses expressions :

*Il est **très (peu)** poli*	***fort (peu)** poli*
*Un sac **très (peu)** pratique*	***bien (peu)** pratique*
*Un dîner **très** réussi*	***tout à fait** réussi*
*Cet homme est **très grand***	***d'une taille imposante***
très célèbre, très riche	*célébr**issime**, rich**issime***
*un rôti **très cuit***	***archi**-cuit*
*conduire **très lentement***	***hyper**-lentement*
*un enfant **très protégé***	***sur**protégé*
*une viande **très tendre***	***extra**-tendre*

ATTENTION
Le suffixe -issime, les préfixes archi-, hyper-, extra-, sont d'un emploi parfois un peu familier ou ironique.

87

SE TROUVER

Voir « Il y a ».

VENIR

Viens avec nous.	*Accompagne-nous.*
Viens ici !	*Approche-toi.*

VOIR

Voir aussi : « Il y a ».

J'ai **vu** Pierre dans la rue	*aperçu, rencontré*
Nous nous **sommes vus** tous les soirs	*Nous **nous sommes retrouvés***
On voit des oiseaux dans le ciel	*Des oiseaux volent*

ATTENTION

Les **mots « passe-partout »** ne sont pas toujours à proscrire : compréhensibles de tous dans un texte qui recherche l'objectivité de l'information plutôt que la beauté de la description, ils se révèlent même parfaitement expressifs quand leur simplicité se met au service de la description d'un lieu ou d'un personnage.

C'est le cas dans l'exemple suivant où le langage simple révèle l'état d'esprit du narrateur « étranger » à sa propre vie médiocre et vide de sens :

> *Aujourd'hui, maman est morte. Ou peut-être hier, je ne sais pas. J'ai reçu un télégramme de l'asile : « Mère décédée. Enterrement demain. Sentiments distingués. » Cela ne veut rien dire. C'était peut-être hier.*
> *(...) J'ai demandé deux jours de congé à mon patron et il ne pouvait pas me les refuser (...). Mais il n'avait pas l'air content. Je lui ai même dit : « Ce n'est pas ma faute. » Il n'a pas répondu. J'ai pensé alors que je n'aurais pas dû lui dire cela.*
>
> (Albert Camus, *L'Étranger,* éd. Gallimard, « N.R.F. », 1957)

17 Comment faciliter la lisibilité

> Le lecteur s'appropriera plus facilement un texte efficace, débarrassé de ses mots inutiles et des « tics » de langage les plus voyants, faisant appel à des images concrètes plutôt qu'à des termes abstraits, et structuré en phrases lisibles, d'une longueur raisonnable.

Les mots inutiles

Dans presque tous les textes, quel qu'en soit l'auteur, une importante proportion de mots sont « vides » de sens : ils ne contiennent aucune information précise, ou celle qu'ils apportent est rendue évidente par le contexte. Celui qui écrit un résumé (voir page 147) ou qui doit faire des coupes dans un manuscrit trop long s'en rend rapidement compte.

● Ainsi, dans cet extrait d'un ancien guide touristique, on peut lire, à propos d'un site :

> *Au jeu de la bataille navale, Octave vainquit Antoine au large d'Actium, en 31 av. J.-C. Ce fut un peu plus tard, pour Auguste, un motif suffisant pour fonder une ville nouvelle destinée à commémorer ce succès. Ce sont les ruines de cette ville romaine [...] que vous visiterez en ce lieu. En venant d'***, vous remarquerez d'abord [...] un imposant théâtre, construit en brique. Les gradins ont disparu mais les assises de béton sur lesquelles ils reposaient subsistent.*

À la réflexion, on se rend compte que presque la moitié des mots pourraient disparaître sans aucune perte d'information :
Au jeu de la *bataille navale* : l'image est amusante, mais est-elle pertinente et utile à la compréhension ?
Au large d'*Actium* : une bataille navale n'a pu se dérouler qu'« au large », et non près des récifs de la côte ;
Ce fut **un peu plus tard** *pour Auguste* : Octave et Auguste ne faisant qu'un (Octave est devenu l'empereur Auguste), il est évident que la ville n'a pas été fondée très longtemps après la bataille ; elle n'a pas pu non plus l'être tout de suite après : la « précision » est inutile ;
un motif **suffisant** : Auguste l'a certainement jugé suffisant, sinon la ville n'aurait pas vu le jour du tout ;
fonder *une ville* **nouvelle** : on ne saurait fonder une ville qui existe déjà ;
destinée : ce mot fait pléonasme (voir pages 80-81) avec « motif » : la destination d'une chose, c'est le motif pour lequel elle a été créée, le but qu'on s'est fixé en la créant ;
commémorer **ce succès** : le nom est redondant avec le verbe « vainquit », et avec le pronom « ce [fut] » qui reprend l'idée ;

Ce sont les ruines de **cette ville romaine** : Auguste étant un empereur romain, il n'a pu fonder qu'une ville romaine ;
que vous visiterez en ce lieu : s'il a le guide en mains, il y a des chances que le lecteur soit en ce lieu pour le visiter ;
construit *en brique* : les briques ne sont pas arrivées là seules, on les a assemblées pour « construire » le théâtre ;
les assises *de béton* **sur lesquelles ils reposaient** : une « assise », c'est sur quoi « repose » un bâtiment ; il y a pléonasme.

- On pourrait obtenir le texte suivant après suppression des mots inutiles :

> *Pour commémorer sa victoire sur Antoine à la bataille navale d'Actium en 31 av. J.-C., Octave devenu Auguste fonda la ville de ✱✱✱. En venant d'✱✱✱, on remarque d'abord un imposant théâtre en brique. Les gradins ont disparu mais leurs assises en béton subsistent.*

Encore peut-on remarquer que, si ce texte s'adressait à un lecteur connaissant bien l'histoire romaine, on pourrait se passer des mots « navale », « en 31 av. J.-C. », « Antoine », « Octave devenu ».

- L'adaptation au destinataire (voir page 9) impose parfois de donner des précisions et d'insister sur des idées, au risque de redondances apparemment inutiles mais à valeur « pédagogique » : elles aident le lecteur à comprendre, à apprendre et lui facilitent l'entrée dans le texte.

Ces « mots vides » font d'ailleurs partie du « génie » (des caractéristiques) de la langue française. Ils apportent de la fluidité au texte et du confort au lecteur : il faut donc trouver un compromis entre un style « sec » et le « délayage » (remplissage).

Le français ne fait pas partie de ces langues concises qui expriment naturellement les mêmes idées en moins de mots que d'autres : quand on consulte une édition bilingue latin/français, ou anglais/français, on constate que le texte de la langue étrangère, ancienne ou contemporaine, prend une place très inférieure à celle de sa traduction française.

2 QUELQUES EXEMPLES DE « TICS » DE LANGAGE ENCOMBRANTS

- On ne peut modifier à l'aide d'**adverbes** comme « assez, plutôt, relativement... » certains adjectifs qui ne peuvent posséder de degrés : il faut donc supprimer l'adverbe dans des expressions comme *une situation* **assez** *extraordinaire*, *une phrase* **plutôt** *incompréhensible*, une chose étant extraordinaire – sortant de l'ordinaire – ou pas du tout.

Pour la même raison, on ne pourra pas employer au superlatif un adjectif qui par lui-même a déjà un sens superlatif (**Il est très furieux*).

- *Le sportif a commis* **un certain nombre d'erreurs** : il vaut mieux préciser s'il a commis **quelques** erreurs (= des erreurs peu nombreuses) ou **beaucoup** d'erreurs ; s'il y en a un nombre... moyen, il suffit d'écrire : *il a commis* **des** *erreurs*.

- Les adverbes « **littéralement, vraiment, absolument** » indiquent qu'une expression doit être prise au sérieux, « à la lettre », c'est-à-dire ne constitue pas une image (voir page 161) : *J'étais littéralement sans voix* (= je ne pouvais, physiquement, plus parler). On ne peut donc les employer pour introduire une métaphore telle que *les [joueurs] Marocains ont littéralement explosé au cours du match*, ce qui serait une nouvelle plutôt inquiétante !

L'ABUS DES MOTS ABSTRAITS

DISTINGUER L'ABSTRAIT DU CONCRET

On qualifie d'« abstrait » un nom servant à définir les qualités, les propriétés d'un objet ou d'un phénomène, la manière d'être, le caractère, le comportement, les actions d'un être vivant. Cet objet, ce phénomène, cet être vivant, eux, sont qualifiés de « concrets », on peut les percevoir ou les mesurer ; ainsi :
– les noms concrets désignent des êtres ou des objets qu'on peut appréhender par les sens (vue, ouïe, toucher, goût, odorat) : *la colline, la laine, le vinaigre, le gaz, un violent orage* ;
– les noms abstraits désignent ce que l'on ne peut appréhender que par l'esprit (idées, qualités, états, etc.) : *la beauté, la difficulté, la victoire, la violence de l'orage*.

REMARQUE Comme les noms, les verbes peuvent être dits « concrets » quand ils définissent une action ou une qualité que l'on peut voir, entendre, sentir et ne peuvent s'employer au sens propre qu'avec un nom concret pour sujet (boire, répondre, piquer, peindre...).

QUELS SONT LES INCONVÉNIENTS DES NOMS ABSTRAITS ?

- D'une part, ils créent une difficulté supplémentaire pour le lecteur, puisqu'ils le forcent à analyser la réalité au lieu qu'il se la représente directement :

> La **majesté** des arbres qui me couvraient de leur ombre, la **délicatesse** des arbustes qui m'environnaient, l'étonnante **variété** des herbes et des fleurs que je foulais sous mes pieds, tenaient mon esprit en **admiration**.
>
> (Jean-Jacques Rousseau, *Les Confessions*)

Comme les noms abstraits servent à décrire, à qualifier, à analyser, il est facile, quand ils sont accompagnés d'un complément de détermination concret, de les transformer en adjectifs qualificatifs et de faire du nom concret le noyau du groupe nominal, qui y gagnera en force d'évocation car les objets évoqués seront plus faciles à visualiser :

> J'admirais **les arbres majestueux** qui me couvraient de leur ombre, **les arbustes délicats** qui m'environnaient, **les herbes étonnamment variées** que je foulais.

De même, on pourra dire simplement *J'apprécie cette belle maison* au lieu de *J'apprécie la beauté de cette maison*.

- D'autre part, ces noms, formés avec les suffixes -tion, -isme, -ence /-ance, -té /-ité /-eté, sont souvent longs et peu élégants : on préférera écrire *la voiture est très habitable* au lieu de *l'habitabilité de la voiture est grande*.

REMARQUE La langue courante ou familière évite spontanément les mots abstraits en leur préférant une image concrète : on dit ainsi *Il a le bras long* plutôt que *Il a beaucoup d'influence*.

4 Clarté et lisibilité

Quand on lit une phrase ou un membre de phrase pour la première fois, les yeux découvrent les mots au fur et à mesure (le lecteur entraîné procède par groupes de mots entiers) ; ces mots sont « stockés » par la mémoire jusqu'au moment où leur assemblage permet au lecteur de former un sens.

On a pu montrer (François Richaudeau) qu'en moyenne la mémoire à court terme retient 15 mots, le nombre de 28 mots étant un maximum, à la condition qu'il n'y figure pas de mots abstraits. L'auteur doit donc aider le lecteur :
– en limitant les mots abstraits, qui entraînent un effort de réflexion supplémentaire (voir page 91), au profit de mots concrets et d'images ;
– en lui donnant dès le début de la phrase des indications sur le sens de celle-ci par rapport aux précédentes, à l'aide de conjonctions, de mots de liaison (voir page 59) ; dans le journal, c'est aussi le rôle des sous-titres et intertitres ;
– en évitant à l'inverse de mettre les mots les plus importants pour le sens (« mots clefs ») en fin de phrase, où le lecteur les découvre trop tard ;
– en offrant des membres de phrases relativement courts mais cohérents : il faut éviter d'interrompre une proposition par un trop long développement entre parenthèses ou entre virgules.

5 Choisir des formules simples

La lisibilité passe aussi par l'utilisation de mots que l'on suppose connus du lecteur, ou par l'explication de ceux qui pourraient lui être étrangers (voir page 9 : « L'adaptation au destinataire » et page 169 : « Expliquer »).

Il est préférable, en général, d'employer des mots plutôt courts, qui allègent l'effort de mémorisation du lecteur et sont également les plus courants et les plus compréhensibles. Le souci d'éviter les mots « passe-partout » (voir page 84) ne doit pas conduire pour autant au pédantisme (désir de montrer sa science) ni au charabia !

Voici quelques exemples de mots courts pouvant facilement remplacer des mots ou tournures trop longs (voir aussi page 70 : « Les locutions ») :

Pour la concision, ne dites pas...	dites...
(un exercice) sans difficulté	facile
se substituer à	remplacer
d'une longueur de 2 m	(long) de 2 m
(des volets) peints en vert	verts
en conséquence	donc
néanmoins	mais
ne faire aucun cas de	négliger, mépriser
arriver à son terme	se terminer
accorder l'autorisation de	autoriser à
le chef d'établissement (lycée)	le proviseur
une œuvre de fiction	un roman, un film...

18 Parvenir à l'harmonie et créer un rythme

> L'« harmonie » est la qualité que possède tout objet (tableau, paysage, morceau musical, visage...) dont la perception est agréable, du fait d'un équilibre et d'un accord entre les parties qui le composent ; c'est une qualité qui doit être recherchée également dans un texte mais demande parfois un long travail d'écriture. Le rythme, dans n'importe quel type d'écrit, peut rendre la lecture agréable ou difficile et laisser une impression de légèreté ou de lourdeur.

L'harmonie et la cohérence du texte

Un texte peut être qualifié d'harmonieux :
– quand ses différentes parties sont de longueur proportionnée (on évitera une longue introduction avant un développement assez bref, ou des parties de tailles trop inégales) ;
– quand les procédés de style ne sont pas trop systématiques ;
– quand le « ton » est en accord avec le contenu : dans un texte se voulant surtout informatif, l'humour devra rester discret ;
– quand les phrases « sonnent » bien, se déroulent de manière logique et se lisent agréablement à haute voix : le lecteur entraîné perçoit la maladresse des tournures et l'embarras des sonorités même lors d'une lecture silencieuse.

Euphonie et cacophonie

Un son, un mot, une phrase sont dits « **euphoniques** » quand ils sont agréables à entendre, plaisants à l'oreille. Leur qualité est l'« euphonie » ; le mot « **cacophonie** » désigne le défaut inverse. Si la poésie est le genre littéraire qui par nature cultive le plus l'euphonie, rien n'interdit à la prose (la forme que prend le langage quand il n'est pas en vers) de la rechercher aussi. L'euphonie provient des sonorités et du rythme donné aux phrases ou même au texte tout entier.

Comment éviter les sons désagréables

L'hiatus

La langue veille d'elle-même à l'euphonie et cherche à éviter en particulier la présence d'hiatus entre les mots. On appelle « **hiatus** » la rencontre, déplaisante pour l'oreille, de deux sons-voyelles que ne lie aucun son-consonne, comme dans *Il va à l'école*. La poésie en fait parfois d'ailleurs un usage volontaire comme dans ce vers de Charles Baudelaire qui se termine en *un affreux hurlement* (*Les Fleurs du mal*, « Spleen »).

● À l'oral, l'hiatus disparaît grâce aux liaisons : *Il est allé* ([ilɛtale], *tu veux un œuf* ([tyvøzõnœf]).

PARVENIR À L'HARMONIE ET CRÉER UN RYTHME

- On l'évite aussi par **l'élision** (suppression) de la voyelle finale de certains mots devant la voyelle ou l'h- muet à l'initiale du mot suivant ; à l'écrit, l'élision est marquée par la présence d'une apostrophe : **je irai → j'irai ; l'huile ; je t'aide ; elle s'égare ; jusqu'ici ; qu'ils partent.*

ATTENTION

– On élide obligatoirement le -i de « si » devant « il(s) », à l'exception de tout autre mot.
– Les mots « lorsque », « puisque », « quoique » ne s'élident que devant « il(s) », « elle(s) », « en », « on », « un(e) » ; on écrit donc : *lorsqu'il ira* mais *lorsque Yves ira*.
– Les mots « presque », « quelque » ne sont élidés que dans le nom composé « presqu'île » et le pronom indéfini « quelqu'un(e) ».
– « entre » employé comme préposition ne s'élide pas : *entre une et deux heures, entre amis* ; au contraire « entre- » s'élide quand il sert de préfixe, mais l'orthographe des mots composés ainsi formés est fantaisiste : préfixe et radical sont généralement soudés *(s'entraider, entracte)*, sauf dans quelques mots où ils restent séparés par une apostrophe *(entr'apercevoir, s'entr'égorger)* ; mieux vaut consulter un dictionnaire.

- Des lettres euphoniques, sans valeur pour l'orthographe, peuvent s'insérer entre deux mots ou s'ajouter à certains autres. Elles sont obligatoires dans les cas suivants :
– à la forme interrogative, on met un -t- après un verbe terminé par une voyelle, pour éviter la rencontre avec la voyelle initiale du mot suivant : *Mange-**t**-on bientôt ?*
– on adjoint un -s aux verbes à l'impératif habituellement terminés par -a ou -e quand le mot suivant est le pronom adverbial « en » ou « y » (sauf si celui-ci est suivi d'un infinitif) : *Mange, mange**s**-en, va, va**s**-y* (mais : *Va y faire un tour, à la fête*) ;
– l'inversion de « je » après un verbe terminé par -e appelle le remplacement de ce -e par -é :

> *Pourvu que je puisse réussir → Puiss**é**-je réussir ;*
> *Est-ce que je chante → Chant**é**-je ?*

ATTENTION

– Dans « va-t'en », « t' » n'est pas une lettre euphonique mais la forme élidée du pronom « te », d'où l'apostrophe.
– Dans « sait-on », « prend-elle », « dit-il », etc., il n'y a pas besoin de lettre euphonique puisque le verbe se termine déjà par un -t ou un -d prononcé [t].

- D'autres hiatus peuvent aussi être évités par l'emploi facultatif de l'article « l' » devant le pronom « on » (qui, étymologiquement, signifie « l'homme ») : *si l'on veut* (plutôt que *si **o**n veut*), *voilà où l'on va* (plutôt que : *où **o**n va*).

- Dans les autres cas, on évitera l'hiatus en modifiant certains mots, par exemple en écrivant *François partira demain pour Angers* plutôt que *Demain, François ir**a** **à** **A**ngers* ([aaã]).

ÉVITER LES CACOPHONIES

En dehors des hiatus, on évitera les sonorités désagréables ou ridicules dues :
– à la répétition de sons dans des termes homophones (voir p. 54) :

> *Tous toussent → Tous sont pris de toux.*

– à des rencontres fâcheuses créant d'involontaires **calembours** (jeux de mots) : ainsi Corneille faisait-il dire à Sabine dans la première édition d'*Horace* (1640) :

> *Je suis Romaine, hélas ! puisque mon époux l'est* (acte I, scène 1) ;

ce vers est devenu, dans les éditions suivantes : *Je suis Romaine, hélas, puisque Horace est Romain*, afin d'éviter que l'on ne comprenne (phonétiquement) « Ménélas » (qui incarne la figure du mari trompé) et « mon nez, poulet »... De même, on écrira *Ce que l'on s'est amusé !*, plutôt que *Ce qu'on s'est amusé !*, qui pourrait être mal compris.

Comment jouer avec les sonorités

Le mot « **sonorité** » désigne la nature et la tonalité des sons consonnes et des sons voyelles que l'on entend à la lecture du texte et qui, bien choisis, créent une atmosphère en raison de leur harmonie ou de leur expressivité. Dans l'exemple qui suit, les sonorités [r], [gr], [t], [tr], [pt], [ʃ], [z], [s], [k], [sk] rendent sensible au lecteur le côté « tordu » de vieillards figés dans une position inconfortable :

> *Ils ont **gr**effé dans des amou**rs** épile**pt**iqu**es***
> *Leu**r** fanta**sque** ossa**t**u**r**e aux **gr**ands **squ**ele**tt**es noi**rs***
> *De leu**rs ch**aise**s** ; leurs pied**s** aux ba**rr**eaux **r**a**ch**i**t**iqu**es***
> *S'en**tr**ela**c**ent pour les ma**t**in**s** et pour les **s**oi**rs** !*
>
> (Arthur Rimbaud, « Les Assis »)

Le jeu sur les sonorités est une partie importante du travail de l'écrivain, qui même pour la prose tire profit de la variété des sons de la langue, choisit des mots « **homéotéleutes** » (terminés par les mêmes sons), crée allitérations et assonances. On appelle « **allitération** » l'utilisation dans un passage du même son consonne, ou de plusieurs sons phonétiquement proches, comme [t] et [d], [f] et [v], [s] et [z], etc. ; l'allitération peut se compléter d'une « **assonance** », qui est la répétition d'un même son voyelle, comme dans ce passage où la sécheresse du ton est rendue par des allitérations en [d], [t], [r], [tr], des assonances en [ə] et [i], des homéotéleutes en [e] :

> *C'est mon **d**evoir **d**e **v**ous **pr**otége**r** con**tr**e les **d**ange**rs** de la **v**ie, **d**i**t** la **d**i**r**ec**tr**ice.*
>
> (J.M.G. Le Clézio, « Lullaby », *Mondo et autres histoires,* éd. Gallimard, 1978)

L'apparition d'une assonance peut aussi renforcer un rythme à l'intérieur d'un membre de phrase, ou d'un membre de phrase à l'autre, comme ici les sons [ã], [i], [e]/[ɛ] :

> *Voilà plus de vingt **ans** | que Jean Moulin partit, | par un tem**ps** de décembre | **sans** doute semblable à celui-ci, | pour être parachuté | sur la terre de Pr**ov**ence, | et devenir le chef | d'un peuple de la nuit.*
>
> (André Malraux, Oraison funèbre prononcée le 19.XII.1964
> lors du transfert des cendres de Jean Moulin au Panthéon)

Rythme et harmonie

En prose, **le rythme** est la cadence donnée à la phrase par la longueur des groupes de mots ou des propositions qui la constituent ; ces groupes forment un tout pour le sens et se terminent par un accent, c'est-à-dire un mot qui à l'oral serait prononcé de manière plus appuyée que les autres.

● Chaque groupe rythmique est séparé du suivant par une coupe (silence, pause) plus ou moins marquée et souvent matérialisée par un signe de ponctuation (dans les exemples suivants, les pauses sont repérées, selon leur longueur, par |, || ou |||) :

> Je vais mourir, | me dis-je chaque jour. ||| Adieu donc, | celle que j'ai chérie, || adieu, | le monde, || adieu, | brillante nature, || adieu, | tendre mer Ionienne où je suis né, || ô maternelle, | ô limpide que j'aimais contempler, || et près du rivage le fond était si visible et si pur que les larmes me venaient. ||| Et vous, | doux souvenirs, | où serez-vous lorsque je n'y serai plus, | ô mes colombes souvenirs, | et mourrez-vous aussi ?
>
> (Albert Cohen, *Ô vous, frères humains,* éd. Gallimard, 1972)

● On peut aussi modifier le rythme du texte :
– en employant des mots longs ou courts, comme dans cette comptine où les mots n'ont jamais plus de trois syllabes, ce qui donne un rythme « sautillant » :

> Une souris verte | Qui courait dans l'herbe | Je l'attrape par la queue | Je la montre à ces messieurs...

– en choisissant des phrases simples (constituées d'une seule proposition, plus brèves) ou au contraire des phrases complexes (où des propositions enchâssées les unes dans les autres ralentissent le rythme).

● Il est possible de donner à un texte en prose, narratif ou descriptif, une allure proche de la poésie (« prose poétique ») par l'emploi d'images et surtout de groupes rythmiques réguliers comparables à des vers et appelés « vers blancs » :

> *Mais je suivais silencieuse,* |
>
> [groupe de 8 syllabes, serait un vers octosyllabe en poésie]
>
> *et je glanais la mûr(e), la merise ou la fleur,* |
>
> [groupe de 12 syllabes, vers alexandrin en poésie]
>
> *je battais les taillis et les prés gorgés d'eau* |
>
> [groupe de 12 syllabes]
>
> *en chien indépendant qui ne rend pas de comptes.*
>
> [groupe de 12 syllabes]
>
> (Colette, « Où sont les enfants ? », *La Maison de Claudine,* éd. Hachette, 1960)

6 LE RYTHME ET SES EFFETS

Le rythme cependant ne répond pas qu'à un souci d'harmonie : il sert aussi les intentions de l'auteur, qui en jouant avec les groupes rythmiques produit des effets précis. Ces groupes peuvent être en effet de longueur sensiblement égale, ou au contraire aller croissant ou décroissant et marquer un ralentissement ou une accélération du rythme : plus ils sont courts, plus le rythme est rapide.

PARVENIR À L'HARMONIE ET CRÉER UN RYTHME

■ LA TONALITÉ

L'emploi de groupes rythmiques de longueur égale confère souvent au récit une allure neutre, sans émotion. Mais selon la longueur, les effets produits diffèrent :

● Des membres de phrases assez longs donnent au texte une tonalité calme ou majestueuse :

> *Les collines, sous l'avion, | creusaient déjà leur sillage d'ombre dans l'or du soir. | Les plaines devenaient lumineuses mais d'une inusable lumière : | dans ce pays elles n'en finissent pas de rendre leur or | de même qu'après l'hiver, | elles n'en finissent pas de rendre leur neige.*
> *Et le pilote Fabien [...] reconnaissait l'approche du soir | aux mêmes signes que les eaux d'un port : | à ce calme, à ces rides légères | qu'à peine dessinaient de tranquilles nuages.*
>
> (Antoine de Saint-Exupéry, *Vol de nuit,* éd. Gallimard, 1931)

● Des groupes de longueur moyenne permettent par exemple de mettre en lumière le caractère routinier de la vie :

> *Tous les jeudis, des habitués venaient faire une partie de boston. || Félicité préparait d'avance les cartes et les chaufferettes. || Ils arrivaient à huit heures bien justes, | et se retiraient avant le coup de onze.*
>
> (Gustave Flaubert, « Un Cœur simple », *Trois contes*)

● Des phrases courtes permettent à l'inverse de créer une tension dramatique, toujours apparemment vide d'émotions :

> *La femme essaie de se dresser. Ses mouvements se décomposent dans un ralenti insupportable. [...] Elle parvient à se mettre debout. Elle titube, cherche où se retenir. C'est le vide. Elle marche. Elle marche dans le vide. Elle est tellement courbée qu'on se demande comment elle ne retombe pas. Non. Elle marche. Elle chancelle mais elle avance. Et les os de sa face portent une volonté qui effraie.*
>
> (Charlotte Delbo, *Auschwitz et après, I, Aucun de nous ne reviendra,* éd. de Minuit, 1970)

■ LA CADENCE

On peut aussi utiliser des membres de phrases dont la longueur croît ou décroît progressivement.

● On crée une « **cadence majeure** » en allongeant les groupes rythmiques, pour donner un élan à la phrase :

> *Coursiers généreux, | franchissant le mont et le val, |*
>   [5 syllabes]   [8 syllabes]
>
> *et sous leurs fers le silex étincelle.*
>   [10 syllabes]
>
> (Colette, *Dialogues de bêtes,* éd. Mercure de France, 1964)

ou pour ouvrir place à la rêverie :

> *[Le brouillard] se fait tour à tour | nuage, |*
>   [2 syllabes]
>
> *femme endormie, | serpent langoureux, | cheval à cou de chimère...*
>   [4 syllabes]   [5 syllabes]   [7 syllabes]
>
> (Colette, *Les Vrilles de la vigne,* éd. Hachette, 1961)

PARVENIR À L'HARMONIE ET CRÉER UN RYTHME

- On crée inversement une « **cadence mineure** » en rétrécissant les groupes, souvent pour conclure, clore l'évocation :

> [il s'agit d'un papillon] -dessous voyants, | juponnage de fête et de nuit |
> [8 syllabes]
>
> qu'un manteau neutre, | durant le jour, | dissimule...
> [4 syllabes]   [4 syllabes]   [3 syllabes]
>
> (Colette, Les Vrilles de la vigne, éd. Hachette, 1961)

- Plus généralement une accélération du rythme, avec des pauses de plus en plus brèves, fera sentir une montée de la tension (dans l'exemple suivant, l'angoisse croissante de Cosette) :

> Elle revint au banc. ||| Au moment de s'y rasseoir, || elle remarqua, | à la place qu'elle avait quittée, | une assez grosse pierre qui n'y était évidemment pas l'instant d'auparavant. ||| Cosette considéra cette pierre, || se demandant ce que cela voulait dire. ||| [accélération du rythme] Tout à coup l'idée que cette pierre n'était point venue sur ce banc toute seule, | que quelqu'un l'avait mise là, | qu'un bras avait passé à travers cette grille, | cette idée lui apparut et lui fit peur.
>
> (Victor Hugo, Les Misérables)

LA RUPTURE DE RYTHME

L'emploi d'un rythme très inégal, heurté – un peu comme quand le cœur bat trop vite – permet de rendre sensible un désordre total ou une extrême confusion mentale :

> Je dors | -longtemps- | deux ou trois heures- | puis un rêve- | non- | un cauchemar m'étreint. | Je sens bien que je suis couché et que je dors... | Je le sens et je le vois... | et je sens aussi que quelqu'un s'approche de moi, | me regarde, | me palpe, | monte sur mon lit, | s'agenouille sur ma poitrine, | me prend le cou entre les mains et serre... | serre... | de toute sa force pour m'étrangler. |
>
> (Guy de Maupassant, Le Horla, 2e version)

LE RYTHME RÉUSSI

On ne saurait trop insister sur l'importance d'un rythme réussi, qui amène le lecteur à mémoriser les mots presque sans le vouloir (c'est pourquoi les vers sont toujours plus faciles à retenir que la prose). D'où l'impact des meilleurs slogans politiques ou publicitaires, des phrases restées célèbres dans la littérature ou dans l'histoire, des proverbes et maximes populaires, qui marquent la mémoire collective autant par leurs sonorités que par leur rythme :

– *Tire la chevillette,* | *et la bobinette* | *cherra* (= 5 + 5 + 2 syllabes) ;
(Charles Perrault, Le Petit Chaperon rouge)

– *Legal,* | *le goût* (slogan publicitaire) (= 2 + 2 syllabes) ;

– *Qui peut le plus*	*peut le moins.*
Qui vole un œuf	*vole un bœuf.*
Mieux vaut tenir	*que courir.*
Qui trop embrass(e)	*mal étreint.* (proverbes) (= 4 + 3 syllabes)

– *Paris !* | *Paris outragé,* | *Paris brisé,* | *Paris martyrisé,* | *mais Paris libéré !* | *libéré par lui-même,* | *libéré par son peuple* | [...] (= 4, 5 ou 6 syllabes).

(Charles de Gaulle, allocution à l'hôtel de Ville le 25 août 1944 après la libération de Paris)

DEUXIÈME PARTIE

SAVOIR RÉDIGER
Les types d'écrits

LES CLÉS DE LA RÉDACTION

1 LE TEXTE NARRATIF : LE RÉCIT

> Dans un texte dit « narratif », on raconte, on « narre »
> un événement isolé ou une série d'événements réels
> ou imaginaires formant une « histoire ». Cette narration
> est appelée un « récit ». Un enfant peut ainsi raconter
> une journée marquante, un écrivain rapporter une légende,
> un historien faire le récit d'événements réels.
> Le récit d'une vie est appelé une « biographie », ou une
> « autobiographie » quand l'auteur raconte sa propre vie.
> Même si les faits rapportés sont inventés, « fictifs »,
> ils sont présentés comme ayant réellement eu lieu :
> le récit dit « de fiction » présente les mêmes
> caractéristiques que le récit d'événements véridiques.
> Il est rare cependant que dans un récit tout soit fabriqué :
> le cadre, par exemple, peut être réel.

1 RECHERCHER LES IDÉES

Avant d'écrire un récit, on doit en fixer le « **scénario** » (action ou thème de l'histoire, personnages, lieu et moment) et en établir le « **schéma narratif** » ou « plan » qui détermine les principales étapes de l'action. On doit aussi décider dans quel ordre seront présentées les actions, leur importance relative (ce qui imprimera au récit un certain « rythme »), et plus généralement quelle signification on veut donner à la narration.

■ l'action

C'est l'ensemble des événements dont on fait le récit. Quand l'action devient compliquée, montre plusieurs personnages qui manœuvrent pour faire triompher des intérêts opposés, elle porte le nom d'« **intrigue** ».

Il arrive parfois que le récit soit pauvre en événements : l'action se limite alors à une « étude de mœurs », un tableau de l'existence des personnages et de leurs rapports dans un milieu clos : c'est le cas du roman *Une vie* de Guy de Maupassant.

■ les personnages

Ce sont les êtres imaginaires intervenant dans le récit. Mais le récit peut également se rapporter à des personnes réelles. Ces personnages ou ces personnes cherchent à atteindre certains objectifs appelés les « **enjeux** » de l'action : ainsi, l'enjeu pour Cendrillon dans le conte de Charles Perrault est d'aller au bal donné par le prince.

Ils peuvent agir non pour eux-mêmes, mais pour le compte d'autres personnages : dans le roman d'Alain-Fournier *Le Grand Meaulnes,* Meaulnes part sur la demande de Frantz à la recherche d'une jeune fille nommée Valentine.

Les personnages sont aidés ou gênés dans leur « quête » :

LE TEXTE NARRATIF : LE RÉCIT

– par d'autres personnages, amis ou ennemis, aides ou rivaux (Cendrillon est brimée par sa belle-mère et les filles de celle-ci, mais reçoit l'assistance de sa marraine la bonne fée) ;
– par les circonstances, favorables ou défavorables : rencontre inattendue, découverte d'un objet (clou qui permet au héros de crocheter une serrure pour s'évader), etc. ;
– par certaines « **forces agissantes** », éléments non humains ne dépendant pas de la volonté des personnages mais venant influencer le cours des événements : par exemple, le poids des traditions.

Le personnage principal d'un récit en est appelé le « **héros** » ; celui qui écrit l'histoire cherche souvent à faire éprouver au lecteur intérêt et sympathie pour ce héros ; on peut aussi mettre en scène un « **anti-héros** », personnage principal laid, méchant, bête ou éternel perdant. Dans les contes, les personnages sont réduits à quelques « types » simples (méchantes reines, pêcheurs pauvres, princesses tristes...) pour mieux faire apparaître la signification du récit.

On doit donner au lecteur assez d'indications pour qu'il comprenne qui sont les personnages : *Dans la cour de l'école je rencontrai Céline,* **ma meilleure amie.**

■ situation dans le temps et dans l'espace

● Tout récit se situe :
– dans un lieu déterminé, qui n'est pas toujours précis géographiquement mais constitue au moins un « **cadre** » : univers scolaire, petit village (dont le nom n'importe pas nécessairement), lieu clos, pays lointain, etc. ; des changements de lieu peuvent se produire au cours du récit ;
– à une époque donnée, dans un certain contexte historique (Antiquité grecque, Renaissance, siècle de Louis XIV, etc.) ; parfois, l'époque n'est pas définie (dans les contes de fées, on se contente d'écrire « Il était une fois... »).

● Le cadre géographique et la situation historique (réels) forment ce qu'on appelle la « **trame** » ou « **toile de fond** » du récit (véridique ou imaginaire). Par exemple, la trame du roman de Balzac *Les Chouans* est constituée par les événements politiques qui se déroulent en Bretagne à l'automne 1799 (nouvelle révolte des Vendéens partant en guerre contre la République issue de la Révolution française) ; dans ce cadre prend place une impossible histoire d'amour entre deux personnages appartenant à chacun des camps opposés.

REMARQUE
On pourra renforcer l'ancrage du récit dans une époque et un lieu déterminés :
– par des **descriptions** (voir page 110) où l'on montrera des détails significatifs d'une « couleur locale » : dans un récit ayant pour cadre *L'Odyssée* d'Homère, on évoquera par exemple l'architecture du palais mycénien, les armes de bronze des guerriers, l'élevage des moutons et des chèvres, et bien sûr la présence de la mer ;
– par des **artifices de langage :** pour un récit situé au Moyen Âge, on pourra par exemple insérer dans le dialogue des mots ou expressions, à consonance médiévale comme « sire » (seigneur), « absoudre » (pardonner), « un vilain » (un paysan), « un palefroi » (un cheval de parade)...

■ le schéma narratif ou plan
On peut concevoir cinq étapes principales dans tout récit.

a) Au début est exposée la « **situation initiale** » (de départ) : les personnages sont vus dans leurs occupations, leurs états habituels, leurs rapports ordinaires avec les autres, les lieux familiers où ils évoluent, avant les bouleversements qu'apportera l'action.

LE TEXTE NARRATIF : LE RÉCIT

Par exemple, au début de la nouvelle *La Ficelle* de Maupassant, c'est jour de marché dans le bourg normand de Goderville où se rend un paysan, maître Hauchecorne. La présentation des lieux et des personnages sert ainsi d'introduction au récit (voir aussi « Écrire le récit »).

b) L'action trouve son origine dans une modification, une **« perturbation »** de l'équilibre présenté au départ : Maître Hauchecorne ramasse un petit morceau de ficelle, sous les yeux d'un bourrelier, Malandain, avec lequel il est fâché. Presque au même moment, le crieur public fait savoir que quelqu'un a perdu un portefeuille.

c) L'action se met alors en marche : Maître Hauchecorne est accusé d'avoir trouvé et conservé le portefeuille. C'est le début du **« développement »**, souvent scindé en plusieurs « épisodes » ou « séquences » distincts : l'action évolue au travers de récits plus petits mais cohérents (formant un tout).
– Épisode 1 : Maître Hauchecorne, dénoncé par Malandain, est convoqué chez le maire pour s'expliquer.
– Épisode 2 : entretien et confrontation avec Malandain ; on ne peut rien retenir contre Hauchecorne, mais il n'arrive pas non plus à prouver son innocence.
– Épisode 3 : tous ceux qu'il rencontre alors sont persuadés qu'il a conservé le portefeuille.
Certains épisodes constituent des **« rebondissements »,** quand l'action prend un nouveau départ à la suite d'un événement imprévu qui bouleverse tout.
– Épisode 4 (rebondissement) : le lendemain, un valet de ferme restitue le portefeuille qu'il a trouvé sur la route ; maître Hauchecorne se croit enfin disculpé.
– Épisode 5 : hélas, dans les conversations, il apparaît que chacun croit que c'est lui qui, après avoir trouvé le portefeuille, l'a fait rapporter par un tiers.
À la fin du développement, l'action est toujours bloquée, « nouée » : Maître Hauchecorne comprend qu'il ne pourra pas prouver son innocence. Comment sortir de cette situation ?

d) Le récit en arrive alors au **« dénouement »,** qui est la résolution, heureuse ou non, prévisible ou non, du problème : Hauchecorne tombe dans l'obsession, doit s'aliter puis agonise : ses derniers mots sont encore pour clamer que c'est « une 'tite ficelle » qu'il a prise.

e) Le dénouement crée une **« situation finale »**. Celle-ci n'est pas toujours décrite : dans *La Ficelle,* Maupassant n'indique pas explicitement que le paysan n'a trouvé de soulagement que dans la mort. La perturbation introduite en c) est résorbée, un nouvel « équilibre » s'est créé ; c'est la conclusion, le moment où l'auteur fait éventuellement le bilan, tire une morale de l'histoire.

REMARQUE Une fois arrivé à son terme, le récit est parfois encore prolongé par un **« épilogue »**. Il s'agit d'une courte narration, présentée sous la forme d'un développement séparé, qui vient clore définitivement le récit en racontant ce que sont devenus les héros depuis le dénouement de leurs aventures.

■ l'ordre des événements

● Le récit peut faire apparaître les événements dans un ordre strictement chronologique (conforme à leur succession dans le temps) mais ce n'est pas toujours le cas (il s'agit alors d'obtenir un effet particulier sur le lecteur).

● Le récit peut revenir en arrière : dans un roman policier, les faits ne sont reconstitués par le détective (et livrés au lecteur) qu'à la fin de l'enquête qu'ils ont déclenchée et à laquelle ils sont antérieurs.

LE TEXTE NARRATIF : LE RÉCIT

Ce retour peut aussi prendre la forme d'un souvenir revenant brusquement (« flash-back ») à la mémoire d'un personnage :

> [Le poisson] a mordu à l'hameçon comme un mâle, il tire comme un mâle : il se défend, il s'affole pas. (...)
> [début du flash-back] Il [le vieux pêcheur] se souvient d'un couple de marlins dont il avait attrapé la femelle. (...) Quand cette femelle-là s'était sentie ferrée, elle s'était débattue d'une manière si folle, si épouvantée, si désespérée, qu'elle avait bientôt perdu ses forces. Tout le temps de la lutte, le mâle était resté à ses côtés (...). C'est la plus triste histoire de marlins que je connaisse, pensa le vieil homme.
>
> (Ernest Hemingway, *Le Vieil Homme et la mer*)

● Le récit peut au contraire procéder à une anticipation, mentionner un événement qui ne s'est pas encore produit à ce moment de l'histoire, ménager un effet d'attente :

> Je lui répondis méchamment, sans savoir que, plus tard, j'aurais besoin de son aide.

■ l'unité et le rythme du récit

● Tous les personnages et tous les événements mentionnés doivent en principe être utiles pour l'action, surtout dans un récit court. On doit donc savoir opérer une sélection :
– par exemple, dans une nouvelle policière, il est inutile de mentionner la visite d'un personnage si elle n'entraîne aucune conséquence par la suite ; mais on le fera si le visiteur est, à cette occasion, amené à concevoir des soupçons dont il fera part au détective chargé de l'enquête ;
– de même, on allégera le récit à l'aide d'« **ellipses narratives** » : tels faits survenus entre deux événements sont sous-entendus, leur reconstitution est laissée au soin du lecteur, en particulier quand ils sont prévisibles (leur narration ne présenterait pas d'intérêt) ou sans rapport avec la logique du récit :

> Un soir, après une dispute, Antoine Saverini fut tué traîtreusement, d'un coup de couteau, par Nicolas Ravolati, qui la nuit même gagna la Sardaigne.
>> [Ellipse narrative : il n'est pas utile d'indiquer dans quelles circonstances le crime a été découvert.]
>
> Quand la vieille mère reçut le corps de son enfant, (...) elle ne pleura pas, mais resta longtemps immobile à le regarder ; puis (...) elle lui promit la vendetta. »
>
> (Guy de Maupassant, *Une Vendetta*)

● **L'unité du récit** est également donnée par son rythme, c'est-à-dire **la cadence** à laquelle s'y succèdent les événements : afin de maintenir l'intérêt du lecteur jusqu'à la fin, on doit par exemple éviter de concentrer au début tous les « temps forts » (moments intenses) ou d'annoncer trop tôt certains événements, ce qui détruit tout effet de surprise ultérieur. Le rythme du récit peut, par exemple :
– aller « crescendo », être de plus en plus rapide (événements de plus en plus nombreux ou dramatiques) jusqu'au dénouement ;
– si le récit est assez long, être au contraire inégal, plus ou moins rapide selon les moments, l'action pouvant être tantôt ralentie par des pauses (description, dialogue, retour en arrière), tantôt accélérée pour augmenter la tension dramatique : dans *Une Vendetta*, Maupassant décrit longuement (une page et demie)

LE TEXTE NARRATIF : LE RÉCIT

la manière dont, méthodiquement, la mère en quête de vengeance dresse sa chienne Sémillante à attaquer un mannequin de paille dont un boudin noir figure le cou. Le passage à l'acte, où le comble de la violence est atteint, ne dure, lui, que quelques lignes :

> *Elles entrèrent dans Longosardo. La Corse allait en boitillant. Elle (...) demanda la demeure de Nicolas Ravolati. Il avait repris son ancien métier, celui de menuisier. Il travaillait seul au fond de sa boutique.*
> *La vieille poussa la porte et l'appela :*
> *« Hé ! Nicolas ! »*
> *Il se tourna ; alors, lâchant sa chienne, elle cria :*
> *« Va, va, dévore, dévore ! »*
> *L'animal, affolé, s'élança, saisit la gorge. L'homme étendit les bras, l'étreignit, roula à terre. Pendant quelques secondes, il se tordit, battant l'air de ses pieds ; puis il demeura immobile, pendant que Sémillante lui fouillait le cou, qu'elle arrachait en lambeaux.*

(Guy de Maupassant, *Une Vendetta*)

■ la signification du récit

● Souvent le récit vise simplement à faire partager au lecteur un événement amusant, dramatique ou surprenant : il en est ainsi dans les nouvelles (histoires brèves) construites pour piquer la curiosité et amener la chute (dénouement inattendu).

● Mais, au-delà, il est souvent conçu pour développer une conception de la vie, du bien ou du mal (« morale ») ou amener une « moralité » (conclusion qu'on tire d'une expérience) : ainsi, dans le conte des frères Grimm *Les Musiciens de la ville de Brême,* quatre animaux, maltraités par leurs maîtres respectifs, s'allient pour chasser des brigands d'une maison où ils pourront vivre heureux : l'action symbolise la revanche sur les méchants, montre un monde où les injustices se réparent et illustre le proverbe « l'union fait la force ».

■ le statut du narrateur, la notion de point de vue

Tout texte est écrit par une personne réelle appelée son « **auteur** ». Mais l'auteur se distingue souvent du « **narrateur** », qui est le personnage auquel l'auteur confie le soin de prendre en charge le récit, lui donnant la parole à sa place : dans le roman *Robinson Crusoé* dont l'auteur est Daniel Defoe (1660-1731), Robinson, personnage principal, est aussi le narrateur qui raconte son histoire à la première personne.

L'auteur, pour rendre compte des événements, peut choisir entre différents « points de vue » (on parle aussi de « focalisation »).

● **Il peut être le narrateur de sa propre histoire** lorsque, dans un récit à caractère autobiographique, il raconte sa vie ou simplement rapporte une expérience personnelle (*Mémoires d'outre-tombe* de François René de Chateaubriand [1768-1848]). Tout est alors vu à travers son regard, parfois déformant (ses sentiments, ses goûts, sa conception de la vie et des rapports humains l'amènent à porter des jugements personnels, « subjectifs », à donner de l'importance à des événements qui n'en ont pas pour les autres) :

> *Au premier rang de mes affections venait ma sœur. Elle suivait à présent des cours d'art publicitaire dans un établissement (...) où elle se plaisait. À une fête organisée par son école, elle chanta, déguisée en bergère, de vieilles chansons françaises et je la trouvai éblouissante.*

(Simone de Beauvoir, *Mémoires d'une jeune fille rangée,* éd. Gallimard, 1958)

LE TEXTE NARRATIF : LE RÉCIT

● **Il peut faire le récit d'événements réels ou imaginaires, sans y intervenir lui-même à la première personne,** mais sans pour autant confier le récit à un personnage particulier. On dit alors que l'auteur/narrateur est « omniscient », c'est-à-dire qu'il sait tout puisqu'il « voit » ce que font l'ensemble des personnages, entre dans leurs pensées, rend compte de ce qui se passe en tous lieux.

C'est comme si l'auteur n'existait pas : il est invisible (le point de vue choisi est alors appelé « focalisation zéro »), se montre « objectif » en s'efforçant de ne pas faire intervenir ses opinions, ses sentiments personnels, et de s'en tenir à l'« observation » des faits (réels ou imaginaires) ; ce parti pris de neutralité se traduit dans le style par l'utilisation de la 3e personne, de la forme impersonnelle, l'absence de commentaire, de termes péjoratifs ou laudatifs (voir page 46).

Néanmoins, il arrive que l'auteur se manifeste par des commentaires et jugements personnels, montre de la sympathie pour tel de ses personnages :

> [Cosette] mit une robe dont le corsage, qui avait reçu un coup de ciseau de trop, était, comme disent les jeunes filles, « un peu indécent ». **Ce n'était pas le moins du monde indécent, mais c'était plus joli qu'autrement.**
>
> (Victor Hugo, *Les Misérables*)

● **L'auteur peut adopter le point de vue particulier d'un personnage impliqué dans l'action du récit** (on parle alors de « focalisation interne »), mais sans lui donner la parole ; les seuls événements racontés sont alors ceux que ce personnage a pu vivre, avec sa perception propre des faits :

> Miss Lydia n'avait point envie de dormir, et ce n'était que la présence d'un profane [quelqu'un qui n'est pas initié à ses secrets] qui l'avait empêchée de goûter ces émotions qu'en mer et par un clair de lune tout être humain éprouve quand il a deux grains de poésie dans le cœur.
>
> (Prosper Mérimée, *Colomba*, chapitre III)

Le recours au style indirect libre (voir pages 115 et 120) permet de rendre discrètement compte des pensées de ce personnage.

● **L'auteur peut faire parler du début à la fin un personnage de l'histoire qui raconte à la 1re personne ce qui lui est arrivé** et ce dont il a été témoin. Il s'agit là aussi d'une « focalisation interne » puisque ce personnage est impliqué dans l'action et que sa perception des événements est influencée par son caractère, sa situation, ses intérêts :

> Il advint qu'un jour, vers midi, comme j'allais à ma pirogue, je fus excessivement surpris en découvrant le vestige humain d'un pied nu parfaitement empreint sur le sable. Je m'arrêtai court, (...) comme si j'eusse entrevu un fantôme [Robinson en effet se croit seul sur son île]. J'écoutai, je regardai autour de moi, mais je n'entendis rien ni ne vis rien. (...) Après mille pensées désordonnées, comme un homme confondu, égaré, je m'enfuis à ma forteresse (...). Horriblement épouvanté, je regardais derrière moi tous les deux ou trois pas, me méprenant à chaque arbre, à chaque buisson, et transformant en homme chaque tronc dans l'éloignement.
>
> (Daniel Defoe, *Robinson Crusoé*)

● **L'auteur peut, enfin, attribuer le récit à un « témoin » imaginaire,** mais qui n'est pas impliqué dans l'histoire (focalisation externe) ; ce témoin ne participe pas à l'action et n'a pas de lien avec les personnages. Il est donc relativement

105

LE TEXTE NARRATIF : LE RÉCIT

objectif mais ne peut rendre compte que de ce qu'il a perçu et compris ; ce n'est pas un narrateur omniscient (il ne sait pas tout) :

> *M. Bernutier sourit gravement, comme doit sourire un juge d'instruction. Il reprit :*
> *« N'allez pas croire, au moins, que j'aie pu, même un instant, supposer en cette aventure quelque chose de surhumain (...).*
> *Enfin, voici les faits :*
> *J'étais alors juge d'instruction à Ajaccio (...) »*

(Guy de Maupassant, « La Main »)

REMARQUES
1. Donner le point de vue d'un personnage, c'est prendre en compte :
– les événements qu'il a vécus et les informations dont il a eu connaissance, là où il se trouvait : le témoin d'un accident ne comprend pas nécessairement pourquoi la voiture a raté un virage ; le conducteur du véhicule, lui, sait que c'est parce qu'il a quitté la route des yeux pour parler à son passager ;
– ses pensées et ses intentions : l'arrivée d'un visiteur me contrariera si je voulais sortir ; elle me réjouira si je m'ennuyais ;
– ses sentiments et émotions : pitié, chagrin, honte, peur, etc. ;
– ses sensations (ce qu'il ressent physiquement, à l'aide des cinq sens), et généralement l'état physique dans lequel il se trouve : sensation de bien-être, impression de flottement. Sensations et sentiments sont liés : à l'angoisse correspond une malaise physique, l'impression d'étouffer ; la joie se traduit par une sensation de légèreté, l'envie de courir, de sauter.
2. Dans un même récit, il est possible de recourir à différents types de focalisation : on peut, par exemple, sortir pour un temps du point de vue omniscient, et se contenter de celui d'un personnage auquel on s'intéresse particulièrement, qu'on veut rendre sympathique (le héros), ou dont les ignorances permettent de cacher momentanément certains faits au lecteur afin de créer une surprise.

2 DU RÉALISME AU SURNATUREL

Tous les récits n'entretiennent pas les mêmes rapports avec la réalité.

● Un récit **« réaliste »**, même fictif, est marqué par la volonté de coller le plus possible à la réalité, de la montrer telle qu'elle est (ou était, à une époque donnée) sans l'idéaliser, sans atténuer ce qu'elle peut avoir de laid ou de brutal. Ce type de récit suppose un cadre précis, des descriptions documentées. Se prêteront au réalisme les narrations où on veut créer une « ambiance » forte : récits policiers, récits montrant la condition humaine (sort des hommes) dans un milieu particulier.

● Dans la plupart des récits, sans cultiver le réalisme on s'efforce au moins de respecter la **« vraisemblance »** : les événements imaginaires doivent pour convaincre le lecteur être plausibles (logiquement possibles). Dans le cas contraire, leur invraisemblance empêche le lecteur de croire, ne serait-ce qu'un instant, aux événements racontés.

La vraisemblance peut être :
– **historique** : quand le récit se situe à une époque antérieure à la nôtre, les faits racontés, les réactions des personnages, les détails du décor, etc., doivent être conformes à ce que l'on sait de cette époque ; dans le cas contraire, on commettrait un « anachronisme » : par exemple, il serait invraisemblable que, dans un récit situé au Moyen Âge, un personnage se déclare « athée » (dise ne pas croire en Dieu) ;

LE TEXTE NARRATIF : LE RÉCIT

– **psychologique :** le comportement et les réactions des personnages doivent correspondre à ce qu'on sait de la nature humaine : il est improbable qu'un personnage qui a été trompé tombe ensuite dans le même piège (sauf si l'on prend soin d'expliquer qu'il est sot, ou étourdi) ;
– **interne au récit :** les détails donnés sur le caractère d'un personnage ou la disposition des lieux ne doivent pas se contredire d'un moment à l'autre ;
– **générale :** la vraisemblance est alors simplement dictée par le « bon sens » ; par exemple, une coïncidence trop clairement providentielle peut être gênante (le héros, attaché par ses ennemis sur la voie de chemin de fer avant le passage du train, sauvé par une grève surprise des cheminots).

● Néanmoins on peut dans un récit « au second degré » faire accepter l'**invraisemblance** en la grossissant pour montrer qu'on l'utilise exprès :

> Le couloir de la cuisine était clair, vitré des deux côtés, et un soleil brillait de chaque côté, car Colin aimait la lumière. Il y avait des robinets de laiton soigneusement astiqués, un peu partout. Les jeux des soleils sur les robinets produisaient des effets féeriques. Les souris de la cuisine aimaient danser au son des chocs des rayons de soleil sur les robinets, et couraient après les petites boules que formaient les rayons en achevant de se pulvériser sur le sol, comme des jets de mercure jaune. Colin caressa une des souris en passant (...). Le cuisinier les nourrissait très bien sans les laisser grossir trop. Les souris ne faisaient pas de bruit dans la journée et jouaient seulement dans le couloir.
> (Boris Vian, *L'Écume des jours,* Société Nouvelle des Éditions Pauvert, 1979)

● Certains récits comme les contes de fées, les épopées, ne se soucient pas non plus de vraisemblance ; ils font appel au **« merveilleux »** en montrant des événements surnaturels (inexplicables selon les lois de la nature) : pouvoirs et objets magiques, animaux parlants, métamorphoses (transformations) ; le surnaturel vient tantôt aider le héros (au chant dix de *L'Odyssée* d'Homère, « l'herbe de vie » donnée par Hermès à Ulysse permet à celui-ci d'échapper aux maléfices de Circé), tantôt compromettre ses plans (dans *Barbe-Bleue* de Charles Perrault, la clef « fée », sur laquelle la tache de sang revient toujours, trahit ainsi la malheureuse épouse entrée dans la pièce interdite).

REMARQUE   Les récits à caractère **« fantastique »** ne font pas clairement appel au surnaturel : les événements y sont décrits comme inquiétants, inexplicables (dans *Le Horla* de Guy de Maupassant, le narrateur est tourmenté par la présence d'un être invisible), mais pourraient avoir une cause naturelle, rationnelle que l'auteur n'indique jamais (le narrateur devenu fou souffre peut-être d'un dédoublement de personnalité).

ÉCRIRE LE RÉCIT

■ le « plan » découle du « schéma narratif » établi lors de la recherche des idées

● **L'introduction** joue plusieurs rôles à la fois :
– elle permet au lecteur d'entrer dans le récit, en donnant les indications essentielles de temps et de lieu, et en fixant une fois pour toutes le statut du narrateur : narrateur extérieur ou personnage impliqué dans le récit et parlant à la 1re personne. Ce faisant, elle laisse entendre quel est le sujet auquel répond le récit :

> *À l'école primaire, j'étais encore une enfant timide...*
> [→ récit dans le passé, situé dans un univers scolaire, écrit à la première personne par une narratrice impliquée dans l'action, et ayant trait au problème de la timidité]

LE TEXTE NARRATIF : LE RÉCIT

– elle décrit la situation initiale (voir page 101) ;

– elle doit « accrocher » le lecteur, lui donner envie d'entrer dans le récit ; l'« incipit » (début, premiers mots du récit) est important et doit être rédigé avec soin ; l'introduction d'ailleurs peut être courte et donner beaucoup de renseignements en peu de mots (voir exemple ci-dessus).

REMARQUES
1. L'introduction fait véritablement partie du récit auquel elle sert d'entrée en matière ; elle est donc rédigée en même temps (voir page 57), et les indications qu'elle donne n'ont pas à être reprises dans le développement (ce serait une redondance, voir page 81).

2. Dans un devoir de narration dont le sujet est imposé, il n'est normalement pas utile de donner un titre au récit : l'introduction suffit à en indiquer le sujet.

3. Une autre façon d'intriguer le lecteur consiste à le plonger *in medias res* : cette expression latine qui signifie « au milieu des événements » se dit d'un récit où l'on entre directement dans l'action, quitte à trouver plus tard les éclaircissements nécessaires ; il n'y a alors pas d'introduction :

> *Les collines, sous l'avion, creusaient déjà leur sillage d'ombre dans l'or du soir. Les plaines devenaient lumineuses mais d'une inusable lumière (...).*
>
> (Antoine de Saint-Exupéry, *Vol de nuit*)

De quel avion s'agit-il ? Que transporte-t-il ? Qui en est le pilote ? Au-dessus de quel pays vole-t-il ? Où va-t-il et d'où vient-il ? Cela sera précisé peu à peu par la suite.

● **Le développement**
Il correspond aux étapes b) à d) du schéma narratif (voir pages 101 et 102).

Chaque nouvelle séquence dans l'action doit correspondre à un changement de paragraphe et peut être signalée par une formule de transition ou un mot de liaison (voir page 62).

● **La conclusion**
– Elle indique à quelle situation finale aboutit le récit, si le « dénouement » n'a pas suffi à le préciser :

> *Il prit congé du roi et le quitta pour revenir tout joyeux chez lui. Jamais il n'y eut manant* [paysan] *plus riche : il (...) ne retourna plus à sa charrue et ne battit plus sa femme ; au contraire, il l'aima tendrement. (...) Grâce à sa femme et à la malice qu'elle avait déployée, il devint un bon médecin sans l'avoir jamais appris.*
>
> (*Le Paysan devenu médecin*, fabliau du Moyen Âge)

– Elle ne doit pas laisser brutalement retomber l'intérêt suscité par le récit mais en constituer le prolongement, en montrant que de nouvelles possibilités de développement restent ouvertes : après un récit où l'on raconte comment on a adopté un animal familier, la conclusion pourra porter en quelques mots sur les responsabilités dont on se sent désormais investi envers ce nouveau compagnon mais aussi sur l'évocation des joies à venir.

ATTENTION
Une histoire « édifiante » (conçue pour amener une moralité) ne se conclut pas nécessairement par une « formule » à caractère proverbial. La leçon à retenir peut apparaître plus subtilement à travers le « ton » adopté ou la situation finale elle-même (la gourmandise « punie » par une crise de foie).

LE TEXTE NARRATIF : LE RÉCIT

■ les temps du récit

● Si les faits se passent au moment où l'on écrit – « journal intime », lettre (voir page 120), récit fait sur le vif par un personnage qui en est témoin –, on emploie comme temps de base l'indicatif présent pour les décrire, que ces faits soient ponctuels (uniques et non considérés dans leur durée), aient duré, ou se soient répétés ; les faits antérieurs (plus anciens) sont mentionnés au passé composé, ceux qui sont envisagés dans l'avenir au futur simple :

> **C'est** aujourd'hui la fête du village. Tous les ans, elle **a** lieu le premier dimanche d'août. Très tôt, les forains **se sont installés**. Les manèges **tourneront** jusque dans la nuit.

● Si les faits sont situés dans le passé, le « **temps de base** » du récit (temps décrivant les étapes principales de l'action) est soit le passé simple, soit le passé composé.

Le passé composé donne au texte un ton plus familier, plus intime ; on l'utilise souvent dans un récit à la 1re personne :

> Hier, nous **sommes allés** à la fête foraine. Mon petit frère **s'est montré** insupportable, comme toujours.

Le passé simple est d'emploi littéraire ou « scolaire » :

> Les attractions étaient si nombreuses que nous en **oubliâmes** l'heure. À notre retour, Maman, inquiète, nous **gronda**.

On ne doit pas mêler passé simple et passé composé dans un même récit. Le temps de base est défini une fois pour toutes.
Il arrive qu'on emploie **le présent** :
– pour donner un relief particulier à certains faits (**présent « de narration »**) :

> La grande roue **s'arrête** soudain alors que nous avions la tête en bas !

– pour faire état d'événements toujours vrais au moment où l'on écrit, ou de vérités permanentes :

> Quelle aventure ! J'en **ai** encore des sueurs froides.
> Ces manèges, en réalité, ne **sont** pas dangereux.

Les actions déjà accomplies au moment du récit sont décrites au **passé antérieur** (propositions subordonnées dépendant d'un verbe au passé simple) ou au **plus-que-parfait** (autres cas) :

> Après qu'il **eut raccroché** le téléphone, des doutes l'assaillirent : **avait**-il **pris** la bonne décision ?

Les actions représentant une anticipation par rapport au moment du récit sont au « **futur du passé** » (semblable dans la conjugaison au conditionnel présent) :

> Je n'avais pas prévu que nous **aurions** aussi peur.

Pour s'arrêter sur une description ou un portrait (voir page 110), montrer un état ou une action qui ont duré ou se sont répétés, on emploie l'**imparfait** :

> Nous dûmes rentrer alors que la fête **battait** son plein.
> Toutes les dix minutes, on **annonçait** un nouveau départ du train fantôme.

2 LE TEXTE DESCRIPTIF

> Pour la bonne compréhension du récit, l'action doit parfois s'interrompre momentanément et laisser place à la description d'un lieu ou d'un objet, ou au portrait d'un personnage.
> Mais une description peut aussi constituer un texte autonome, à caractère documentaire ou scientifique.

1 LA DESCRIPTION DANS LE TEXTE NARRATIF

■ ses fonctions

● Elle précise la disposition et l'aspect des lieux, quand ils sont nécessaires pour comprendre l'action ; dans un récit court, seuls sont mentionnés les traits importants aux yeux du personnage agissant (voir « Le point de vue » page 104) :

> Le chemin (...) traversait un maquis récemment brûlé. En ce lieu la terre était chargée de cendres blanchâtres, et çà et là des arbrisseaux et quelques gros arbres noircis par le feu et entièrement dépouillés de leurs feuilles se tenaient debout, bien qu'ils eussent cessé de vivre. (...) Mais dans ce paysage Orso ne voyait en ce moment qu'une chose, importante, il est vrai, dans sa position : la terre étant nue ne pouvait cacher une embuscade, et celui qui peut craindre à chaque instant de voir surgir d'un fourré un canon de fusil dirigé contre sa poitrine, regarde comme une espèce d'oasis un terrain uni où rien n'arrête la vue.
>
> (Prosper Mérimée, *Colomba,* chapitre XVII)

● Sans se vouloir minutieuse, la description dégage une idée générale à travers des détails bien choisis : dans un récit où l'on raconte avoir éprouvé l'envie d'acheter une motocyclette exposée en vitrine, la description devra indiquer ce qui la rend particulièrement désirable et tentante (engin taillé pour la vitesse, aux pneus larges et au carénage aérodynamique, muni des derniers perfectionnements techniques, à la peinture vernie, aux jantes étincelantes...).

● Plus généralement, elle donne de l'épaisseur au récit, le situe dans un lieu, un contexte humain (« couleur locale ») et une époque bien précis ; elle doit être rattachée au récit. Dans l'exemple suivant, elle est amenée par la conversation, et explique la décision du colonel (un Anglais qui fait du tourisme en Europe) de partir pour la Corse où se déroule la suite de la nouvelle :

> Au dessert, les deux hommes, restés seuls avec des bouteilles de vin de Bordeaux, parlèrent chasse, et le colonel apprit qu'il n'y a pas de pays où elle soit plus belle qu'en Corse, plus variée, plus abondante. « On y voit force sangliers, disait le capitaine Ellis, et il faut apprendre à les distinguer des cochons domestiques, qui leur ressemblent d'une manière étonnante [...] Vous avez encore le mouflon [mouton sauvage dont le mâle a les cornes recourbées en arrière], fort étrange animal qu'on ne trouve pas ailleurs, fameux gibier, mais difficile. Cerfs, daims, faisans, perdreaux, jamais on ne pourrait nombrer toutes les espèces de gibier qui fourmillent en Corse. Si vous aimez à tirer, allez en Corse, colonel : là, comme disait un de mes hôtes, vous pourrez tirer sur tous les gibiers possibles, depuis la grive jusqu'à l'homme.
>
> (Prosper Mérimée, *Colomba*, chapitre I)

LE TEXTE DESCRIPTIF : DESCRIPTION ET PORTRAIT

■ rechercher les idées

● **Faire appel aux cinq sens** en privilégiant selon les cas les uns ou les autres. Ainsi, la description d'un paysage fera appel à la vue, éventuellement à l'odorat (les senteurs de la mer, de la garrigue), à l'ouïe (le personnage perçoit le chant des oiseaux, ou un silence inquiétant) et, pourquoi pas, au toucher (le tronc rugueux des arbres de la forêt, les ronces hérissées et infranchissables).

● **Sélectionner les éléments de la description** suivant l'impression générale et les sentiments à faire partager au lecteur.

Par exemple, pour décrire une vieille voiture qui marche mal, propriété (et reflet) d'un personnage distrait, désinvolte ou peu argenté, on n'évoquera pas le charme démodé de ses lignes mais on choisira quelques détails dévalorisants : pare-chocs cabossés, caisse rouillée, peinture écaillée, pneus dégonflés, fumée nauséabonde, grincements inquiétants, etc. ;

● **Ordonner les éléments descriptifs** suivant un agencement prévu à l'avance ; on pourra par exemple :
– décrire une maison suivant un trajet extérieur/intérieur ;
– décrire un paysage par « plans » successifs (du plus rapproché au plus lointain, ou vice-versa), selon un point de repère (ce que l'on voit successivement en suivant des yeux une route), ou encore par thèmes (les éléments humains du paysage : bâtiments, voies de communication, cultures ; ceux que l'homme a laissés à la nature : rivières, falaises, collines boisées...) ;
– décrire un quartier d'une ville en commençant par des généralités (disposition des rues, caractéristiques de l'architecture, moderne ou ancienne, couleurs dominantes...) puis en s'arrêtant à des détails révélateurs d'une « ambiance » (le bois ouvragé des chalets, leurs toits en « lauzes », mais aussi les magasins de skis et les cabines criardes du téléphérique, dans une petite station des Alpes) ;

● **Choisir le « ton » de la description** selon ses intentions :
– la description peut se vouloir objective, éviter en apparence de prendre parti, se contentant d'informer le lecteur :

> *La table-toilette était une simple tablette sur quatre pieds ; impossible de la transformer en une cachette passagère... Pas une armoire (...). Le nez, les mains de Rouletabille* [le journaliste-détective] *montaient le long des murs, qui étaient partout de brique épaisse. Quand il eut fini avec les murs et passé ses doigts agiles sur toute la surface du papier jaune, atteignant ainsi le plafond auquel il put toucher, en montant sur une chaise (...) ; quand il eut fini avec le plafond (...), il s'approcha de la fenêtre et ce fut encore le tour des barreaux et celui des volets, tous bien solides et intacts.*
> (Gaston Leroux, *Le Mystère de la chambre jaune*, éd. Gallimard, 1908)

– elle peut être humoristique ou ironique, contenir une moquerie indulgente ou féroce (voir page 176 la description d'un chapeau dans *L'Enfant* de Jules Vallès) ;
– elle peut aussi se vouloir poétique, lyrique et laisser transparaître l'émotion (admiration, tristesse...) d'un personnage dont on rapporte le point de vue :

> *Il se range sur le bas-côté de la route qui domine une petite vallée* [de Bretagne] *où un bulldozer s'acharne à transformer une mosaïque de champs minuscules en plaine beauceronne. Depuis quelque temps il confie sa tristesse et son désarroi devant ce paysage que l'on torture sous ses yeux. Sa colère parfois. Dans ce désert qui s'annonce, où puisera-t-il de nouveaux repères ? Chaque arbre était une balise de sa géographie personnelle, à telle croix du carrefour (...) la voiture comme d'elle-même s'engageait dans la bonne direction, un champ d'ajoncs annonçait le printemps mieux que la couleur du ciel (...).*
> (Jean Rouaud, *Des Hommes illustres,* éd. de Minuit, 1993)

LE TEXTE DESCRIPTIF : DESCRIPTION ET PORTRAIT

■ vocabulaire et procédés de la description

● Elle situe dans l'espace (voir pages 101 et 184) à l'aide de compléments de lieu, de verbes de position *l'horloge* **trône** *sur la cheminée, le rocher* **s'avance** *dans la mer.*

● Elle caractérise (voir page 156) à l'aide d'images, ou de noms et d'adjectifs qualificatifs décrivant par exemple la lumière *(reflet tremblant, lumière aveuglante, doux scintillement des étoiles...)*, les couleurs, les formes et les volumes *(bâtiments symétriques, allée tortueuse, pente raide, pic aigu...).*

■ insérer la description dans le récit

● **Le temps de la description**
– Dans un récit au présent, la description s'écrit à l'indicatif présent.
– Dans un récit au passé, l'indicatif imparfait signale un passage descriptif :

> *Je me fis* [passé simple, récit] *conduire tout de suite chez le commandant. (...) Personne ne vint m'accueillir. J'entrai dans le vestibule et ouvris la porte de l'antichambre :* [début de la description de la maison : personnages et atmosphère] *un vieil invalide, assis sur un coin de table,* **rapiéçait** *de drap bleu le coude d'un uniforme vert. (...) Je pénétrai* [récit, déplacement du narrateur, d'où une nouvelle description] *dans une petite pièce très propre, arrangée à l'ancienne. Dans un angle un vaisselier ; au mur un diplôme d'officier, encadré et sous verre. (...) Près d'une fenêtre* **était** *assise une vieille dame (...). Elle* **dévidait** *un écheveau que* **tenait** *sur ses mains écartées un petit vieillard borgne, en uniforme d'officier.*
>
> (Alexandre Pouchkine, *La Fille du Capitaine*, 1836)

Néanmoins, on peut parfois écrire la description au présent « permanent » qui lui donne une apparence plus objective, en particulier quand le récit se situe dans un lieu bien connu [dans l'exemple suivant, à Étretat] :

> *On se coucha* [récit au passé] *en sortant de table, car, pour surprendre les oiseaux, il faut partir bien avant le jour.* [début de la description] *Rien de joli comme cette chasse [aux oiseaux marins appelés guillemots], comme cette promenade matinale. (...) On franchit la Manne-Porte, voûte énorme où passerait un navire ; on double la pointe de la Courtine ; voici le val d'Antifer, le cap du même nom ; et soudain on aperçoit une plage où des centaines de mouettes sont posées. Voici la roche aux Guillemots.*
>
> (Guy de Maupassant, « La Roche aux Guillemots », 1882)

● **On crée une transition entre le récit et la description :**
– en profitant de l'arrivée d'un personnage dans un lieu nouveau, lors d'un changement dans l'action du récit (voir ci-dessus l'extrait de *La Fille du Capitaine*) ;
– en ménageant une pause par une formule appropriée :

> *Rien de joli comme cette chasse, comme cette promenade matinale.*
>
> (Guy de Maupassant, *ibidem*)

– en l'insérant dans un dialogue (voir page 110 l'exemple de Mérimée).

LE TEXTE DESCRIPTIF : DESCRIPTION ET PORTRAIT

2 LA DESCRIPTION DOCUMENTAIRE

Le texte descriptif n'est pas toujours inséré dans un récit, mais peut constituer aussi un texte documentaire apportant des connaissances précises, objectives, sur un sujet qu'il traite de manière scientifique.

Comme dans une description à caractère littéraire, il est important de choisir dans l'objet, l'image ou le paysage décrits les éléments les plus significatifs, les plus aptes à illustrer l'idée que l'on veut dégager.

Par exemple, en géographie, dans la description d'un paysage agricole vu d'avion, on insistera sur la taille et la couleur des champs si l'on veut mettre en lumière le type d'agriculture pratiqué : de grands lopins de terre, un paysage très ouvert signaleront une agriculture mécanisée, à grande échelle ; des couleurs différentes indiqueront une polyculture (présence de cultures variées) ; la présence de nombreux bois entourant des prés de taille réduite signifiera peut-être un paysage montagneux où peu de terrains plats sont disponibles.

Dans le plan, on évitera de séparer les éléments de description de leur interprétation (commentaire).

Le temps employé est alors le présent de l'indicatif puisqu'on rend compte d'un état existant au moment où l'on écrit.

3 LE PORTRAIT

Le portrait est une description d'êtres animés, humains ou animaux. Il obéit aux mêmes principes que la description (temps employés, nécessité de sélectionner et d'organiser des caractéristiques fortes en fonction de l'impression recherchée, intégration dans le récit).

■ Faire le portrait d'un animal, d'un personnage ou d'une personne réelle

C'est en définir :
– l'aspect physique : âge, allure générale (silhouette), forme du visage, cheveux, front, nez, regard (franc, fuyant...), voix, démarche, gestes, tics...
– la personnalité morale, le caractère, les qualités ou les défauts (égoïsme, générosité, ruse, timidité, indépendance d'esprit, impatience, etc.).

Les liens existant entre apparence et personnalité morale (réelle ou supposée) sont mis en lumière à l'aide de « traits » formant un ensemble cohérent :

> Dès qu'on quittait une nationale pour s'enfoncer dans le dédale de la campagne bretonne, il fallait compter avec les troupeaux de vaches qui barraient de leur démarche désabusée toute la largeur de la chaussée, opulentes [riches de leur lait, et bien portantes], lascives [à la démarche provocante], le pis ballottant entre les pattes arrière à presque toucher terre, ruminant entre leurs gencives le même ennui incommensurable, comme si de porter sur leurs flancs ballonnés cette étrange géographie de continents bruns et d'océans ivoire les avait convaincues que le monde, elles en avaient fait le tour.
>
> (Jean Rouaud, *Des Hommes illustres,* éd. de Minuit, 1993)

Dans ce portrait, l'auteur insiste sur la démarche lourde et déhanchée des vaches grasses aux pis gonflés, leur lenteur s'expliquant aussi par le sentiment qu'il leur prête d'être blasées, revenues de tout, en proie à un ennui immense.

■ Le portrait doit respecter certains principes

– Il est écrit en fonction d'un point de vue et d'une intention (veut-on rendre le

personnage sympathique ? insister sur sa bizarrerie ? mettre en valeur un trait de son caractère ?) ;
– Il doit être ordonné selon un plan défini à l'avance (par exemple : traits physiques du visage, puis allure générale et habits ; ou personnage vu de loin dont on découvre certains détails quand il se rapproche) ;
– Il doit tâcher de montrer le personnage non seulement statiquement (sans qu'il agisse ni ne se déplace) mais aussi en action : pour évoquer la voix d'un personnage, on doit le faire parler ; d'autre part les habits, les gestes, la voix, le langage et même les rides, révèlent une personnalité :

> Tante Piquette [...] était longue, maigre et ossue, elle portait des lunettes à monture d'acier fixées au bout de son nez avec une pince à linge. Sa voix était stridente et ses lèvres minces et mouillées. Quand elle s'animait ou quand elle était en colère, elle envoyait de petits postillons.
>
> (Roald Dahl, *James et la grosse pêche,* éd. Gallimard, 1966)

– Il doit s'intégrer dans le récit, par exemple à la faveur du déplacement d'un personnage (voir ci-après dans l'exemple de K. Mansfield la formule « Mais à ce moment la femme (...) se retourna ») ; le portrait pourra aussi comporter une courte anecdote révélatrice (narration sans rapport direct avec le récit mais qui révèle le caractère de l'être décrit).
– Pour enrichir le portrait, on s'aidera des procédés de la caractérisation (page 156), des images, des champs lexicaux :

> Mais à ce moment la femme assise près du feu se retourna. Son visage boursouflé, rouge, les yeux gonflés, les lèvres enflées, paraissait terrible. Elle semblait ne pas pouvoir comprendre pourquoi Laura se trouvait là. (...) Pourquoi donc cette étrangère était-elle dans sa cuisine, un panier à la main ? Pourquoi ? Et la pauvre figure se contracta de nouveau.
>
> (Katherine Mansfield, *La Garden-Party,* 1922)

(L'auteur utilise le champ lexical du gonflement et de la déformation pour décrire le visage d'une femme qui vient de perdre son mari.)

On évitera cependant l'abus d'adjectifs qualificatifs : plutôt que d'écrire qu'une femme est « belle » ou « élégante », on le laissera deviner à travers les réactions d'autres personnages (on se retourne sur elle, on la complimente, etc.).
– Le portrait ne prendra vie que si, en le composant, son auteur s'inspire d'un ou plusieurs « modèles » réels ou imaginaires (photographie d'un inconnu vu dans un magazine, personnage de bande dessinée, par exemple), et garde à l'esprit une véritable « image mentale » de l'être à décrire.

4 LA CARICATURE

Le portrait devient une caricature quand l'auteur en grossit, en exagère (souvent à l'aide d'images) les traits les plus caractéristiques dans un but de moquerie ou pour rendre l'ensemble plus frappant, plus monstrueux :

> [la Thénardier] *tenait [...] de la race de ces sauvagesses colosses qui se cambrent dans les foires avec des pavés pendus à leur chevelure. [...] Elle avait pour tout domestique Cosette : une souris au service d'un éléphant. Tout tremblait au son de sa voix, les vitres, les meubles et les gens. Son large visage, criblé de taches de rousseur, avait l'aspect d'une écumoire. Elle avait de la barbe. C'était l'idéal d'un fort de la halle habillé en fille [...] Sans les romans qu'elle avait lus, et qui, par moments, faisaient bizarrement reparaître la mijaurée sous l'ogresse, jamais l'idée ne fût venue à personne de dire : c'est une femme. [...] Quand on la regardait parler, on disait : c'est un gendarme ; quand on la regardait boire, on disait : c'est un charretier ; quand on la voyait manier Cosette, on disait : c'est le bourreau.*
>
> (Victor Hugo, *Les Misérables*)

3 LES AUTRES TYPES DE TEXTES

> Il est important, avant de commencer à rédiger, de savoir à quel type de texte on se trouve confronté car il devient plus facile de réunir les idées d'un texte dont on connaît les caractéristiques.
> D'autre part, l'ordre dans lequel nous viennent les idées est différent de celui où elles seront exposées.
> La manière de les organiser (« plan ») et la forme qu'elles prendront devront répondre aux contraintes imposées par le genre du document : on ne rapporte pas de la même façon un discours dans une lettre, dans un compte rendu ou dans une argumentation.

LE DIALOGUE ET LE DISCOURS RAPPORTÉ

CHOISIR ENTRE LES DIFFÉRENTES FORMES DE DISCOURS

Aux personnes réelles ou aux personnages qu'il met en scène, l'auteur/narrateur (voir page 104) attribue non seulement des actions dont il fait le récit, mais aussi un « discours », c'est-à-dire des paroles et des pensées.

On peut rapporter un discours de trois manières différentes :

■ **au discours (ou style) direct**

Les paroles sont rapportées telles qu'elles ont été prononcées (ou sont censées l'avoir été) par les personnages ; elles sont souvent annoncées ou reprises par un verbe déclaratif ou interrogatif comme « demander », « dire », etc. :

> *Jean affirme : « J'ai raison » ; « J'ai raison », assure Jean.*

Quand plusieurs personnages échangent des paroles, il s'agit d'un dialogue (voir ci-dessous).

■ **au discours (style) indirect**

Les paroles sont rapportées à l'intérieur d'une proposition subordonnée, le verbe principal étant déclaratif ou interrogatif :

> *Jean affirme qu'il a raison, Jean se demande s'il a raison.*

■ **au discours (style) indirect libre**

(Voir ci-après : « Passer du dialogue au récit », page 118.)

LE DIALOGUE ET LE DISCOURS RAPPORTÉ

▬ DISCOURS DIRECT ET DIALOGUE

■ définition

On cite au discours direct :
– les paroles prononcées par un personnage qui est seul ou se croit seul ; si ce discours est assez long, on parle de « **monologue** », ou de « **monologue intérieur** » quand ce sont les pensées du personnage qui sont rapportées :

> *Le prieur s'empressa de relever [le sacristain] et vit qu'il avait le front ouvert (...) « Mon Dieu ! J'ai tué le sacristain ! Le pêché ne m'en sera jamais pardonné. (...) Maintenant, je suis coupable de meurtre. Hélas ! Que ferai-je si on l'apprend ? »*
>
> (*Le Prêtre*, Fabliau du Moyen Âge)

– les paroles échangées par plusieurs « **interlocuteurs** », telles qu'elles l'ont été et dans l'ordre où elles l'ont été : il s'agit alors d'un « **dialogue** » (voir exemples ci-dessous).

<small>REMARQUES</small>
1. On n'utilisera le discours direct que pour citer des paroles dont la teneur exacte présente un intérêt : plutôt que de rapporter au style direct un échange de formules banales (*Bonjour, vous allez bien ? – Oui, et vous ? – Oui, ça va*), mieux vaudra les résumer dans une phrase de récit (*Après les salutations d'usage, la conversation s'engagea*).
2. Seuls un narrateur de type « omniscient » (qui, par convention, sait tout et peut entrer dans la conscience de ses personnages), ou un narrateur rapportant à la 1re personne ses propres pensées, peuvent prendre en charge un monologue intérieur.
3. Le mot « dialogue » ne désigne pas seulement une « conversation à deux » : plus de deux interlocuteurs peuvent y intervenir ; l'échange peut concerner plusieurs personnes ou plusieurs groupes (dialogues entre élèves et professeurs).
4. Le dialogue correspond aux différentes situations de communication vécue dans lesquelles peuvent se trouver des humains (ou des êtres personnifiés) qu'on met en situation de parler (voir ci-dessous).

■ le dialogue dans le récit

● Inséré dans un récit, le dialogue doit s'en distinguer visuellement :
– par le passage à la ligne (alinéa) chaque fois que le récit cesse et qu'un personnage prend la parole ;
– par une ponctuation spécifique : des guillemets (facultatifs) en signalent le début et la fin, des tirets et un nouveau retour à la ligne marquent chaque changement d'interlocuteur (voir page 29).

● Les verbes permettant d'introduire les paroles rapportées et d'indiquer qui s'exprime doivent être aux mêmes temps que ceux qui dans le récit rendent compte des actions ; au contraire, dans le dialogue, les temps employés sont ceux que le personnage qui parle employait au moment de son discours :

> *Les parents **s'arrêtèrent** [passé simple, action] au seuil de la cuisine. Assises l'une à côté de l'autre, en face de leurs cahiers de brouillons, Delphine et Marinette leur **tournaient** le dos. Elles **suçaient** le bout de leur porte-plume et leurs jambes **se balançaient** [verbes à l'imparfait, à valeur descriptive] sous la table.*
> *– Alors [dialogue], **demandèrent** [passé simple, verbe d'action indiquant dans le récit le début du dialogue] les parents. <u>**Il est fait**</u> [présent, paroles au style direct],*

LE DIALOGUE ET LE DISCOURS RAPPORTÉ

> ce problème ? Les petites **devinrent** [passé simple, récit] rouges. Elles **ôtèrent** le porte-plume de leurs bouches.
> – Pas encore, **répondit** Delphine avec une pauvre voix. Il est difficile. La maîtresse nous avait prévenues.
>
> (Marcel Aymé, « Le Problème », *Les Contes du chat perché*, éd. Gallimard, 1939)

REMARQUE Plus rarement, dans un récit au passé, on introduira le style direct à l'aide d'un verbe à l'imparfait pour indiquer des paroles répétées :

> – Comment ai-je pu vivre en ignorant toutes ces belles choses, **murmurait-il** à chaque instant.
> (Marcel Aymé, « Les Bœufs », *Les Contes du chat perché,* éd. Gallimard, N.R.F., 1939)

● Les **verbes introducteurs** s'emploient dans une proposition placée, selon les cas :
– **avant la citation au style direct :**

> Ils **tombèrent d'accord :** « Marché conclu ! »

– **à l'intérieur de la citation** (avec sujet inversé) :

> J'ai faim, **soupira** Jenny, mange-t-on bientôt ?

– **après la citation** (avec sujet inversé) :

> « Chou-hibou-caillou-bijou-genou-joujou-pou ! » **débita** Paul.

Très nombreux, ces verbes indiquent :
– **le début, la fin du dialogue** : commencer, prendre la parole, amorcer, engager la conversation, parler, conclure ;
– **un simple échange d'informations,** de nouvelles : dire, bavarder, indiquer, annoncer, dévoiler, révéler, mettre au courant, informer, présenter, etc. ;
– **la formulation d'une opinion,** un échange plus ou moins vif d'arguments où chacun essaie de convaincre l'autre : déclarer, émettre un avis, affirmer, prétendre, soutenir, nier, répondre, répliquer, rétorquer, contredire, démentir, protester, accorder, convenir, admettre, avouer, reconnaître, ne pas (en) disconvenir :

> En rentrant à la maison, les parents reniflèrent sur le seuil de la cuisine.
> – Nous sentons ici comme une odeur de loup, dirent-ils. (...)
> – Comment pouvez-vous sentir une odeur de loup ? **protesta** Delphine. Si le loup était entré dans la cuisine, nous serions mangées toutes les deux.
> – C'est vrai, **accorda** le père, je n'y avais pas songé.
>
> (Marcel Aymé, « Le Loup », *ibidem*)

– **une interruption ou une intervention soudaine** : s'écrier, lancer, interrompre, couper, intervenir, ajouter, repartir, reprendre, faire taire, clouer le bec (familier) ;
– **une interpellation** : s'adresser à, interpeller, apostropher ;
– **un engagement, une promesse** : assurer, certifier, promettre ;
– **un ordre ou une demande** : ordonner, commander, signifier, interroger, demander, s'enquérir, etc. ;
– **une décision** : convenir, tomber d'accord, s'entendre, décider, résoudre... ;
– **un récit, un aveu** : raconter, conter, narrer, rapporter, énumérer, apprendre, divulguer, confier, avouer, etc. ;
– **une déclaration mensongère** ou sujette à caution : soutenir, prétendre, alléguer, mentir, par exemple ;
– **la manière de parler** dans une situation particulière et **trahissant les sentiments** de celui qui s'exprime : chuchoter, murmurer, susurrer, glisser à l'oreille, grommeler, marmonner, gronder, grogner, balbutier, bégayer, bredouiller, marteler, appuyer, hausser le ton, claironner, vociférer, prendre un ton docte, badiner,

LE DIALOGUE ET LE DISCOURS RAPPORTÉ

plaisanter, pouffer, glousser, hoqueter (dire avec des rires ou des sanglots), gémir, soupirer :

> – Qu'est-ce que c'est encore que ceux-là ? **gronda** le sanglier, en voyant arriver le cheval et les deux petites.

(Marcel Aymé, « Le Problème », *Les Contes du chat perché*, éd. Gallimard, N.R.F., 1939)

> – Regarder le monde d'un peu haut, c'était tout de même bien agréable, **soupira** le cheval.

(Marcel Aymé, « Les Boîtes de peinture », *ibidem*)

– **une manière de parler défectueuse ou enfantine,** complétant le portrait du personnage qui s'exprime : zézayer, nasiller, chevroter, grasseyer, baragouiner, débiter (= dire rapidement ce que l'on a appris par cœur)... ;
– **une répétition de paroles** : radoter, rabâcher ;
– **un monologue** : dire à part soi, soliloquer, monologuer.

● Dans le récit, le dialogue ne peut être « gratuit » : il fait avancer l'action, modifie les rapports entre les personnages, les amène à prendre une décision commune, conduit à l'aggravation ou à la résolution d'un conflit :

> – Allons, répondez, dirent [les parents] avec des voix qui étaient comme des rugissements d'ogres. Qu'est-ce qui s'est passé ce matin en notre absence ? N'ayant pas la force de parler tant elles avaient peur, les petites firent signe qu'elles ne savaient pas. Cognant alors de leurs quatre poings sur la table, les parents hurlèrent :
> – Répondrez-vous à la fin, petites malheureuses ?
> – Haricots, cueilli des haricots, réussit à murmurer Delphine.
> – Coupé du trèfle, souffla Marinette.
> – Et comment se fait-il que l'âne n'ait plus que deux pattes, que les bœufs n'existent pas, et que notre grand cheval ait à présent la taille d'un lapin de trois semaines ? [...]
> Les petites, qui ne connaissaient pas encore la terrible nouvelle, en furent atterrées, mais elles comprenaient trop bien ce qui s'était passé : ce matin, elles avaient peint de si grande ardeur que leur façon de voir s'était très vivement imposée à leurs modèles [...].

(Marcel Aymé, « Les Boîtes de peinture », *ibidem*)

▓ DU DIALOGUE AU RÉCIT : DISCOURS INDIRECT ET INDIRECT LIBRE

■ le discours indirect

Ce que dit, ce que pense un personnage est rapporté dans une proposition subordonnée dépendant d'un verbe signifiant « dire », « penser », « croire », « se demander » ; il s'agit
– d'une proposition subordonnée conjonctive par « que » :

> *Jean espère **que la situation s'améliorera** ;*

– d'un infinitif (si son sujet non exprimé est le même que celui du verbe conjugué) :

> *Jean espère **trouver un emploi** (= qu'il trouvera un emploi) ;*

– d'une proposition subordonnée interrogative indirecte, si le discours fait état d'une question ou d'une ignorance :

> *Jean se demande **si** la situation s'améliorera*
> *Jean se demande **quand** il trouvera du travail.*

LE DIALOGUE ET LE DISCOURS RAPPORTÉ

Le style indirect convient pour rendre compte non de paroles exactes mais plutôt de ce qu'il faut retenir d'essentiel dans le discours (sa « substance »). On évite ainsi d'interrompre le récit par une citation qui en soi ne présenterait pas d'intérêt.

■ la syntaxe du style indirect

● On applique à la subordonnée au style indirect les règles de la **concordance des temps** entre propositions :

TABLEAUX DE CONCORDANCE DANS UNE SUBORDONNÉE
– À L'INDICATIF

l'action ou l'état exprimés dans la subordonnée	temps de base du récit	
	présent	**passé**
ont eu lieu en même temps que ceux de la principale	→ temps du présent dans les 2 propositions *Il croit qu'elle arrive*	→ temps du passé dans les 2 propositions *Il crut qu'elle arrivait*
ont lieu avant ceux de la principale	→ temps composé du passé dans la subordonnée exprimant l'antériorité *Il croit qu'elle est arrivée*	*Il crut qu'elle était arrivée*
auront lieu après ceux de la principale	→ futur simple dans la subordonnée *Il croit qu'elle arrivera à temps*	→ futur du passé dans la subordonnée *Il crut qu'elle arriverait à temps*

– AU SUBJONCTIF

l'action ou l'état éventuels exprimés par la subordonnée	temps de base du récit	
	présent	**passé**
ont lieu en même temps que ceux de la principale, ou après	subordonnée au subjonctif présent *Je doute qu'elle vienne ce soir*	subordonnée au subjonctif présent (langue courante) *Je doutais qu'elle vienne ce soir-là* imparfait (langue soutenue) *Je doutais qu'elle vînt ce soir-là*
ont lieu avant ceux de la principale	subordonnée au subjonctif passé *Je doute qu'elle soit venue hier soir*	subordonnée au subjonctif passé (langue courante) *Je doutais qu'elle soit venue la veille au soir* plus-que-parfait (langue soutenue) *Je doutais qu'elle fût venue la veille au soir*

● La ponctuation, le jeu des pronoms peuvent différer au style direct et au style indirect (voir page 40).

● On doit modifier au style indirect les mots du style direct comme « ici », « aujourd'hui », qui font référence à la situation (lieu et moment) dans laquelle se

trouvait la personne dont on rapporte les paroles, et qui ne correspondent pas à celle du narrateur qui en fait le récit :
→ Style direct : (récit) *Le maître annonça :* (discours) *Demain 16 janvier, ici même, nous recevrons Monsieur l'Inspecteur.*
→ Style indirect, récit : *Le maître annonça que le lendemain, au même endroit, la classe recevrait la visite de l'inspecteur.*

(Le narrateur quand'il fait le récit n'est plus dans la classe et ne peut donc écrire « ici » pour en parler ; il ne fait pas le récit le 15 janvier et ne peut donc écrire « Demain 16 janvier » ; il n'était peut-être pas élève dans cette classe et ne peut donc pas écrire « nous » ; il n'est pas sous l'autorité de l'inspecteur et n'emploie donc pas la formule de respect « Monsieur l'Inspecteur ».)

● Pour la même raison, certains mots ou tournures du style direct liés au contexte, à la situation (interjections trahissant une émotion, apostrophes) peuvent être rapportés au style direct mais pas au style indirect ; ainsi les phrases : *À moi, vite !,* ou *Viens ici, Médor !* ne peuvent être transposées au style indirect (on écrira simplement, dans le récit : *Il demandait du secours ; il appelait son chien*).

■ le discours indirect libre
Parfois, le verbe « dire », « demander si » n'est pas exprimé : le discours est alors présenté sous la forme non d'une proposition subordonnée, mais d'une indépendante, sans que soient modifiées les autres caractéristiques du style indirect (absence de guillemets, concordance des temps, jeu des pronoms) :

> *Un octogénaire plantait.*
> *Passe encore de bâtir ; mais planter à cet âge !*
> *Disaient trois jouvenceaux, enfants du voisinage ;*
> ***Assurément , il radotait.***
>
> (La Fontaine, « Le Vieillard et les Trois Jeunes Hommes », *Fables*)

Au style direct, on écrirait : *Assurément, il radote,* et au style indirect : *Ils disaient qu'il radotait.*

À mi-chemin entre le discours et le récit, le style indirect libre permet sans interrompre le rythme du récit d'entrer avec naturel dans les pensées d'un personnage ou de rendre compte de ses paroles sans trop les modifier (on pourra conserver certains mots familiers, interjections et exclamations, comme dans l'exemple précédent l'adverbe « assurément ») :

> *Bientôt Rivière entendrait cet avion. [...] Alors cette journée serait liquidée. [...] Mais Rivière n'aurait point de repos : le courrier d'Europe, à son tour, le chargerait d'inquiétudes. Il en serait toujours ainsi. Toujours.*
>
> (Antoine de Saint-Exupéry, *Vol de nuit,* éd. Gallimard, 1931)

2 LA LETTRE

C'est un message envoyé par divers moyens (poste, télécopie) dans une intention précise à un destinataire déterminé, le « correspondant », qui le lira de manière différée (voir page 6).

Il faut distinguer la correspondance privée d'avec une correspondance plus technique, adressée à des responsables ou des organismes avec lesquels on n'a pas de relations personnelles : banque, service administratif. Quant à la correspondance commerciale, elle obéit à des règles particulières de secrétariat qui ne seront pas évoquées ici.

LA LETTRE

LA CORRESPONDANCE PRIVÉE

La lettre adressée à une ou des personnes que l'on connaît permet de donner des nouvelles, lancer une invitation, remercier pour un repas auquel on a été convié, par exemple. Quel que soit le destinataire, certains principes sont à respecter.

● Toute lettre reçue demande réponse dans un délai raisonnable. La lettre de réponse débute par une formule appropriée :

C'est avec plaisir que je réponds à ton invitation...

● La lettre suit une progression logique (« plan »), matérialisée par des paragraphes ; dans une lettre intime il est possible de parler « à bâtons rompus », mais on tâche de trouver un lien entre les paragraphes pour épargner au lecteur un développement décousu, et on évite d'ajouter un « post scriptum » qui révélerait une mauvaise composition :

[formule d'appellation] *Cher Loïc,*
[introduction] *Voilà quelque temps que je projetais de te donner des nouvelles sans jamais prendre vraiment le temps de le faire ; mille excuses !*
[entrée dans le sujet, généralités] *Il est vrai que ces dernières semaines ont été chargées, puisque, après le travail, je me rendais à l'hôpital où mon frère est resté quinze jours. Son opération s'est bien déroulée et il a pu rentrer chez lui, mais, sur prescription du docteur, tout effort physique lui est interdit.*
[Formule de transition] *Heureusement, ce n'est pas mon cas et, avec le beau temps qui s'installe, les tâches ne manquent pas dans le jardin.* [Entrée dans un sujet plus particulier] *Suivant tes conseils, j'ai soigneusement bêché et amendé le potager, dont j'espère beaucoup cette année. À ta prochaine visite, tu me diras si mes efforts ont payé.*
[paragraphe concernant le destinataire] *Justement, quels sont tes projets pour cet été ? Tes occupations te laisseront-elles le temps de venir nous voir ? Où en est ton projet de randonnée dans les Alpes ?*
[formule de prise de congé] *En attendant d'avoir de tes nouvelles, je t'envoie toutes mes amitiés, ainsi qu'à ta sœur Brigitte dont je garde le meilleur souvenir.*
[signature] *Agnès*

● On évite de faire du mot « Je » le premier de la lettre ; mieux vaut trouver une formule différente (par exemple la forme impersonnelle : *Il m'est agréable de...*).

● Dans une lettre « à bâtons rompus », selon les rapports que l'on entretient avec le correspondant, on peut, comme dans une conversation, s'autoriser des confidences un peu personnelles, des anecdotes, de l'humour, un niveau de langage courant voire légèrement familier (voir page 9 « L'adaptation au destinataire »).

● La lettre est datée, comporte une formule d'appellation, une formule de salutation finale, et une signature.

● **L'appellation en tête de la lettre** dépend du destinataire.

— Si l'on s'adresse à une personne dont on est l'égal, les formules *Cher Monsieur, Cher ami, Cher Marc* conviennent généralement ; elles marquent néanmoins la familiarité et même l'amitié, surtout précédées de « Mon » ou « Ma ».

— Si l'on s'adresse à quelqu'un qu'on connaît peu, les formules *Monsieur, Madame* ou *Mademoiselle* (en toutes lettres), qui marquent une distance, sont respectueuses et commodes.

LA LETTRE

ATTENTION
Il n'est pas poli de les faire suivre du nom de la personne (*« Cher Monsieur Dupont »).
– Si l'on s'adresse à son supérieur, on mentionne le titre qu'on lui donne habituellement : *Monsieur le Directeur.*
– Dans le doute, mieux vaut adopter la formule la plus respectueuse possible.

● **La formule de salutation finale,** variable, indique quels « sentiments » l'expéditeur éprouve pour le destinataire.
– Dans une lettre à un intime, il suffit de rester sincère (*Affectueusement* ou même *Grosses bises*). Pour une personne moins proche, la formule *(Bien) cordialement* résout bien des problèmes.
– Dans les autres cas, on reprend obligatoirement l'appellation du début :

> *Veuillez agréer, Cher Monsieur, l'expression de mes sentiments cordiaux.*

Il existe de nombreuses formules :

Veuillez	*agréer*	*(l'expression de)*	*les meilleur(e)s*
Je vous prie de/d'	*accepter*	*mes sentiments*	*distingué(e)s*
	trouver ici	*mes compliments*	*respectueux*
	croire à	*mes salutations*	*déférents*
Je vous présente			*cordiaux*

ATTENTION
– On *présente* ses *salutations*, mais on ne peut prier le correspondant d'y « croire » (ce dernier verbe s'applique aux « sentiments »).
– À une femme mariée, un homme présente ses *sentiments respectueux* ou ses *hommages.* Mais il n'est pas d'usage qu'une femme présente de « sentiments » à un homme : elle se contentera de *salutations* ou de son *meilleur souvenir.* À une personne plus âgée, on présente ses *sentiments respectueux.*
– Si la formule est précédée d'un verbe au participe, celui-ci doit se rapporter au sujet de la phrase : *Espérant vous avoir satisfait, je vous prie de...* [et non « veuillez »].

▰ LA LETTRE « TECHNIQUE »

Strictement utilitaire, elle présente une demande précise à un interlocuteur dont c'est le métier d'y répondre : réclamation (voir exemple page 58), demande de renseignement. On doit donc :
– être efficace et s'abstenir de tout bavardage ou anecdote ; seuls figurent les éléments utiles au destinataire ;
– suivre un plan très simple : l'expéditeur expose d'abord sa situation, son problème, puis indique exactement ce qu'il attend (réponse à la question, envoi d'un document, mesure particulière) ;
– ne traiter qu'un sujet par lettre (ce genre de correspondance doit pouvoir être traité et classé méthodiquement) ;
– conserver un double de la lettre et si l'on souhaite une preuve qu'elle a été reçue, l'envoyer avec accusé de réception.

Il arrive que le destinataire de la lettre ne soit pas identifié (sauf en cas de réponse à une lettre précédente, portant la mention *Affaire suivie par...*). La formule d'adresse pourra alors être simplement *Messieurs.*

Si l'on s'adresse à une personne précise dans l'exercice de ses fonctions, on lui donne son titre : *Maître* (avocat, notaire), *Docteur* (médecin).

LA LETTRE

■ LA PRÉSENTATION MATÉRIELLE

■ la lettre

Ménager des marges suffisantes sur les bords et en haut de la page ; ne pas écrire jusqu'en bas. Si la lettre comprend plusieurs pages, les numéroter et signaler par le symbole .../... qu'il y a une suite.

Besançon, le 23 mai 2000

Lieu d'où l'on écrit et date ; le nom du mois est en toutes lettres et sans majuscule.

Jacques DUPONT
, rue Victor-Hugo
5000 BESANÇON

(si nécessaire, numéro de téléphone et de télécopie)
En-tête ; inutile dans les lettres adressées à un proche, mais indispensable dans bien des cas (ex. démarche administrative) ; ces mentions peuvent aussi figurer au-dessous de la signature, en bas de la lettre. Attention : ne pas faire précéder son nom de la mention « Monsieur ».

V/Réf. 9633.   (éventuellement) Référence de la lettre à laquelle on répond.
Objet : Application de la garantie.   (éventuellement) Objet de l'envoi, type de demande (lettre technique).

Fonction ou nom du destinataire

Monsieur le Directeur
Établissements Martin
Zone Industrielle
25220 THISE

Monsieur le Directeur,
Formule d'appellation

Vous trouverez ci-joint le document demandé en vue d'appliquer la garantie sur un appareil n°...   Début de la lettre ; doit se trouver assez bas dans la page.

Aussi vous serais-je obligé de prendre toutes les dispositions pour que la réparation me soit remboursée dans les meilleurs délais.   Nouveau paragraphe, bien séparé par un « blanc typographique » des précédents.

Dans cette attente, je vous prie d'agréer, Monsieur le Directeur, l'expression de mes salutations distinguées.   Formule de salutation ; reprend l'appellation du début ; ne doit pas se trouver en tête d'une nouvelle page, mais suivre au moins un paragraphe de texte.

Jacques Dupont

Signature bien détachée (doit rester lisible si la lettre ne comporte pas d'en-tête).

LE COMPTE RENDU

■ l'enveloppe

On doit soigner sa présentation pour faire bonne impression au destinataire.

- Elle est suffisamment affranchie.

- Elle est de préférence doublée, et, comme le papier à lettre, de bonne qualité.

- L'adresse est écrite lisiblement, dans la moitié inférieure. Le nom du destinataire est précédé des mentions *Monsieur*, *Madame*, *Monsieur et Madame*, *Mademoiselle*, *Maître*, *Monsieur le Docteur*, en toutes lettres (les abréviations « M., Mme, Mlle, Me, Dr » ne conviennent pas aux formules d'adresse). Une lettre envoyée à un destinataire résidant chez une autre personne porte la mention *Aux bons soins de...* ou *Chez...* (mais pas l'abréviation anglo-saxonne « c/o » [care of]).

- La lettre est pliée proprement, la pliure placée au fond de l'enveloppe, le texte vers l'intérieur. Le destinataire ne doit pas avoir à retourner la lettre pour la lire à sa sortie de l'enveloppe (par le haut).

- Par discrétion (lettre personnelle), on n'indique pas ses nom et adresse derrière l'enveloppe (sauf si on craint qu'elle ne s'égare).

- Une lettre déposée directement dans la boîte du destinataire porte la mention « E.V. » (en ville), mais pas d'adresse.

- On ne cachette pas une lettre confiée à un intermédiaire (c'est une preuve de confiance envers ce « messager », qui pour sa part demande à l'expéditeur de fermer l'enveloppe).

3 LE COMPTE RENDU

Faire le compte rendu d'une visite (musée, usine), d'un voyage, d'un stage, d'une entrevue, d'une enquête, d'une expérience (biologie), c'est raconter des faits mais aussi indiquer dans quelle optique on a agi et ce qu'on a retenu.

Le compte rendu est donc à la fois « objectif », s'appuyant sur une réalité indiscutable, et « orienté » car il ne retient de cette réalité que les éléments intéressants d'un certain point de vue ; par exemple, si on fait le compte rendu d'une visite dans un musée archéologique, on ne pourra tout décrire, mais on se contentera de mentionner les objets et œuvres d'art d'une période particulière qu'on étudie par ailleurs.

▰ L'INTRODUCTION

Elle indique sommairement le sujet du compte-rendu, explique quel but était recherché (en sciences de la vie et de la terre, visite d'une carrière pour étudier des strates géologiques), et éventuellement quelle méthode on a suivie (dans un compte rendu d'enquête en entreprise, on indique comment on a sélectionné les questions posées au personnel).

LE COMPTE RENDU

▰ L'OBJECTIF : RETENIR L'ESSENTIEL ET ORDONNER SES IDÉES

● Le compte rendu des faits n'en retient que ce qui est intéressant pour le sujet étudié ; les événements anecdotiques doivent être éliminés (dans le compte rendu d'un voyage, on n'indiquera l'heure d'une visite que si elle a une importance : les temples grecs de Paestum à midi ne baignent pas dans la même lumière qu'au soleil couchant).

● Les résultats de l'enquête ou de la visite doivent être présentés de façon ordonnée (plan), par exemple par thèmes ou centres d'intérêt :

Visite du site antique de Pompéi, en Italie.
- *organisation générale de la ville*
- *architecture de la villa urbaine*
- *présence de la religion publique et privée*
- *vie économique et civique*
- *loisirs des Romains*
- *l'art à Pompéi*
- *traces de l'éruption du Vésuve (79 après J.-C.)...*

Certains renseignements, comme les résultats d'une enquête, peuvent aussi être présentés sous la forme d'un tableau :

Question : Êtes-vous favorable à l'allongement de la journée de classe au profit d'activités de loisir après le repas de midi ?

niveau	pour	contre	sans opinion
en 6^e	... %	... %	... %
en 5^e	... %	... %	... %
en 4^e	... %	... %	... %
en 3^e	... %	... %	... %

▰ LA CONCLUSION

Elle résume les principaux enseignements tirés de l'expérience, indique si elle a été enrichissante et pourquoi.

▰ CONSEILS POUR LA RÉDACTION

Le compte rendu est un écrit « didactique », c'est-à-dire qu'il vise à renseigner, à donner rapidement au lecteur des informations précises et accessibles.

● Le plan suivi se repère facilement au travers de paragraphes, éventuellement surmontés de titres et de sous-titres ; l'emploi de couleurs, une présentation aérée aident aussi le lecteur.

● On donne au compte rendu l'aspect d'un « reportage » objectif (montrant des faits indiscutables), en s'appuyant le plus possible sur des renseignements d'ordre descriptif et en évitant de formuler des « impressions » vagues ; il n'est pas interdit de prendre position, de donner un avis, mais toute appréciation personnelle doit être justifiée (voir page 131).

● On évite les effets de style : l'écriture est neutre et efficace.

● La recherche de la précision peut nécessiter l'emploi de termes spécialisés, mais on donne si nécessaire au lecteur leur équivalent en langage courant.

LA FICHE DE LECTURE

■ LE TEMPS EMPLOYÉ

Le temps verbal utilisé sera le passé composé puisque le compte-rendu rapporte des faits vécus avant le moment de la rédaction, mais aussi le **présent** « **permanent** » pour des constatations toujours valables au moment où l'on écrit :

> *La visite de Pompéi **s'est effectuée** en deux temps : l'agglomération proprement dite, puis la « Villa des Mystères » à l'extérieur ; cette dernière **apporte** un témoignage sur certains rites initiatiques dans la civilisation romaine.*

4 LA FICHE DE LECTURE

C'est un compte rendu établi après lecture d'un livre et destiné :
– à soi-même, pour faire un bilan et en garder une trace,
– aux autres, pour leur permettre de partager sa découverte.
Il ne s'agit pas de rapporter en détails le contenu du livre (histoire racontée, sujet traité), mais d'en tirer l'essentiel, par exemple selon le modèle suivant (on notera qu'il s'agit d'un écrit technique où tout n'est pas rédigé) :

TITRE ET DATE DE PARUTION : *Les Contes du chat perché*, 1934, augmentés en 1950 et 1958.

AUTEUR (nom ou pseudonyme) : Marcel AYMÉ, 1902-1967 ; a écrit des nouvelles *(Le Passe-Muraille)*, des romans *(La Vouivre)*, des pièces de théâtre *(Clérembard)* et des contes. Humour et goût pour l'insolite.

ÉDITEUR : N.R.F.-Gallimard, (éventuellement) collection « Folio-Junior ».

GENRE LITTÉRAIRE : nouvelles (avec, comme dans les contes, utilisation du merveilleux [voir page 107] : animaux parlants, métamorphoses [transformations]).

PERSONNAGES PRINCIPAUX : deux petites filles, Delphine et Marinette, leurs parents, et les bêtes (animaux de la ferme et bêtes sauvages).

LIEU ET ÉPOQUE DE L'ACTION : indéterminés (une ferme française traditionnelle, à une époque pas trop ancienne : les petites vont à l'école, on parle d'« autos » sur la route).

THÈME DE L'ŒUVRE (OU RÉSUMÉ RAPIDE) : dans la plupart des nouvelles sont racontées les bêtises parfois catastrophiques de Delphine et Marinette, qu'elles tentent de cacher à leurs parents, et qu'elles ont commises avec la complicité d'animaux pas toujours raisonnables mais pleins de personnalité.

CE QUE J'AI AIMÉ (OU PAS AIMÉ) DANS CE LIVRE : le fait que, comme il s'agit de « contes », la plupart des histoires finissent bien, et même... que les parents soient parfois punis de leur méchanceté. Les nouvelles « Le Paon » et « La Buse et le Cochon », pour leur humour.

CE QUE J'Y AI APPRIS : ce que sont « le chant du cygne » (« Les Cygnes ») et une « meute » de chiens (« Le Cerf et le Chien »).

À QUI JE LE CONSEILLERAIS : comme le dit Marcel Aymé lui-même, « Ces contes ont été écrits pour les enfants de quatre à soixante-quinze ans. »

D'AUTRES LIVRES À MA PORTÉE :
– du même auteur : *Le Passe-Muraille* (nouvelles) ;
– à rapprocher de celui-ci : les *Fables* de La Fontaine.

REMARQUE Le compte rendu d'un film suit les mêmes principes que la fiche de lecture ; on y mentionne entre autres le titre et la date du film (par exemple :

L'Argent de Poche, 1976), le nom du réalisateur (François Truffaut), celui des acteurs principaux (l'instituteur : J.-F. Stévenin), le thème général (tranches de vie et apprentissages d'une bande d'écoliers dans une petite ville de province) ; on évite de raconter toute l'histoire, mais on donne une appréciation personnelle.

LE TEXTE INFORMATIF, OU TEXTE DOCUMENTAIRE

Dans un texte documentaire, on se contente d'apporter au lecteur des informations précises qu'on ne commente pas, soit que ces informations se suffisent à elles-mêmes (sujet d'ordre scientifique), soit qu'on veuille donner au texte une allure objective (indépendante de la personnalité de l'auteur et de ses convictions personnelles). Cela implique que le texte :
– aille à l'essentiel, préférant les informations sûres aux impressions, analyses et suppositions ;
– comporte tous les éléments nécessaires pour la compréhension de l'information, par exemple la définition de certains mots (voir page 168 : « Expliquer ») ;
– soit écrit sans effets de style (voir page 152), de manière neutre, impersonnelle : il ne doit pas trahir la présence de son auteur par l'emploi de la 1re personne, ni s'adresser directement au lecteur à la 2e personne, même s'il est adapté au public auquel il s'adresse.

Un ouvrage qui met la science à la portée du plus grand nombre est dit de « vulgarisation ».

Exemple :

> *Seuls les citoyens romains pouvaient voter lors des élections annuelles, occuper des postes de fonctionnaires et assister aux jeux publics – mais ils devaient payer des impôts. La citoyenneté était réservée aux gens nés de parents libres (non esclaves) à Rome d'abord, puis dans toute l'Italie, et en 212 dans tout l'empire romain.*
> (Susan McKeever, *Rome antique*, Hachette, collection « les Encyclopoches », 1995)

LE TEXTE EXPLICATIF

Contrairement au texte documentaire qui se contente d'énoncer une information, le texte explicatif, selon les cas :

● précise les causes ou les conséquences des événements :
Texte informatif : *Au XVIIe siècle, l'art de la mise en scène a peu d'importance au théâtre.*
Texte explicatif : *[Cet art] est rare à cette époque ;* **il faut dire que***, sauf pour l'opéra, les possibilités étaient très limitées : l'éclairage était misérable et la présence des spectateurs sur scène n'arrangeait rien.*
(Pierre Larthomas, *Technique du théâtre*, P.U.F., collection « Que sais-je ? », 1985)

● indique quel raisonnement ou quelles sources ont permis d'établir l'information ou le point de vue exposés :

> *[...] l'on peut se demander comment on écrit une pièce. Là encore il ne saurait y avoir de règles précises, mais l'on peut donner des exemples. On en donnera un seul, celui de Beaumarchais [auteur dramatique du XVIIIe siècle] qui, dans ses préfaces, explique à plusieurs reprises comment l'œuvre se construit.* (Pierre Larthomas, *ibidem*)

- indique l'intérêt ou la portée de cette information :

> *Il est bien naturel de consacrer un chapitre de ce livre au premier, au plus grand des poètes européens* [= Homère] ; *par considération pour lui, puisqu'en lui se trouvent rassemblées toutes les qualités spécifiques de l'art de son pays, et aussi pour l'influence que ses poèmes exercèrent pendant si longtemps sur les Grecs.*
>
> (H.D.F. Kitto, *Les Grecs, autoportrait d'une civilisation,* éd. Arthaud, 1959)

- permet au lecteur de s'approprier réellement une information en lui donnant les moyens de la comprendre :

Texte informatif : *Les lettres /D/ et /T/ sont appelées occlusives dentales.*

Texte explicatif : */D/ et sa jumelle sourde /T/ sont, avec leurs cousines /P/ et /B/, parmi les sons que les jeunes enfants apprennent à articuler en premier. Ces consonnes primaires, consonnes d'enfance par excellence, sont toutes des occlusives, dont l'articulation exige une obstruction* [fermeture] *du passage de l'air par la bouche suivie d'une ouverture brutale. Dans le cas de /D/ et /T/, l'occlusion se produit en poussant la pointe de la langue entre les dents, d'où leur nom de dentales.*

(Marina Yaguello, *Histoires de lettres*, éd. du Seuil, collection « Point virgule », 1990)

- fournit des exemples permettant de comprendre l'information :

> [L'accent] *circonflexe est venu remplacer un* **s** *disparu. On en voit la trace dans la relation entre* **forêt** *et* **forestier**, **arrêt** *et* **arrestation**.
>
> (Marina Yaguello, *ibidem*)

- indique une méthode pour appliquer une consigne (voir page 132 « Formulation d'une consigne »).

Le texte explicatif fait donc souvent appel aux mots de liaison (voir page 168 « Expliquer ») ; il présente les informations dans un ordre logique ; « pédagogique », il « enseigne » au lieu de se contenter de « renseigner ».

7 RÉPONSE À UNE QUESTION

LIRE ET COMPRENDRE LA CONSIGNE

Savoir « décoder » l'énoncé

- Souvent, on répond à une question après l'avoir trop rapidement lue ; son énoncé comporte pourtant bien des indications, que l'on peut classer en trois catégories :
– des informations, à partir desquelles la question devra être traitée (repérées en (A) dans l'exemple ci-dessous) ;
– une ou plusieurs questions auxquelles il faut répondre (B) ; la forme que doit prendre la réponse fait souvent l'objet d'une consigne précise ;
– des conseils de méthode indiquant la démarche à suivre pour traiter la question, et mettant en garde contre les erreurs à ne pas commettre (C).

> *Le comique réside ici surtout dans les mots et dans les caractères (A). Montrez-le (B), en étudiant en particulier le jeu sur les pronoms personnels et la manière dont Daniel imite la rhétorique de Perrichon, qu'il a très bien assimilée (C).*
>
> (Guide d'explication de l'acte III, scène 8
> du *Voyage de Monsieur Perrichon* d'Eugène Labiche,
> classiques Larousse, Y. Le Lay, éd. Larousse, 1992)

RÉPONSE À UNE QUESTION

● La consigne donnée en (B) peut renvoyer à des opérations diverses ; il peut s'agir :
– d'une simple tâche à remplir *(Soulignez dans cette liste les noms d'animaux appartenant à la classe des amphibiens)* ;
– d'une demande d'information, d'une question précise à laquelle on s'efforce de répondre par un texte à caractère documentaire (voir page 127) : *Qui était, pour les Grecs et les Romains, le dieu Apollon ?* ;
– d'une question plus ouverte incitant celui qui répond à faire la preuve de ses aptitudes d'analyse : *Pourquoi, d'après vous, Martine empêche-t-elle M. Robert d'intervenir pour la défendre (Molière,* Le Médecin malgré lui, *acte I, scène 2) ?*

ATTENTION
La question peut aussi se présenter sous la forme d'une simple **interrogation totale** (à laquelle on ne peut répondre que « oui » ou « non ») :

Martine souhaite-t-elle l'intervention de Monsieur Robert ? ;

la réponse par l'affirmative ou la négative n'est alors pas suffisante, il convient de la compléter par une justification ou une explication :

Martine ne souhaite pas l'intervention de Monsieur Robert ; **en effet**, *elle met en avant (dans six répliques successives) le fait que les affaires du ménage ne le regardent pas, mais surtout elle désire se venger elle-même de son mari, comme le montrent son aparté à la fin de la scène 2 et le monologue de la scène 3.*

● Les consignes données comportent souvent des mots importants dont dépend l'exactitude de la réponse :

Soit la phrase : La faim est une curieuse *chose. Donnez un synonyme du mot souligné, et employez-le dans une phrase* **personnelle** *où il aura un* **sens différent que vous préciserez**.

Cette question n'énonce pas deux mais trois tâches à accomplir :
1°) donner un synonyme du mot « curieux » tel qu'il est employé dans la phrase ;
2°) utiliser le mot « curieux » dans une phrase inventée où il aura un autre sens ;
3°) préciser son sens dans la phrase inventée.

Comprendre ce qui est attendu

La tâche à accomplir est souvent formulée à l'aide de verbes à l'impératif ou à l'infinitif dont il faut connaître le sens :
– **analyser** un document, une citation, un processus, c'est indiquer comment ils fonctionnent, quels phénomènes ils mettent en jeu : par exemple, on analyse un texte en indiquant le type auquel il appartient (narratif, descriptif, documentaire...), son genre littéraire (poésie, théâtre, roman...), son thème (de quoi il parle), en étudiant les intentions de l'auteur (ce qu'il a voulu faire sentir au lecteur) et les moyens stylistiques – voir page 152 – qu'il utilise pour cela.

Dans le domaine de la grammaire, l'« analyse » désigne une opération précise ; l'analyse grammaticale énonce la nature et la fonction d'un mot, l'analyse logique, la nature et la fonction des propositions de la phrase.

● **classer** ou **ordonner** des termes qu'on a préalablement **relevés** (voir ci-dessous), ce n'est pas les citer « en vrac », mais les regrouper dans différentes rubriques selon leurs ressemblances ; l'énoncé donne parfois des critères de classement (exemple : *Classer les noms en deux catégories, selon qu'ils désignent une réalité concrète ou abstraite*) ;

RÉPONSE À UNE QUESTION

- **commenter** une phrase, un texte, une citation, c'est l'accompagner de remarques qui l'**expliquent** et surtout l'**interprètent** de façon personnelle ;
- **compléter** ou **rétablir**, c'est retrouver un mot ou une indication chiffrée devant occuper un « blanc » dans l'énoncé ;
- **décomposer** un mot, c'est dire comment il est formé et indiquer le sens de chacun des éléments ainsi isolés : *dans imbuvable, in- (im- devant un b) est un préfixe de sens négatif, -buv- est le radical (utilisé entre autres dans la conjugaison du verbe boire), et -able un suffixe d'adjectif indiquant la possibilité ; le mot signifie donc : qu'on ne peut pas boire, ou très désagréable à boire* ;
- **définir** quelque chose, c'est le nommer et donner des explications complémentaires pour justifier la réponse *(Définissez le système politique auquel il est fait allusion dans le discours)* ;
- **dégager**, c'est faire clairement apparaître quelque chose *(Dégagez les intentions de Martine à travers son monologue)*, généralement en opérant un classement) ;
- **démontrer** ou **montrer**, c'est prouver qu'une affirmation est vraie, par exemple en citant à l'appui de la démonstration des éléments tirés du texte ou du document de référence ;
- **énumérer**, c'est établir une liste, complète ou non (voir page 167) ;
- **expliquer**, c'est rendre clair au lecteur ce qui ne l'est pas d'emblée : expliquer un mot, c'est donner son sens dans un certain contexte, par exemple en trouvant un synonyme ou en développant une périphrase (voir page 78), en indiquant si le mot est employé au sens propre ou figuré, en le décomposant pour en dégager la signification, etc. ;
- **identifier** une chose, c'est la nommer, dire quelle est sa nature (le procédé de style à identifier dans la phrase *Cet homme d'affaires est un vrai loup* est la métaphore (voir page 162) ; la fonction à identifier d'après un énoncé mathématique peut être « trigonométrique », « exponentielle », « hyperbolique », ...) ;
- **interpréter**, c'est rechercher et énoncer le sens caché d'une phrase : *Comment interprétez-vous l'aparté de M. Perrichon :*

> « À mon tour ! » (l. 33) ? Sur quel ton le prononceriez-vous ?
> (*Le Voyage de Monsieur Perrichon,* éd. Larousse, 1992)

- **justifier** une réponse, c'est donner tous les éléments dont on a connaissance et qui ont permis de l'élaborer ;
en grammaire, justifier dans une phrase l'emploi d'un temps verbal ou d'un mode, c'est expliquer pourquoi on l'utilise (ex. : le subjonctif dans une proposition subordonnée peut servir à exprimer un sentiment : *Je suis heureux que tu **aies réussi***) ; justifier l'orthographe d'un mot, c'est indiquer quelle règle s'applique (ex. : règle d'accord d'un participe passé) ;
- **regrouper,** c'est citer ensemble ce qui a un caractère commun :

> *Dans cette liste d'oiseaux, regroupez les passereaux, les rapaces, les grimpeurs, les échassiers, les palmipèdes, les gallinacés ;*

- **relever** ou **repérer** certains éléments, c'est les retrouver dans un document pour les énoncer, les énumérer sans commentaire *(relever dans le texte tous les verbes d'action)*, à moins qu'il ne soit demandé de les « classer » ;
- **substituer** A à B, c'est remplacer B par A.

ATTENTION
Aucune réponse ne doit être donnée directement sur la feuille ou le livre où est imprimé l'énoncé ; quand la consigne invite à « compléter » des blancs ou à « souligner » des mots de l'énoncé, il faut recopier celui-ci sur une feuille séparée où on effectue la tâche demandée.

RÉPONSE À UNE QUESTION

LE CONTENU ET LA RÉDACTION DE LA RÉPONSE

● La réponse à une question doit être structurée, c'est-à-dire suivre un plan précis et déterminé à l'avance.

Par exemple, la réponse à une question demandant d'« analyser le caractère » d'un personnage présentera les différents traits suivant un ordre logique : on groupera ceux qui se complètent et s'expliquent mutuellement, et on trouvera une progression de l'un à l'autre (voir texte de Saint-Exupéry, ci-dessous).

● Toute assertion (affirmation) présentée dans la réponse doit être justifiée : on doit indiquer sur quels éléments elle se fonde et le signaler à l'aide des mots de liaison appropriés.
– Par exemple, en sciences de la vie, si on affirme qu'un animal est un « amphibien », on rappelle les caractéristiques des amphibiens en montrant que l'animal les possède :

> La grenouille, **comme tous les amphibiens,** a deux paires de pattes, des poumons et une peau sans écailles ; elle pond ses œufs dans l'eau, et sa larve, aquatique, est pourvue de branchies qu'elle perd à la métamorphose. Elle fait partie du groupe des amphibiens anoures : l'adulte **en effet** n'a pas de queue.

– De même, dans un commentaire de texte, on n'affirme pas « gratuitement », mais on fournit des « preuves », constituées de citations du texte, significatives et intégrées au commentaire :

Texte :

> Comme, une liasse de papiers dans les mains, il rejoignait son bureau personnel, Rivière ressentit cette vive douleur au côté droit qui, depuis quelques semaines, le tourmentait.
> « Ça ne va pas... »
> Il s'appuya une seconde contre le mur :
> « C'est ridicule. »
> Puis il atteignit son fauteuil.
> Il se sentait, une fois de plus, ligoté comme un vieux lion, et une grande tristesse l'envahit.
> « Tant de travail pour aboutir à ça ! J'ai cinquante ans ; cinquante ans j'ai rempli ma vie, je me suis formé, j'ai lutté, j'ai changé le cours des événements et voilà maintenant ce qui m'occupe et me remplit, et passe le monde en importance... C'est ridicule. »
> Il attendit, essuya un peu de sueur, et, quand il fut délivré, travailla.
>
> (Antoine de Saint-Exupéry, *Vol de nuit,* éd. Gallimard, 1931)

Consigne :
Dégager les traits qui composent le portrait de Rivière dans ce passage.

Réponse possible :
Rivière est un homme malade. Cette maladie, il en souffre depuis peu *(quelques semaines)* mais elle est nettement déclarée et localisée *(une vive douleur au côté droit),* même si Rivière ne l'a pas identifiée (il n'en connaît que les symptômes). Son mal, qui lui est devenu familier *(**cette** vive douleur),* le préoccupe constamment *(ce qui m'occupe et me remplit totalement),* bien plus qu'il ne le voudrait (« *c'est ridicule* », répète-t-il).

Il tente donc par le travail de nier sa maladie (« *une liasse de papiers dans les mains* », « *son bureau* », « *il travailla* »), mais elle se rappelle régulièrement à lui *(une fois de plus),* lui laissant de moins en moins de répit, et l'affaiblit, comme le suggèrent l'emploi du verbe « atteindre » (son fauteuil) ou le découpage des mouvements de Rivière en courts paragraphes comme autant d'étapes pénibles.

Ce combat déjà perdu éveille d'abord en lui le sentiment d'être prisonnier de son mal, comme l'indiquent les verbes « ligoter » ou « délivrer » appartenant au même champ lexical des liens ; ensuite, un sentiment de découragement *(une grande tristesse l'envahit)* auquel se mêlent la frustration *(et voilà maintenant ce qui m'occupe)* et l'impatience de l'homme d'action, comme l'indique l'accumulation [voir page 165] *j'ai rempli, je me suis formé, j'ai lutté, j'ai changé.*

Ce n'est pas ainsi que Rivière envisageait de s'accomplir *(Tant de travail pour aboutir à ça !)* ; mais la maladie lui a fait prendre brutalement conscience de son âge *(vieux lion, cinquante ans),* que sa force et ses succès d'autodidacte [homme qui s'est formé seul] lui avaient fait oublier : rien jusque-là n'avait résisté à Rivière *(j'ai changé le cours des événements).*

● La réponse doit être conçue comme un texte autonome qui doit être compréhensible même si le lecteur n'a pas connaissance de la question posée : elle ne peut donc, par exemple, commencer par les mots « oui » ou « non », ni par un pronom personnel (on ne pourrait savoir quel nom il représente), mais doit reprendre les éléments de la question :

> **Question :** *Le narrateur approuve-t-il le comportement de maître Chiquet ? Analysez son point de vue en vous appuyant sur l'étude des champs lexicaux présents dans les deux derniers paragraphes du texte.*
>
> [Guy de Maupassant, sujet du Brevet des collèges, académies de Besançon, Lyon, Reims, juin 1994]

Réponse mal rédigée : *Non* [à quelle question répond-on ?], *il* [qui ?] *n'approuve pas son comportement* [de qui ?], *car...*

Réponse bien rédigée : *Le narrateur n'approuve pas l'attitude de maître Chiquet, et le signifie par l'emploi du champ lexical de la violence dans les deux derniers paragraphes ; cette violence est aveugle, incontrôlée (rouer de coups, taper comme un forcené, exaspéré), disproportionnée à la faute commise par un homme par ailleurs diminué (« l'infirme », « qui ne pouvait se défendre », « assommer le mendiant »).*

8 LE TEXTE INJONCTIF : FORMULATION D'UNE CONSIGNE

Une « injonction » est un ordre formel. Dans le domaine de la grammaire, on qualifie d'« injonctif » tout texte ou toute phrase servant à donner un ordre ou une consigne. Le texte injonctif indique à son lecteur :
– quelle tâche il doit accomplir (ex. : énoncé d'une question),
– quelle méthode il doit suivre pour utiliser un appareil, effectuer une opération (mode d'emploi, recette de cuisine),
– à quelle règle il doit se conformer, ce qui est interdit ou autorisé (panneaux divers : *Ne pas fumer, Entrée interdite aux personnes étrangères au service, Les sacs doivent être ouverts devant la caissière).*

LES FORMES DE LA CONSIGNE

■ quel mode utiliser ?

Pour donner une consigne, on utilise un des modes permettant de formuler un ordre ou une défense (ordre de ne pas faire quelque chose) :

● l'impératif, conjugué selon les cas :
– à la 2e personne du singulier si la consigne s'adresse à un enfant *(Prends ton*

LE TEXTE INJONCTIF : FORMULATION D'UNE CONSIGNE

crayon et colorie en rouge les cases marquées d'un point) ou une personne que l'on tutoie ;
– à la 2e personne du pluriel si l'on s'adresse à plusieurs personnes *(Fermez le gaz avant de partir)* ou si l'on veut se montrer poli (ou pour une consigne dont on ne connaît pas le destinataire : *Justifiez vos réponses par des références au texte)* ;

● le subjonctif, utilisé aux 3e personnes du singulier et du pluriel où l'impératif fait défaut : *Qu'on ne fasse entrer personne sans mon autorisation* ;

● l'indicatif futur, qui exprime l'ordre d'une manière parfois plus autoritaire *(Vous relirez le texte avant de le photocopier)* ;

● l'infinitif, employé pour une consigne ne s'adressant pas à une personne définie : *Laisser libre cet emplacement* ; les modes d'emploi, les recettes de cuisine sont ainsi rédigés :

> *Capot. Ouverture.*
> *Tirer la palette 1. Libérer la sécurité en soulevant le crochet 4. Lever le capot à fond et bien engager la béquille dans le support 3.*
>
> (Notice d'entretien Peugeot)

REMARQUE On ne doit pas utiliser des modes différents dans la même consigne. Ainsi, l'infinitif et l'impératif n'obéissent pas aux mêmes règles syntaxiques ; l'emploi de l'infinitif permet l'utilisation d'un adjectif possessif de 3e personne mais interdit celle d'un adjectif possessif de 2e personne, qui ne peut accompagner que l'impératif ; on ne peut donc écrire : **Ouvrir votre sac à la caisse,* mais : *Ouvrez votre sac à la caisse,* ou *Ouvrir son sac à la caisse.*

■ on peut aussi exprimer une consigne :

● à l'aide d'une tournure impersonnelle comme « il faut », « il est nécessaire / (in)utile / (dé)conseillé de »... :

> *En cas d'arrêt prolongé de votre véhicule (1 mois), il est conseillé de débrancher la batterie.* (Notice Peugeot).

REMARQUE Ces tournures impersonnelles peuvent être transformées en tournures personnelles (le verbe n'est plus muni d'un sujet apparent « il » vide de sens, mais d'un véritable sujet) :

> [tournure impersonnelle] *Il est déconseillé de décongeler ce plat avant utilisation* ;
> [tournure personnelle] *Toute décongélation préalable est déconseillée* ;

● à l'aide des verbes « devoir », « pouvoir », « avoir à », « être à » :
– à la voix active (le sujet peut être le pronom indéfini « on ») :

> *Sous aucun prétexte, les enfants **ne doivent** voyager sur les genoux du passager avant.*
> *La corrosion est un phénomène normal inévitable, dont **on peut** cependant retarder l'apparition et le développement.*
> *En utilisation normale, aucun contrôle de niveau **n'est à** effectuer.*
>
> (Notice Peugeot)

– à la voix passive :

> *Suivant la charge du véhicule, les projecteurs **peuvent être placés** en 3 positions.* (Notice Peugeot)

L'ORGANISATION DU TEXTE

Pour être efficace, la consigne doit être facilement compréhensible de son lecteur, et donc :

- lui donner préalablement tous les éléments utiles à la réalisation de la tâche (par exemple, dans une recette, on indique en premier les ingrédients et ustensiles nécessaires, ainsi que le temps de préparation et de cuisson, afin que le cuisinier prenne à l'avance toutes les dispositions utiles) ;

- employer un langage accessible au public désigné (une fiche de recette pour débutants n'emploiera pas un vocabulaire connu des seuls professionnels), et à défaut expliquer tous les termes techniques.

Par exemple, en cuisine : « blanchir », c'est faire subir une ébullition dans l'eau, « abaisser une pâte », l'amincir à l'aide d'un rouleau, « détremper » la farine, la délayer (dans du lait), un « roux » désigne une préparation à base de farine roussie dans du beurre et servant à lier les sauces, etc.

- décomposer et présenter dans l'ordre les différentes opérations à effectuer ;

- les décrire à l'aide de phrases courtes et simples ;

- présenter si nécessaire les conditions à remplir pour la réussite de la tâche :

> *Fixation des prises et des interrupteurs.*
> *Percer le lambris avec une scie à cloche* **après s'être assuré qu'aucun tasseau ne passe à cet endroit.** *(...)* **Si la partie en saillie de la prise ne rentre pas librement**, *élargir le trou avec une râpe à bois.*
>
> (Fiche de bricolage *Castorama* n° 30.01, « Poser des lambris »)

9 RÉDACTION D'UN QUESTIONNAIRE

LE QUESTIONNAIRE EN VUE D'UN ENTRETIEN

Lors d'un entretien d'embauche ou de stage, la mise par écrit des questions qu'on est amené à poser aide à rassembler ses idées pour mieux atteindre le but fixé. Il est recommandé d'imaginer les questions que le recruteur posera obligatoirement et celles qui devront être abordées par le demandeur. Le fait de ne pas « subir » l'interview et de se montrer intéressé donnera une bonne opinion de vous.

Avant de formuler correctement toutes les questions, il est nécessaire de les regrouper par centre d'intérêt, selon une progression logique et de vérifier qu'aucun point important n'a été oublié (voir ci-après : « Le questionnaire en vue d'une enquête » et « La réécriture »).

LE QUESTIONNAIRE EN VUE D'UNE ENQUÊTE

Quand la recherche d'informations sur un sujet prend la forme d'une enquête dont le support n'est pas un ensemble de documents (archives, livres documentaires) mais une visite « sur le terrain », il peut être nécessaire de rédiger un questionnaire destiné à recueillir les informations auprès des « personnes-ressources » qu'on va interviewer (par exemple, les travailleurs exerçant le métier sur lequel on veut se renseigner).

RÉDACTION D'UN QUESTIONNAIRE

● Ce questionnaire doit permettre à la personne « interviewée » de donner les réponses les plus riches et les plus complètes possibles : les questions présentées sous forme d'interrogation totale (auxquelles on ne peut répondre que par « oui » ou « non ») doivent être complétées par des interrogations partielles (auxquelles on peut donner des réponses variées) :

> [interrogation totale] *Aimez-vous votre métier ?*
> [interrogation partielle] *Pourquoi ?*

● La formulation des questions ne doit pas donner à la personne interrogée l'impression que l'on attend une réponse plutôt qu'une autre : l'interrogation doit rester ouverte.

● Les questions, présentées « en vrac » lors d'une recherche préalable au brouillon, doivent être ensuite classées par thèmes, correspondant aux renseignements recherchés ; certaines d'entre elles peuvent être regroupées pour éviter leur multiplication. Exemple (extrait d'un questionnaire destiné à interroger des ouvriers travaillant dans une mine de sel) :

I. La mine de sel

1. *Où est-elle située exactement ? Comment y accède-t-on ?*
2. *Quelle est son architecture : combien de galeries comporte-t-elle ? À quelle profondeur ? Quelles en sont les dimensions et la disposition ? Comment ont-elles été creusées, et par quels moyens sont-elles soutenues ?*

II. L'extraction de sel

1. *Sous quelle(s) forme(s) le sel se présente-t-il à l'extraction ?*
2. *Quelles machines utilise-t-on ? Quel est leur nombre ? Quel investissement représentent-elles ?*
3. *Comment remonte-t-on le sel à la surface ?*

III. Les conditions de travail dans la mine

1. *Du travail s'effectue-t-il la nuit ? Pourquoi ?*
2. *Les ouvriers sont-ils exposés à des risques d'éboulement, ou à d'autres accidents ? Si oui, des précautions sont-elles prises pour les éviter ? Lesquelles ?*
3. *Des problèmes de santé sont-ils liés au travail dans la mine ? Si oui, lesquels ?*

IV. L'économie de l'entreprise

1. *Quelle est la récolte totale de sel par an, en tonnes ?*
2. *Sous quelles formes le sel produit est-il commercialisé ?*
3. *Combien d'emplois offre l'entreprise sur ce site ?*
4. *L'exploitation est-elle rentable ?*

LA RÉÉCRITURE

Lors du compte rendu d'enquête (voir page 124), les réponses orales ainsi collectées (le plus souvent, au magnétophone) doivent parfois faire l'objet d'une **réécriture** (ou d'un **« rewriting »**) pour être présentables à l'écrit : on gommera ainsi les mots familiers, les redondances (voir page 81), les hésitations naturelles à l'oral (« eh bien », « je veux dire »...), sans procéder pour autant à des modifications radicales qui trahiraient l'esprit de l'interview.

10 L'ARGUMENTATION

DÉFINITION

Un texte « argumentatif » vise à défendre une « thèse », c'est-à-dire une affirmation qu'il ne se contente pas d'énoncer, mais qu'il s'efforce de démontrer à l'aide d'« arguments » ; l'argument est l'idée ou le raisonnement que l'on fournit à l'appui de ce que l'on dit, pour en convaincre le lecteur :

> THÈSE : *l'usage du tabac est nuisible (fait du mal)...*
>
> ARGUMENTS POSSIBLES : *... car il a des conséquences négatives d'abord, pour ceux qui en consomment : il leur coûte cher et abîme leur santé, causant des maladies graves (cancer),*
> *ensuite, pour leur entourage, auquel il fait subir une gêne (odeurs, etc.),*
> *et enfin, pour la société entière qui doit supporter le coût des maladies liées au tabagisme.*

Pour être facilement compréhensible, l'argument doit être « illustré », accompagné d'un exemple concret :

> THÈSE : *la protection de la nature est une nécessité ;*
> ARGUMENT : *en effet, s'il ne protégeait pas la nature, l'homme ferait son propre malheur ;*
> EXEMPLE : *ainsi, les produits toxiques que l'homme laisse échapper dans la nature empoisonnent l'environnement, en particulier l'eau (des nappes phréatiques sont polluées par les nitrates utilisés dans l'agriculture), et finalement l'homme lui-même (qui consomme cette eau polluée).*

Un ensemble organisé d'arguments forme une argumentation. Pour être convaincante, l'argumentation doit être cohérente : les arguments ne présenteront pas de contradiction entre eux, et ils seront classés (par ordre d'importance, par thèmes, etc.) selon une progression, un raisonnement logiques.

LA RECHERCHE DES IDÉES

■ l'étude du sujet

● Que l'on réponde ou non à un « sujet » imposé, il est nécessaire avant d'écrire un texte argumentatif de définir précisément ce qu'on se propose d'y examiner. Le but d'une argumentation n'est pas en effet de faire état d'une « opinion », qui est une simple croyance, mais d'examiner méthodiquement, le plus objectivement possible, sans idée préconçue, un problème ou un ensemble de problèmes (une « problématique ») et d'amener le lecteur à partager le jugement que l'on s'est ainsi formé.

Il ne s'agit pas, par exemple, de dire d'emblée que l'on est « pour » ou « contre » la chasse, mais de se déterminer après avoir étudié les conséquences (positives ou négatives) qu'elle peut présenter sur la nature, sur le fonctionnement de la société et sur les individus qui la pratiquent.

● Définir d'abord le « champ » du sujet permet d'éviter :
– d'engager le texte dans une fausse direction par des développements « hors sujet » (ne répondant pas au sujet qu'on se propose d'étudier),
– d'oublier certains aspects du problème faute d'avoir compris tout ce qu'impliquait la question.

● On doit commencer par lire lentement l'énoncé du sujet, en y soulignant les « mots clefs » qui définissent le thème et le cadre (les limites) de la réflexion.

L'ARGUMENTATION

Chaque mot, dont le sens doit être si nécessaire éclairci, a son importance et sa raison d'être.

● **Sujet :**

> De même que la mère [dans le texte de référence, extrait du Livre de ma mère d'Albert Cohen] attache une grande importance au **jugement** de son fils sur son **apparence physique**, les **adolescents** en général sont très **sensibles au regard d'autrui**.
> En vous fondant sur **votre expérience personnelle,** sur des exemples précis, vous direz en quoi vous **subissez** ou au contraire vous **refusez les normes d'uniformisation** imposées par **la mode**, par **le groupe**, en ce qui concerne votre **aspect** physique, vos **vêtements**, vos **loisirs**, vos **goûts**, etc.
>
> (Brevet des collèges, académie de Caen, juin 1992)

● **Étude du sujet :**
– les couples de mots « jugement/apparence », « sensibles/regard d'autrui » indiquent que le thème proposé est celui de l'image que chacun se donne pour affronter le regard, supposé critique, des autres ;
– la question est précisée dans le second paragraphe : l'auteur du devoir est invité :
a) à parler de lui-même à titre personnel en indiquant si la « mode » (en général), ou les règles propres au « groupe » auquel il appartient (ici, le sujet s'adresse à un public d'adolescents) l'amènent à se conformer à un modèle (« normes d'uniformisation »),
ou au contraire s'il s'est volontairement détaché de ce modèle (« vous refusez ») ;
b) à expliquer « en quoi » (jusqu'où, pourquoi) il subit l'influence de ces normes ou à l'inverse comment il s'en détache ; plus généralement, la question posée est celle du conformisme ; faut-il « suivre la mode », se conformer au modèle imposé, ou afficher son originalité ?
– le domaine concerné est celui de l'apparence extérieure (« aspect physique », « vêtements »), mais aussi celui des occupations auxquelles on se livre (« loisirs », « goûts »).

■ **la recherche des idées et arguments**
Cette partie du travail était appelée l'« invention » par les rhéteurs latins (spécialistes de l'art de persuader par les discours).

● On commence par poser sur le sujet des questions à partir desquelles on avance dans la réflexion ; le sujet donné ci-dessus en exemple peut appeler les questions suivantes :

> – À quels « groupes » est-il fait allusion ? (camarades de même âge qu'on côtoie en classe ou lors de la pratique de certaines activités, jeunes de son quartier...).
> – Ces groupes imposent-ils des « normes d'uniformisation » ? Si oui, lesquelles ? En d'autres termes, pour s'y intégrer, comment faut-il s'habiller et quels goûts faut-il afficher ? (exemple des « rappeurs » des « banlieues » et de leurs casquettes à visière portée devant derrière).
> – En ce qui me concerne, est-ce que je tiens compte de ces « normes », ou est-ce que je considère que mes goûts sont vraiment personnels ? Ai-je vraiment choisi ma manière de m'habiller, mes goûts, mes activités, ou proviennent-ils de mon souci de me fondre dans le groupe ?

Parfois, une idée en appelant une autre, on s'aperçoit que la question posée par le sujet est trop « fermée », que les termes de l'alternative offerte ne sont, ni

L'ARGUMENTATION

l'un ni l'autre, vraiment satisfaisants, ce qui peut donner lieu à une partie spécifique dans le développement (plan « critique », voir page 142), ou à une « ouverture » placée après la conclusion (voir page 146) :

> · *Même si l'on refuse l'uniformité imposée par la mode ou le groupe, peut-on pour autant se prétendre libéré de toute autre influence ? Quoi que l'on fasse, le milieu d'où l'on est issu, l'éducation que l'on a reçue ne conditionnent-ils pas les goûts et finalement les activités et la manière de s'habiller ?*

● Une fois posées les questions qui orientent la réflexion, on recherche et on met en forme les idées et les arguments possibles, assortis d'exemples (voir page 175), tels qu'ils se présentent à l'esprit, sans souci d'ordre :

> **Sujet :** *Quels sont, selon vous, les avantages de la jeunesse ?*
> *Croyez-vous que le seul fait d'être jeune suffit au bonheur ?*

(Brevet des collèges, académies d'Aix-Marseille, Corse, Montpellier, Nice, Toulouse, juin 1992)

Recherche d'arguments :
Avantages de la jeunesse : quand on est jeune,
– on est généralement en pleine possession de ses moyens physiques (le corps obéit parfaitement et on n'est pas confronté à de graves maladies) *(a)* ;
– on se fait plus facilement pardonner ses erreurs, qu'il est toujours possible de mettre au compte de l'inexpérience *(b)* ;
– on jouit de toutes ses facultés intellectuelles (mémoire, agilité mentale) *(c)* ;
– on ne pense pas à la mort ni à la maladie, on vit de manière insouciante *(d)* ;
– tout est nouveau, on n'est pas « blasé » ni lassé de rien, le monde est à découvrir, les expériences restent à faire *(e)* ;
– le fait d'avoir « la vie devant soi » autorise bien des espoirs : on sait qu'en cas d'échec (scolaire, sentimental), il ne sera pas nécessairement trop tard pour reconsidérer ses choix *(f)* ;
– on va volontiers vers les autres et on se fait plus facilement des amis *(g)* ;
– on n'est pas confronté aux responsabilités, parfois bien lourdes, que les adultes doivent assumer (gestion de l'argent, éducation des enfants, problèmes matériels, soucis professionnels...) *(h)* ;
– le visage et le corps ne sont pas encore enlaidis par l'âge : jeunesse et beauté sont souvent synonymes *(i)*.

Inconvénients de la jeunesse :
Certaines idées peuvent découler des avantages énoncés ci-dessus, qui peuvent avoir leur revers et constituer aussi des handicaps :
– vivre sans penser à la mort (argument *d* ci-dessus), cela amène parfois à oublier toute prudence (par exemple sur la route) ; le « retour à la réalité » risque alors d'être cruel ;
– ne pas avoir de responsabilités (argument *h* ci-dessus), c'est aussi manquer de « poids » dans la société : on ne prend pas toujours les jeunes au sérieux ;
– ce n'est pas parce que l'on a beaucoup d'amis (argument *g* ci-dessus) que ces amitiés sont profondes : être jeune, c'est souvent vivre dans le superficiel ;
– vouloir tout découvrir (argument *e* ci-dessus), n'est-ce pas risquer de se disperser ?

Mais il existe aussi d'autres inconvénients :
– le manque d'autonomie (dépendance financière vis-à-vis des parents, nécessité d'une autorisation pour sortir quand on est mineur...) ;
– l'incertitude de l'avenir (on doit se former afin de pouvoir exercer un métier ; encore faut-il ensuite trouver l'emploi correspondant à la qualification atteinte).

L'ARGUMENTATION

● On trouve plus facilement idées, arguments et exemples en partant de constatations précises faites à partir de ce que l'on connaît : expériences personnelles, observation de ce qui se passe autour de soi, spectacle du monde tel qu'on le découvre à travers les journaux et magazines, souvenirs de lectures (les romans, par exemple, sont une source d'information inépuisable sur la psychologie humaine).

ATTENTION
Certains arguments ne sont pas recevables :
– ceux qui reposent sur la constatation que « beaucoup de gens » ou « la majorité des gens » pensent ou font quelque chose : ce n'est pas parce que bien des gens sont racistes que le racisme est une attitude acceptable ;
– pour la même raison, ceux qui consistent à dire que telle pratique « a toujours existé » : ce n'est pas parce que l'esclavage avait toujours existé qu'il fallait ne pas l'abolir au XIXe siècle en France (Victor Schœlcher, 1848) ou dans la Constitution des États-unis (13e amendement, 1865) ;
– ceux qui consistent à déduire de cas particuliers une loi générale : ce n'est pas parce que l'on connaît des jeunes gens paresseux que l'on peut affirmer que tous les jeunes le sont.

ILLUSTRER LES ARGUMENTS : EXEMPLES ET CITATIONS

■ l'exemple

● C'est un développement qui ne remplace pas l'idée, la constatation ou l'argument, mais les accompagne pour les conforter, les illustrer, aider à les comprendre en en donnant une application concrète. Il ne sert pas non plus de preuve car on peut souvent trouver un contre-exemple, mais il permet de montrer que l'argument avancé trouve ses racines dans la réalité.

L'idée (abstraite) et l'exemple (concret) se complètent et doivent être regroupés dans le même paragraphe. L'exemple est signalé par une formule appropriée : « par exemple », « ainsi », « c'est ainsi que », « il arrive souvent que... », « en effet » (ou « de même », pour relier un second exemple au premier ; voir aussi page 175 « Illustrer par un exemple ») :

> [Idée] *De nombreuses espèces animales sont aujourd'hui en danger ;* [exemple] **ainsi**, *le rhinocéros d'Afrique, dont la corne est recherchée pour ses prétendues vertus médicales, est menacé à très brève échéance d'une disparition totale.*

● Dans une démonstration plus détaillée, argument et exemple peuvent néanmoins faire l'objet de paragraphes distincts. Dans sa préface du *Dernier Jour d'un condamné*, Victor Hugo défend l'idée que la peine de mort devrait être supprimée ; entre autres arguments, il écrit qu'elle n'a aucune valeur dissuasive (elle n'a pas le pouvoir d'empêcher quelqu'un de commettre un crime), et même qu'elle produit sur le peuple l'effet inverse :

> *Nous nions que le spectacle des supplices produise l'effet qu'on en attend. Loin d'édifier le peuple* [= loin de lui donner une leçon], *il le démoralise et ruine en lui toute sensibilité, partant* [= et donc] *toute vertu.*

L'auteur donne ensuite l'exemple suivant pour illustrer cet argument :

> *Nous signalerons pourtant un fait entre mille, parce qu'il est le plus récent. Au moment où nous écrivons* [la préface a été ajoutée en 1832 à un livre lui-même écrit en 1828], *il n'a que dix jours de date. Il est du 5 mars, dernier jour du carnaval. À Saint-Pol, immédiatement après l'exécution d'un incendiaire*

139

L'ARGUMENTATION

> *nommé Louis Camus, une troupe de masques est venue danser autour de l'échafaud encore fumant. Faites donc des exemples* [= des exécutions publiques pour impressionner le peuple] ! *le mardi gras vous rit au nez.*
>
> (Victor Hugo, Le Dernier jour d'un condamné, Préface)

ATTENTION

Un texte argumentatif n'est pas un « catalogue » d'exemples : pour chaque argument, il faut savoir se contenter d'un seul exemple bien choisi, deux au maximum, parmi tous ceux qui sont possibles. Quand, au lieu de l'étayer, on veut détruire une affirmation (montrer qu'elle n'est pas fondée), on la fait suivre d'un « contre-argument » et donc d'un « contre-exemple ».

Ainsi, dans la préface citée ci-dessus, Victor Hugo livre cet argument des partisans de la peine de mort : elle permettrait d'éliminer de la société des gens dangereux qui sinon risqueraient de s'échapper de la prison ; cet argument est immédiatement détruit par la remarque suivante :

> *Si vous ne croyez pas à la solidité des barreaux de fer, comment osez-vous avoir des ménageries* [animaux sauvages en cage] *?*

■ la citation

● L'affirmation à étayer peut aussi être accompagnée non d'un exemple mais d'une citation bien choisie d'un auteur célèbre ou faisant autorité :

> *Il y a trois siècles, le « purisme » en matière de langage était déjà à l'ordre du jour : Philaminte dans* Les Femmes savantes *de Molière admire « La grammaire, qui sait régenter jusqu'aux rois, / Et les fait la main haute obéir à ses lois ».*

● Pas plus que l'exemple, la citation n'a valeur de preuve, car on peut souvent trouver chez un autre auteur (ou chez le même !) une citation contraire ; de plus, hors de son contexte, une phrase isolée peut être interprétée de bien des manières différentes.

On se gardera donc de s'abriter à tout propos derrière les auteurs célèbres ; on évite surtout d'émailler le texte argumentatif de citations hors de propos (sans rapport direct avec le sujet) et hétéroclites (de toutes sortes, sans unité) ; mieux vaut également se contenter de citations exactes, faisant vraiment partie de sa culture personnelle : on évite ainsi de donner l'impression qu'on les a recherchées pour l'occasion dans un dictionnaire *ad hoc*.

● La citation est rappelée entre guillemets et accompagnée de la mention de son auteur, et éventuellement du titre souligné de l'ouvrage dont elle est extraite ; si on ne la rapporte pas intégralement, on signale l'interruption par le signe (...) ou [...]. La citation peut être introduite par diverses formules : *Comme le dit (pense) X dans son roman Y :* [citation] *; C'est le point de vue de Z dans son Essai sur... :* [citation] *;* [citation], *écrit X.*

Si l'on n'est pas sûr d'une citation et qu'on n'a pas l'occasion d'en vérifier l'exactitude, on peut se contenter d'en donner la substance, au style indirect *(X dans tel livre dit que...)*.

CLASSER SES ARGUMENTS ET ÉTABLIR LE « PLAN » DU DÉVELOPPEMENT

■ regrouper les arguments

● Une fois réunis tous les éléments de réflexion dont on dispose, un premier travail consiste à regrouper les arguments qui peuvent l'être, suivant un principe

L'ARGUMENTATION

d'organisation logique ; par exemple, les « avantages de la jeunesse » (voir page 138) peuvent faire l'objet des regroupements suivants :
– avantages d'ordre physique : *a, i* ;
– avantages d'ordre intellectuel et psychologique (dans le domaine des perceptions et des sentiments) : *c, d, e, f, h* ;
– avantages d'ordre relationnel (concernant les rapports avec autrui) : *b, g*.

● Ce travail sera d'autant plus facile qu'on aura pris soin de numéroter préalablement les idées. Ces groupements d'arguments et d'idées permettent la cohérence de chacune des parties du développement.

■ établir le plan

● À ce stade de la recherche, on doit s'être formé un jugement sur la question examinée : il convient à présent de trouver l'ordre (« disposition ») dans lequel on présentera au lecteur les résultats de sa réflexion, dans un développement organisé en parties bien distinctes pour être convaincant (l'introduction et la conclusion sont étudiées page 145 : voir « Les divisions du texte argumentatif »).

● Bien souvent, le libellé du sujet laisse entrevoir une possibilité de plan à suivre :

> Sujet : *Incompréhension et manque de confiance nuisent parfois aux relations entre générations.*
> *Qu'attendez-vous de vos relations avec les adultes ?*
> (Brevet des collèges, académie de Rouen, juin 1992)

Le texte du sujet invite à traiter ce sujet en deux temps : après avoir examiné, comme le suggère le premier paragraphe, les difficultés des relations entre jeunes et moins jeunes (parents, professeurs, adultes en général), on pourra montrer dans une seconde partie, selon la « piste » tracée par le second paragraphe, que ces relations sont néanmoins indispensables, et indiquer ce que les jeunes en attendent (aide, conseils, soutien moral, définition de « limites » à ne pas franchir...).

● On établit au brouillon un plan détaillé, qu'on ne perdra jamais de vue en rédigeant le devoir. Les parties principales sont provisoirement numérotées, par exemple I, II, III ; si le plan est bien construit, si les parties sont cohérentes, on doit pouvoir leur donner un titre, également provisoire. Dans chaque partie figurent souvent des sous-parties, repérées par exemple par les lettres A, B, C, D. Ces repères (titres, numérotation) disparaissent dans le texte final (voir page 147).

■ le choix du type de plan

Il existe plusieurs types de plans, à choisir en fonction du sujet traité.

● **Le plan analytique.** Le développement consiste à décrire un phénomène, et ensuite à en analyser les causes puis les conséquences (ce que ce phénomène entraîne, et éventuellement ce qu'il faudrait faire pour remédier aux inconvénients décrits).

> Sujet : *« Les deux garçons du texte* (**Albert Camus**, *Le Premier Homme*) *règlent leur « affaire d'honneur » par un « combat ».*
> *Expliquez pourquoi, selon vous, le recours à la violence est si fréquent, et dites si cette attitude vous paraît être une réponse acceptable, face à une situation de conflit.*
> (Brevet des collèges, Limoges, juin 1995)

L'ARGUMENTATION

I. La violence dans notre vie (constatations).
   A. courte définition (emploi de la force dans un but agressif) ;
   B. les différents types de violence (physique, verbale, psychologique ; violence individuelle ou collective) ;
   C. les manifestations de la violence dans notre société : où et quand y sommes-nous confrontés ?

II. Pourquoi la violence ?
   A. nous avons tous en nous une certaine part de violence : qui n'a jamais été tenté de casser un objet pour exprimer sa frustration dans un moment difficile ?
   B. les individus violents reproduisent souvent le mode de fonctionnement de leur propre entourage ; la violence est souvent le fruit de la pauvreté, de l'alcool, et la conséquence d'un « mal-vivre » ;
   C. la violence est valorisée dans certaines sociétés, certains milieux en tant que moyen pour les hommes de s'affirmer et de « sauver la face » devant le moindre affront ;
   D. elle est parfois utilisée en dernier recours, dans les conflits individuels ou collectifs, quand la colère prend le pas sur la raison ;
   E. elle est même revendiquée comme moyen d'action par certains groupes politiques à caractère révolutionnaire.

III. Les conséquences de la violence.
   A. loin de régler les conflits, elle génère d'autres violences de plus en plus graves (phénomènes de vengeance, « spirale de la violence ») ;
   B. elle empêche le dialogue entre des individus que, parfois, peu de choses séparent réellement et qui pourraient par la négociation trouver un terrain d'entente ;
   C. elle fait régresser l'humanité : se « civiliser », pour un individu ou une société, c'est travailler à dépasser la violence qui ramène à l'état de nature des animaux sauvages ;
   D. elle constitue la négation de toute démocratie, consacre la victoire du fort sur le faible ; l'intimidation a toujours été le moyen d'action des fascistes.

Remarque : les arguments développés dans chacune des parties doivent être classés (du moins important au plus important, du particulier au général).

- **Le plan critique**

Un développement construit selon un plan critique (du grec *krinein*, « porter un jugement ») consiste à examiner successivement les arguments en faveur de la « thèse », puis ceux qui s'y opposent (les « contre-arguments » constituant l'« antithèse »), et enfin à utiliser arguments et contre-arguments pour bâtir un point de vue personnel sur la question (« synthèse »).

> Sujet : *Certains voient l'innovation, le progrès, la modernité comme un danger, d'autres à l'inverse considèrent qu'il y a dans ce phénomène un facteur de développement indispensable à notre civilisation.*
> *Présentez les arguments des uns et des autres avant d'exprimer votre opinion.*
>
> (Brevet des collèges, académie de Bordeaux, juin 1993)

I. Les dangers du progrès
On pourra développer par exemple les idées suivantes :
   A. le progrès rend l'homme paresseux et dépendant des machines (exemple : avec les calculatrices, les enfants ne savent plus leurs « tables ») ;
   B. certaines avancées techniques ne débouchent finalement que sur de faux progrès (exemple de l'élevage des animaux « en batterie », qui génère des aliments moins chers produits dans des conditions cruelles pour les bêtes).

L'ARGUMENTATION

II. Les avantages du progrès, par exemple :

A. certaines inventions permettent de gagner du temps pour vivre vraiment : le lave-linge, le lave-vaisselle ont libéré les individus des travaux domestiques ;

B. en permettant de les fabriquer à moindre coût, le progrès a mis à la portée de presque tous les objets naguère réservés aux gens fortunés (appareils photo, automobiles).

III. Maîtriser le progrès, par exemple :

A. le vrai but du progrès est d'améliorer la vie de tous les hommes, et non de quelques-uns : on peut ainsi contester la robotisation des usines, qui supprime des emplois au seul bénéfice de la « rentabilité » des groupes industriels ; d'un autre côté, force est de constater qu'elle évite aux ouvriers des tâches dangereuses (ainsi, les chaînes automatisées de peinture évitent que des hommes inhalent des substances toxiques) ; il faut revoir le système économique : à quoi bon libérer les individus des tâches les plus dures, si on les prive de leurs moyens d'existence, dans une société où rien n'est fait pour combattre le chômage ou pour favoriser le partage des tâches ?

B. le progrès ne doit pas se faire au détriment de la nature, avec laquelle il empêcherait l'homme de vivre en harmonie : à quoi bon améliorer le rendement des sols cultivables, ci s'est au prix d'une eau surchargée en nitrates dont le traitement coûte une fortune à la collectivité ?

● **Le plan binaire**

Un peu plus simple que le plan critique, il ne comprend pas de synthèse, mais examine seulement les avantages et les inconvénients d'une pratique, d'une situation, d'un choix de vie, dans un ordre déterminé en fonction de la position dont on veut convaincre le lecteur.

– Si on veut défendre ce qui est mis en question, on examinera d'abord les arguments « contre » (qui s'y opposent), dans un ordre décroissant (classés du plus fort au moins fort), puis les arguments « pour » (qui militent en sa faveur), dans un ordre croissant (classés du moins fort au plus fort), afin de terminer sur les arguments décisifs qui emporteront l'adhésion ; les arguments « pour » doivent alors être plus nombreux et plus forts que les arguments « contre » :

> Sujet : *Comment peut-on justifier l'existence des zoos ? Quels reproches peut-on faire cependant à ce type d'établissement ?*
>
> (Brevet des collèges, académies d'Aix-Marseille, Corse, Montpellier, Nice, Toulouse, juin 1994)

Première partie : Arguments contre les zoos.

    C (important)
animaux privés de leur environnement naturel
    c (moyennement important)
animaux soumis aux réactions stupides du public
    c (peu important) :
lieux tristes parce qu'artificiels

Phrase ou formule de transition (voir page 59)

Deuxième partie : Arguments en faveur des zoos.

    p (peu important)
lieux constituant malgré tout un but de sortie
    p (moyennement important)
visite instructive qui permet de sensibiliser le public et les enfants à la vie de la faune
    P (important)
permettent d'étudier de plus près certaines espèces

L'ARGUMENTATION

P (très important)
permettent la reproduction et la protection d'animaux menacés

→ **Conclusion** en faveur des zoos : *ils constituent « un mal nécessaire ».*

– Si on veut arriver au contraire à une conclusion condamnant ce que le sujet met en question, il convient d'adopter la logique inverse :

Première partie : Arguments « pour », assez peu nombreux et peu déterminants, présentés par ordre décroissant :

P *permettent de sensibiliser le public et les enfants à la vie de la faune*
p *attrait et apport touristiques pour certaines régions*
p *permettent de préserver des espaces verts à proximité des villes*

Deuxième partie : Arguments « contre », plus nombreux et plus forts, présentés par ordre croissant :

c *entreprises qui ne développent pas beaucoup d'emplois.*
c *ne permettent pas réellement de protéger les espèces en voie de disparition*
C *les conditions de vie de certains animaux sont parfois difficiles*
C *l'entretien des zoos est coûteux et souvent déficient*
C *le plaisir que nous trouvons à observer certains animaux aujourd'hui n'est plus le même qu'autrefois. La télévision nous permet de les connaître bien mieux.*

→ **Conclusion** où on se détermine négativement : *les zoos sont-ils vraiment indispensables s'ils ne sont faits que pour notre plaisir ?*

> REMARQUE Si l'on ne dispose pas de suffisamment d'arguments en faveur de la thèse, il faut alors réduire le nombre d'arguments inverses (contre-arguments), ou renoncer à défendre cette thèse sous peine de déboucher sur une conclusion paraissant artificielle ; si, dans un débat sur les avantages comparés de la ville et de la campagne, l'on énonce quinze bonnes raisons d'habiter la ville et cinq seulement d'habiter la campagne, mieux vaut éviter de conclure sur les bienfaits de la vie aux champs, dont vraisemblablement on n'est pas très convaincu au fond de soi.

● **Le plan par thèmes :** le devoir se compose de l'étude successive de différents thèmes liés au sujet :

> Sujet : *Le jeu a-t-il pour seule fonction la distraction ?*
> *Par une réflexion organisée, vous montrerez tous les profits qu'un individu peut tirer du jeu sous toutes ses formes.*
>
> (Brevet des collèges, Amiens, juin 1991)

Le développement pourra présenter, entre autres, l'étude des thèmes suivants :
– le jeu, moyen d'évasion (au même titre que le livre, le jeu permet d'entrer dans un autre monde : il suffit à l'enfant de dire « je serais... » pour être immédiatement transporté dans l'univers des fées ou celui des cow-boys et des Indiens...) ;
– le jeu, moyen d'éducation (découverte chez l'enfant de l'espace et des lois physiques et géométriques à travers les jeux de construction ; apprentissage de la logique et de la stratégie grâce au jeu d'échecs...) ;
– le jeu, façon de se construire une personnalité et de savoir « qui on est » (les enfants à travers leurs jeux imitent les adultes, mais parfois aussi se démarquent de tout modèle ; d'autre part, le jeu, chez des personnes de tous âges, permet de se mesurer aux autres et d'évaluer ses capacités) ;
– le jeu, apprentissage des relations humaines (apprendre à être « bon joueur » ; être confronté aux problèmes de tricherie et de déloyauté ; apprendre à gérer les conflits et interactions à travers les « jeux de rôles »...).

L'ARGUMENTATION

Ce type de plan est assez simple ; les thèmes sont présentés chacun dans un paragraphe distinct, relié au précédent par un mot de liaison ou une formule de transition (voir pages 59 et 62). Ils ne doivent cependant pas être étudiés dans n'importe quel ordre : une progression doit être suivie (du moins important au plus important, du particulier au général).

ÉCRIRE LE TEXTE ARGUMENTATIF

les divisions du texte

• L'introduction

On ne doit jamais supposer connue du lecteur la question examinée dans le développement : l'introduction a précisément pour but de la lui exposer et de lui permettre de comprendre le cheminement intellectuel que l'on propose de suivre.

L'introduction se présente en trois temps :
– elle part d'une idée ou d'une constatation présentée dans un paragraphe qui amène le sujet et permet de comprendre pourquoi le problème traité mérite d'être étudié : est-ce parce qu'il est actuel dans le monde ou dans notre société ? parce qu'il s'est régulièrement posé à l'homme au cours de son histoire ? parce qu'il concerne spécialement un groupe de personnes dont fait partie l'auteur ? [paragraphe (1) dans l'exemple ci-dessous] ;
– cette idée ou constatation débouche dans un nouveau paragraphe sur une ou plusieurs questions simples, précises, qui permettent de poser le problème, de définir le sujet en termes personnels, sans citer textuellement le sujet, dont on peut néanmoins reprendre certains « mots clefs » (2) ;
– une fois défini le sujet, un court paragraphe annonce au lecteur le plan du texte : selon quelle méthode, dans quel ordre la question sera-t-elle abordée ? (3)

> Sujet : *Attendez-vous de la publicité qu'elle vous amuse ou vous informe ? En analysant des procédés caractéristiques du film publicitaire, vous direz à quels aspects de son message vous êtes le plus sensible.*
>
> (Brevet des collèges, académie de Caen, juin 1995)

Introduction possible :
(1) Tous les jours nous parviennent des messages publicitaires de toutes sortes, qu'ils aient pour support les prospectus déposés dans nos boîtes aux lettres, les affiches de la rue, la presse, la radio ou la télévision.
(2) Puisqu'on ne peut y échapper, autant porter un regard critique sur le phénomène : quels sont les buts avoués de la publicité ? Par quels moyens tente-t-elle de les atteindre ? Pourquoi touche-t-elle aussi facilement le public ?
(3) Après avoir étudié les principaux procédés dont elle use, j'indiquerai ceux auxquels je suis le plus sensible et j'analyserai finalement ce que j'attends d'un message publicitaire.

ATTENTION
– L'introduction doit rester « ouverte » : on ne doit pas y introduire d'éléments de réponse : ceux-ci n'apparaissent que dans le développement et la conclusion.
– Toutes les pistes de réflexion annoncées dans l'introduction doivent figurer dans le développement.

• Le développement

Il expose les idées et arguments dans l'ordre défini par le plan, lequel ne doit jamais être perdu de vue : on évite ainsi toute digression dans des domaines hors sujet.

L'ARGUMENTATION

– À l'intérieur des parties du développement, chaque idée ou argument, complétés par un ou, parfois, plusieurs exemples assez brefs, fait l'objet d'un paragraphe distinct (voir page 147), repéré par un alinéa. On passe de l'un à l'autre grâce à un mot de liaison. Chaque paragraphe ne contient qu'une idée, qui doit être complètement développée afin de ne pas se retrouver répétée ailleurs.
– Quand on passe d'une partie à l'autre, il est nécessaire de donner au lecteur des indications sur le raisonnement suivi :
→ chaque partie se termine par une « conclusion partielle », indiquant très brièvement à quel point de vue on aboutit, à ce stade du raisonnement :

> *Si l'on recherche une vie calme, plus proche de la nature, on trouvera bien des raisons de vivre à la campagne ;*

→ le passage à la partie suivante, matérialisé par le saut d'une ligne, est permis par une formule de transition (voir page 62) :

> *Pourtant, bien des jeunes, et même des personnes plus âgées, souhaitent aller ou retourner vivre en ville après avoir goûté à la vie aux champs. Quels sont donc les attraits de la cité ?*

• La conclusion

À la fin du développement, la réflexion a été intégralement menée. Il est néanmoins nécessaire d'en indiquer, clairement et sous une forme synthétique, le point d'aboutissement. C'est la fonction de la conclusion. Elle exprime dans toutes ses nuances le jugement précis que l'auteur de l'argumentation s'est formé sur la question examinée.

La conclusion résume, de préférence en une seule phrase, toutes les « conclusions partielles » que chaque partie du développement a établies ; elle ne doit pas faire apparaître des idées qui n'auraient pas été présentées et justifiées dans le développement.

Néanmoins, elle gagne à être suivie d'un paragraphe d'« ouverture » qui montre que l'on est capable de relativiser son point de vue, de relier le problème à une question plus vaste. On montre ainsi qu'on tient compte de l'ensemble de problèmes (la « problématique ») dans lequel le problème s'inscrit ; par exemple, on ne peut guère parler de la « faim dans le monde » que dans le cadre d'une réflexion sur les pays du « Tiers monde » ou sur les inégalités du développement, l'attitude des pays riches, anciens colonisateurs, la mondialisation de l'économie, etc. Cette ouverture prend souvent la forme d'une interrogation finale.

Conclusion possible pour le sujet de la page 141 :

> [conclusion proprement dite] *La violence, quoique fréquente et même à certains égards enracinée dans nos sociétés, doit être combattue car elle dégrade l'homme et l'empêche de progresser en tant qu'être civilisé ; c'est à chacun de travailler à maîtriser cette part de brutalité qu'il porte en lui ; les situations individuelles le permettent évidemment plus ou moins facilement.*
>
> [ouverture] *Néanmoins, on peut se poser la question : sans la violence, sans les excès de 1793, aurait-il été possible de bouleverser l'ordre établi et de faire en France la Révolution fondatrice des idéaux démocratiques dont nous sommes si fiers ? Il est des violences gratuites, qui détruisent ; mais quand l'homme étouffe sous le poids de l'oppression, n'en est-il pas qui sont salutaires ?*

ATTENTION

Il vaut mieux **rédiger en dernier l'introduction et la conclusion,** qui ne peuvent prendre forme que quand le contenu du texte est définitif, et doivent être particulièrement soignées : une introduction claire met le lecteur dans de bonnes dispositions car elle lui facilite l'entrée dans le développement, et une conclusion de qualité le laisse, après sa lecture, convaincu de la solidité de l'argumentation.

■ les articulations, liaisons et transitions
Voir page 62 dans la partie « Écrire pour être compris ».

■ le ton d'un texte argumentatif doit rester impersonnel
Le ton doit être le plus objectif possible pour gagner l'adhésion du lecteur. Il faut alors éviter d'employer la première personne (des formules comme « *Je vais vous donner mon avis sur... » sont à proscrire).

Néanmoins la première personne n'est pas interdite quand il s'agit de donner un point de vue personnel (comme y invite, par exemple, le sujet sur la publicité page 145).

■ la présentation du texte
Les titres, sous-titres et numéros des parties, telles qu'on les a définies lors de la mise en forme du plan, doivent disparaître du texte final, de même que les mentions « Introduction » et « Conclusion » : ce sont les mots de liaison et les formules de transition qui permettent au lecteur de se repérer dans le texte argumentatif.

Pour bien séparer chaque partie de la précédente, on ménage une ligne blanche entre l'introduction et le début du développement, à l'intérieur du développement entre les parties, et entre le développement et la conclusion.

À l'intérieur de chacune des parties du texte, chaque nouveau paragraphe est signalé par un alinéa (retour à la ligne et mise en retrait du premier mot de la phrase).

On repère donc un texte argumentatif bien construit à sa disposition visuelle :

Introduction	(peut comprendre plusieurs paragraphes)
Saut d'une ligne.	
Première partie du développement	(peut comprendre plusieurs paragraphes)
Saut d'une ligne.	
Deuxième partie du développement	(peut comprendre plusieurs paragraphes)
Saut d'une ligne.	
Conclusion	(peut comprendre plusieurs paragraphes)

1 LE RÉSUMÉ

PRINCIPES GÉNÉRAUX

Résumer un texte, c'est en présenter le contenu sous une forme abrégée (généralement quatre ou cinq fois plus courte), afin de permettre à une autre personne d'accéder plus rapidement aux informations que ce texte contient.

■ le résumé doit rester absolument fidèle au contenu et à la logique du texte

● Dans le cas d'un texte didactique (visant à renseigner) ou argumentatif (voir page 136), on rend compte des renseignements, idées et affirmations du texte :
– sans les modifier, c'est-à-dire sans ajout ni suppression ;

LE RÉSUMÉ

– sans les juger : l'auteur du résumé s'abstient de tout commentaire, de toute approbation ou désapprobation, il s'efface et doit faire abstraction de sa propre personnalité (subjectivité).

• Le résumé proprement dit ne comporte donc aucune autre introduction ni conclusion que celles qui sont éventuellement présentes dans le texte de départ ; néanmoins, il est parfois nécessaire, dans un paragraphe bien distinct, de situer dans son contexte le texte que l'on résume.

• Que le texte soit argumentatif ou narratif, on résume les idées ou les événements de l'action (voir page 101) dans l'ordre où ils s'enchaînent et selon leur importance relative : une idée importante, longuement développée, prendra plus de place dans le résumé qu'une idée secondaire.

• On respecte la démarche de pensée suivie par l'auteur ; pour cela, il faut avoir préalablement compris le fonctionnement du texte (plan) : quel est le contenu de chacune des parties ? Les arguments sont-ils illustrés par des exemples ? Comment les parties s'enchaînent-elles ? Cette « logique » se repère, si le texte est bien structuré, aux indices fournis par le découpage en paragraphes, les mots de liaison et les formules de transition (voir page 62) ; l'organisation du texte doit se retrouver dans le résumé pour que celui-ci reste compréhensible ; s'il n'est pas toujours possible de morceler en paragraphes un texte très court, au moins les principaux liens logiques doivent-ils y apparaître.

▪ le résumé doit être de longueur réduite

Contracter un texte demande de bien comprendre son contenu, et pour cela de veiller à :
– en éliminer ce qui est accessoire : dans un texte d'idées on supprime les exemples superflus, les citations, les allusions, et dans un texte narratif, tous les événements qui ne sont pas nécessaires à la compréhension de l'action ;
– rechercher la concision et la « densité » dans l'expression (voir page 68) : il faut en dire plus en moins de mots.

▪ le texte obtenu doit rester facile et agréable à lire

On reformule les idées, la substance du texte initial de manière personnelle et cohérente : un résumé satisfaisant ne se contente pas de supprimer des mots mais constitue un véritable travail de réécriture ; le vocabulaire doit être précis pour éviter de trahir le texte et pour varier les tournures.

QUELQUES CONSEILS PRATIQUES

• La lecture préalable du texte à résumer se fait de manière active, crayon en main : on repère et **on entoure les mots de liaison et les formules de transition,** on annote les paragraphes en indiquant sommairement leur contenu et leur rôle et en délimitant arguments et exemples.

• Les différentes parties ainsi définies sont **numérotées ;** on isole entre parenthèses les phrases redondantes qu'il n'y a pas lieu de reprendre dans le résumé.

• Chaque partie numérotée est alors **résumée ;** on n'oublie pas les **articulations logiques** nécessaires.

• On détermine **le nombre de mots** du texte initial et du résumé : il suffit de compter le nombre de mots d'une ligne moyenne, articles et prépositions élidés

LE RÉSUMÉ

compris, et de le multiplier par le nombre de lignes ; puis on vérifie le rapport entre les deux (un résumé « au quart » comprendra environ quatre fois moins de mots que le texte). On procède enfin aux ajustements nécessaires (par exemple, remplacer la locution « au cas où » + conditionnel par « si » + indicatif suffit à faire gagner deux mots).

● On relit le résumé, ou on le fait relire par une personne qui ne connaît pas le texte de départ, afin d'en **vérifier le style et la cohérence** (on s'assure de la présence de tous les « maillons » nécessaires à la compréhension).

EXEMPLE

le texte à résumer

(1) *[Au théâtre,] les possibilités d'expression [des acteurs par la physionomie] sont plus limitées qu'il ne le paraît au premier abord.* (2) *Et en cela, le théâtre est assez différent de la vie.* (2a) *La proximité de l'interlocuteur, dans une conversation courante, nous permet de surprendre le moindre mouvement des sourcils ou de la bouche.* Et *, dans le domaine esthétique, le cinéma et surtout la télévision, grâce aux gros plans, nous livrent grossi et comme nu le visage des acteurs.* (2b) Mais *il est loin d'en être ainsi au théâtre :* (2b') *le spectateur est placé plus ou moins loin d'une scène plus ou moins bien éclairée et les conditions sont très différentes selon les époques et les dispositifs scéniques.* (2b'') *Dans le théâtre antique, l'éloignement rend nécessaire le port du masque et certaines de nos salles modernes sont si vastes que certains spectateurs ne voient de l'acteur que sa silhouette.* (3) Supposons *bien éclairé et suffisamment proche ce visage que l'acteur s'efforce de rendre très expressif.* Et remarquons aussitôt *qu'il ne peut, grâce à lui, tout exprimer,* pour trois raisons *, nous semble-t-il.* (3a) D'abord *l'élocution commande le jeu de certains muscles, des mâchoires, des lèvres, jeu qui est dans une certaine mesure obligé : qui dit une phrase ne peut pas, en même temps, faire avec ses lèvres une moue expressive.* (3b) Ensuite *, l'acteur ne peut commander certaines de ses réactions.* (3b') *Ce n'est pas le lieu ici de discuter la thèse de Diderot [il juge la « pantomime » essentielle au théâtre : cf. De la poésie dramatique, ch. XXI] mais de constater simplement que, sur la scène, ne pleure pas qui veut.* (3c) Enfin *, des considérations esthétiques peuvent limiter les possibilités d'expression :* (3c') *une femme qui sanglote n'est pas belle et ne doit pas, pour cette raison, se donner en spectacle. C'est vrai dans la vie, c'est encore plus vrai au théâtre* (3c'') *où ordinairement le beau n'est jamais oublié.*

(Pierre Larthomas, *Le Langage dramatique*, P.U.F., 1980, p. 95)

travail préparatoire

On a repéré le « plan » de l'extrait, en numérotant les étapes du raisonnement, en soulignant les passages importants et en encadrant les mots de liaison (tramés dans l'extrait ci-dessus).

1. Idée générale : au théâtre, les possibilités pour les acteurs d'utiliser des jeux de physionomie (expressions du visage) sont limitées.

2. Il y a là une différence entre le théâtre et la vie (d'où comparaison en deux points, 2a et 2b) :

    2a : dans la vie et aussi dans d'autres formes d'art où interviennent des acteurs, les possibilités d'expression sont grandes ;
    2b : mais au théâtre, la physionomie joue peu ;

149

2b' [explique 2b] : cela tient à l'éloignement du spectateur de la scène, et des conditions d'éclairage, variables selon les époques ;
2b" : exemples illustrant 2b.
3. Même si les obstacles évoqués en 2b' étaient levés, le visage de l'acteur ne pourrait tout exprimer, pour trois raisons :
3a : 1re raison (« d'abord ») : parole et jeux de physionomie sont incompatibles ;
3b : 2e raison (« ensuite ») : on ne peut pas toujours réagir sur commande + exemple 3b' ;
3c : 3e raison (« enfin ») : l'esthétique (sens de la beauté) est un souci constant au théâtre + exemple 3c' ;
[3c" : reprend 3c (« considérations esthétiques ») sous une autre forme (« le beau ») donc inutile dans le résumé].

■ résumé possible

● Le texte initial comporte environ 340 mots (13 mots par ligne × 26 lignes ≃ 338). Un résumé au quart devra comporter 85 mots ± 10 %, soit 9 mots de plus ou de moins ; d'où la « fourchette » suivante : nombre de mots du résumé : 76 ⩽ 85 ⩽ 94 mots.

● Texte obtenu (contient 84 mots) :

Les acteurs dramatiques disposent de jeux de physionomie réduits. Dans la conversation, on perçoit tous les mouvements d'un visage ; grâce aux gros plans le spectateur d'un film aussi ; mais au théâtre, l'éloignement du public et l'éclairage l'interdisent souvent.

L'acteur ne pourrait de toutes façons tout exprimer par le visage ; d'abord, il parle, ce qui limite ses expressions ; ensuite, certaines réactions ne s'obtiennent pas sur commande ; enfin, le souci du beau l'oblige à épurer ses attitudes.

TROISIÈME PARTIE

SAVOIR RÉDIGER de A à Z

LES PRINCIPALES RESSOURCES GRAMMATICALES ET STYLISTIQUES

■ l'expressivité, les figures de style et leurs effets

Un texte pour susciter l'intérêt du lecteur doit être expressif, formuler de manière frappante, vivante, convaincante l'idée ou le sentiment que l'auteur veut lui faire partager. L'auteur dispose pour cela de tournures grammaticales et des ressources qu'offrent les figures de style.

● Le style est la manière propre à chacun de traduire sa pensée par les mots et les constructions de phrases. On appelle « **figure de style** » un mode d'expression s'écartant des moyens habituels et « neutres » utilisés quand on ne met dans le discours aucune intention spéciale. La figure vise à produire sur le lecteur un « effet » prévisible ; si l'on écrit :

Il a fait très mauvais temps ces jours derniers,

on énoncera la constatation sur un ton neutre ; mais, si on veut se montrer ironique, on pourra aussi utiliser la figure de l'« antiphrase » (voir page 155) :

Quel joli temps il a fait ces jours derniers !

● L'auteur choisit plus ou moins consciemment les figures selon l'intention qui est la sienne : ainsi ces vers :

Elle part, elle s'évertue, / Elle se hâte avec lenteur

(Jean de La Fontaine, « Le Lièvre et la Tortue », *Fables*)

créent un effet comique, en suggérant que la tortue a beau redoubler d'efforts, elle ne peut aller plus vite :
– par la répétition du pronom « elle », dont le -e final doit à chaque fois être prononcé pour que le vers compte bien ses huit syllabes, ce qui ralentit le rythme ;
– par la cadence de la phrase : les groupes rythmiques ne s'allongent que progressivement (3 + 5 + 8 syllabes) ; les premiers sont « bancals » (ils comptent un nombre impair de syllabes) et traduisent le caractère laborieux du démarrage ;
– par la multiplication des propositions indépendantes juxtaposées, avec verbe d'action intransitif (sans complément d'objet), ce qui évoque bien des efforts... inutiles ;
– par l'alliance des mots (voir page 160) « se hâte avec lenteur », indiquant le décalage entre l'intention et le résultat ;
– par les sonorités maladroites (les sons [ə] et [a] et l'hiatus « se hâte »).

● Bien connaître les ressources du langage, c'est se donner les moyens de mieux comprendre les textes écrits par les autres, et en particulier les textes d'auteurs. L'étude des techniques du style (la « stylistique ») distingue différentes sortes de figures selon qu'elles concernent :
– la construction et la présentation des phrases : inversion, répétition, parallélisme, etc. (se rapporter à l'index page 191) ;
– le sens des mots : image, métonymie, oxymore, etc.
– la « pensée », le contenu du message : antiphrase, ironie, euphémisme, paradoxe, interrogation oratoire...
– les sonorités (allitération, assonance) ou les ressemblances entre les mots (paronymes, jeux de mots).

● L'emploi de figures n'est pas un but en soi, mais un moyen d'atteindre à l'expressivité. On trouvera, ci-après, par ordre alphabétique, une liste d'effets possibles et une suggestion de moyens pour les produire.

APPORTER DE LA VIVACITÉ

Donner au style de la vivacité, c'est-à-dire de l'intensité et de la rapidité, permet, par exemple, de rendre un récit dense et intéressant en accélérant l'action.

LA STRUCTURE DES PHRASES

On peut accélérer le rythme (voir page 95) du texte et par conséquent celui du récit par les moyens suivants :

● en segmentant les phrases et en bouleversant la syntaxe (ordre des mots) à l'aide de la ponctuation, et également grâce aux phrases nominales ou minimales (voir « Dramatiser », page 164 et « Émouvoir », page 166) ;

● en privilégiant les propositions indépendantes juxtaposées (sans mot de liaison entre elles) :

> *Rapide comme l'éclair, le requin revint. Le vieux l'atteignit quand il referma les mâchoires. Le gourdin haut levé, il lui déchargea un coup formidable. Cette fois, c'était l'os. De toutes ses forces le vieux cogna dessus. Le requin engourdi ne sombra pas sans emporter encore un morceau [de l'espadon].*
>
> (Ernest Hemingway, *Le Vieil Homme et la mer*)

La suppression des mots de liaison (procédé de l'« asyndète ») peut renforcer une opposition (antithèse, voir page 182) :

> *J'ai voulu mourir à la guerre :*
> *La mort n'a pas voulu de moi.*
>
> (Paul Verlaine, « Gaspard Haüser chante », *Sagesse,* éd. Gallimard, 1952)

PRÉSENT ET INFINITIF DE NARRATION

Dans un récit au passé, il est permis de décrire à l'indicatif présent, ou à l'infinitif présent précédé de « de », des faits dont on veut mettre en relief le caractère rapide ou inattendu, ou sur lesquels on veut passer rapidement :

> *Le mélancolique animal [le lièvre],*
> *(...) **Entend** un léger bruit : ce lui fut un signal*
> *Pour s'enfuir devers sa tanière.*
> *Il s'en alla passer sur le bord d'un étang.*
> *Grenouilles aussitôt **de sauter** dans les ondes ;*
> *Grenouilles **de rentrer** en leurs grottes profondes.*
>
> (Jean de La Fontaine, « Le Lièvre et les Grenouilles », *Fables*)

ASSOCIER

Créer une association, c'est enrichir l'évocation en permettant aux mots, au-delà de leur sens littéral, d'appeler d'autres idées.

À presque chaque mot, d'abord, sont associées des « connotations » (voir page 46) : ainsi, le mot « fauteuil » désigne un meuble où l'on s'asseoit, mais évoquera aussi selon les cas le confort, le repos, la vieillesse, les habitudes, le coin du feu, etc.

Au-delà de ces connotations, variables selon les individus, comment favoriser l'association d'idées ?

LA PÉRIPHRASE

Un mot simple peut être remplacé par une périphrase, expression qui décrit ce que l'on veut évoquer au lieu de le nommer :
– la Belgique → *le plat pays* ;
– la périphrase **outre-Manche** désigne la Grande-Bretagne tout en la situant géographiquement en évoquant la mer qui la sépare de la France.

LA MÉTAPHORE

De nombreuses expressions imagées (voir page 161), appartenant parfois au langage familier, constituent des associations ; elles permettent souvent de remplacer un mot abstrait (voir page 91) par un mot concret :
la vieillesse → *le soir de la vie* ;
se révolter → *ruer dans les brancards*.

LA MÉTONYMIE

On appelle « métonymie » une figure très courante consistant, pour nommer une réalité, à utiliser un mot qui ne la désigne pas habituellement mais entretient avec elle un rapport logique. Par exemple, dans l'expression *boire une bonne* **bouteille**, le mot « bouteille » désigne son contenu, le vin : la métonymie consiste ici à parler du contenant au lieu du contenu.

On désignera ainsi un être ou une chose :
– par sa matière :

>   *les* **cuivres** *de l'orchestre* (= les instruments en cuivre) ;
>   *prendre un café sur le* **zinc** (= le comptoir, recouvert de zinc) ;

– par sa région de provenance :

>   *du* **roquefort** (fromage fabriqué à Roquefort) ;

– par sa marque de fabrique, son auteur, etc. :

>   *le* **Larousse** (= dictionnaire édité par Larousse) ;
>   *un* **Picasso** (= tableau peint par Pablo Picasso) ;

– par l'effet produit :

>   *c'est ma* **fierté** (l'objet ou l'acte qui fait ma fierté).

R E M A R Q U E S
1. La métonymie peut elle aussi permettre de remplacer un mot abstrait par un mot concret :

>   *l'alliance du* **trône** *et de l'***autel**.

2. Elle abrège et allège l'expression :

>   *un excellent joueur de tennis* → *une excellente* **raquette**.

LA SYNECDOQUE

La « synecdoque » est une forme particulière de métonymie consistant plus spécialement à désigner la réalité :
– par une de ses parties, un de ses détails :

>   *Cet air est chanté par* **une voix** *extraordinaire*
>   (= par une personne dont la voix est extraordinaire) ;

– ou au contraire par un ensemble dans lequel elle est incluse, auquel elle appartient :

> *Voilà **la police** !* (= les policiers, membres de la police).

ATTÉNUER

Pour ménager la sensibilité ou la susceptibilité du lecteur ou respecter les convenances, il est parfois nécessaire d'atténuer la brutalité d'une constatation, d'un ordre, d'une demande.

L'EUPHÉMISME

Cette figure consiste à exprimer une idée déplaisante par une expression qui l'adoucit en la déformant ; l'euphémisme peut prendre plusieurs formes :
– **la litote**, expression qui en dit moins pour en faire entendre davantage, par exemple par l'utilisation d'un **antonyme** (mot de sens contraire) à la forme négative :

> *Ce n'est pas réjouissant* (= c'est extrêmement triste) ;

– **l'allusion**, qui évoque mais ne nomme pas explicitement :

> *Luce attend un heureux événement* (= elle est enceinte) ;

– **l'antiphrase**, expression signifiant en réalité le contraire de ce qui est dit :

> *Très bonne remarque !* (= mauvaise remarque) ;

– **l'image**, où l'expression brutale est remplacée par une comparaison ou une métaphore (voir page 162) :

> *Grand-mère s'en est allée* (= elle est morte) ;

– **la périphrase**, expression qui explique au lieu de nommer :

> *la privation de liberté* (= l'emprisonnement).

L'EMPLOI DE MODALISATEURS

Un « **modalisateur** » est une tournure grammaticale par laquelle l'auteur s'efface, marque une certaine distance par rapport à ce qu'il écrit. On utilise :
– certains modes et en particulier le conditionnel présent et même passé qui permet de rendre moins catégorique une affirmation ou une demande, de déguiser un ordre en conseil :

> *Jean **serait** malade* (= on n'en est pas sûr) ;
> *J'**aurais souhaité** un rendez-vous ;*
> *Vous **pourriez** faire attention !*

– la forme interrogative ou interro-négative, pour exprimer une suggestion :

> ***Voulez-vous que** nous en parlions ? **N'êtes-vous pas** d'accord ?*

– des adverbes introduisant une nuance (voir page 179) :

> *Son discours était **un peu** long ;*

– une subordonnée complétive introduite par un verbe exprimant l'opinion, la suggestion, l'éventualité :

> *On **croit savoir** que la réunion sera annulée ;*
> *Je **propose** que nous attendions d'y voir plus clair ;*

– les semi-auxiliaires « pouvoir » ou « devoir » :

>*La réponse **peut** prendre du temps à venir ;*
>*Les Durand **doivent** venir dimanche ;*

– la forme impersonnelle ou passive :

>***Il serait préférable** que vous répondiez rapidement ;*
>*Une réponse rapide **est souhaitée** ;*

Atténuer, c'est aussi pour l'auteur savoir s'effacer et ne pas mettre directement en cause son interlocuteur ; il vaudra donc parfois mieux éviter les pronoms de la 1re et de 2e personne et écrire *Serait-il possible d'obtenir une réduction ?* plutôt que *Pourriez-**vous** m'accorder une réduction ?*

CARACTÉRISER POUR ENRICHIR LA DESCRIPTION

Caractériser un être ou un objet désignés par un groupe nominal ou un pronom personnel, c'est les définir, en décrire les particularités, dire en quoi ils se distinguent.

LES EXPANSIONS DU NOM

Le groupe nominal peut être, facultativement, enrichi par :

● un ou des adjectifs qualificatifs, à valeur descriptive ou distinctive (voir page 23) :

>*un **vertigineux** clocher **gothique** ;*

REMARQUES
1. Substantivé (employé comme nom), l'adjectif peut devenir un surnom qui caractérise un personnage :

>*le Trésor de Rackham **le Rouge*** (Hergé) ;

2. L'adjectif peut être lui-même suivi d'un complément :

>*une leçon facile → une leçon facile **à comprendre, à retenir** ;*

● un complément de détermination, qui peut exprimer différents rapports et se présenter sous la forme :
– d'un autre nom : *un verre **de vin rouge*** (contenu) ;
>*les jardins **du château*** (dépendance) ;
>*un sirop **contre la toux*** (utilité) ;
>*un enfant **au teint maladif*** (description) ;

– d'un adverbe : *la leçon **d'hier*** (situation dans le temps) ;
– d'une proposition subordonnée ou d'un verbe à l'infinitif :

>*Il vit dans la peur **qu'on le vole / d'être volé*** (cause).

REMARQUE Le sens du complément de détermination est parfois ambigu (voir page 42) ;

● une subordonnée relative déterminative (voir page 25) :

>*C'est un trou de verdure **où chante une rivière**.*

(Arthur Rimbaud, « Le Dormeur du val »)

SAVOIR RÉDIGER de A à Z

- un ou plusieurs noms ou adjectifs en apposition (présentés à l'aide de la ponctuation ou de la préposition « de ») :

> J'ai sonné chez la voisine, **une vieille dame un peu sauvage** ;
> Cette étourdie **de Florence** a perdu son portefeuille.

L'IMAGE

La comparaison et la métaphore (voir page 161 « Créer une image ») offrent elles aussi de riches possibilités de caractérisation.

LA PÉRIPHRASE

À la place d'un nom simple, on emploiera une périphrase, expression qui le qualifie, le décrit ou en donne une définition et permet donc d'enrichir discrètement l'évocation ; La Fontaine en fait souvent usage dans ses *Fables* :

> *les citoyennes des étangs* représentent les grenouilles ; *la gent qui fend les airs,* les oiseaux ; *la gent trotte-menu,* le peuple des souris ; *la gent qui porte crête,* le peuple des coqs et des poules ; *la dame au nez pointu,* la belette.

LA MÉTONYMIE

La métonymie (voir page 154) permet parfois de caractériser la réalité en la présentant sous un aspect inattendu :

> *Le réveille-matin* [= un coq] *eut la gorge coupée.*
> (La Fontaine, « La Vieille et les Deux Servantes », *Fables*)

On qualifie de « pittoresque » une description où figurent beaucoup de détails si caractéristiques qu'ils permettraient presque de peindre ce qui est évoqué, en donnant au lecteur des éléments qui parlent à ses sens :

> *Elle quitta donc la chaude maison belge, la cuisine-de-cave qui sentait le gaz, le pain chaud et le café ; elle quitta (...) le pot à tabac et les fines pipes de terre à long tuyau, les grilles à coke, les livres ouverts et les journaux froissés (...)*
> (Colette, « Le Sauvage », *La Maison de Claudine,* éd. Hachette, 1960)

COMPARER

Comparer deux objets A et B, c'est les mettre en parallèle pour en déterminer les ressemblances et les différences.

LA COMPARAISON

Le procédé grammatical de la comparaison consiste à lier logiquement dans la même phrase les deux éléments.

- La comparaison est une image (voir page 161), quand l'objet A, réel, ressemble sur un point à un objet B, imaginaire :

> Robert doit être malade : il est jaune **comme un coing**.

- Mais A et B peuvent faire, tous deux, partie de la réalité décrite ; la comparaison qui n'est pas imagée permet alors :
– d'indiquer à quel degré A possède une qualité, en quelle quantité il détient

157

SAVOIR RÉDIGER de A à Z

quelque chose, avec quelle intensité il fait une action (plus, moins, autant que B), etc. :

> **Leur maison** (A) semble plus petite que la nôtre (B) ;
> **Pierre** détient plus (moins, autant) de billes que **Paul** ;
> Je vais mieux (aussi bien, moins bien) **aujourd'hui** qu'**hier** ;

– de mettre en parallèle deux qualités, l'une réelle, l'autre supposée, du même élément :

> Cette voiture est **plus élégante** que **sportive**.

● Elle peut indiquer que A varie en proportion de B :

> Les timbres sont **d'autant plus chers** qu'ils sont **plus rares** ;
> **Plus** ce vin **aura vieilli, meilleur** il sera.

● Imagée ou non, la comparaison s'exprime surtout :
– Par le complément d'un adjectif ou d'un adverbe au degré comparatif ou au degré superlatif :

> Marc est plus grand **que les autres élèves de sa classe** ;
> Élise travaille plus soigneusement **qu'on aurait cru** ;
> Marc est le plus grand **de tous** ;
> Élise travaille le plus soigneusement **qu'elle peut**.

– Par le complément circonstanciel d'un verbe :

> Elle travaille **comme un homme, comme le ferait un homme**.

LA JUXTAPOSITION ET LA COORDINATION

Deux propositions indépendantes, de sens opposé (antithèse) ou non, permettent aussi d'établir une comparaison.

● On peut les juxtaposer (asyndète, voir page 182) :

> Il est honnête ; son frère est un filou.

Des adverbes se répondent souvent dans chacune d'elles :

> **Autant** il est honnête, **autant** son frère est un filou ;
> **Plus** on le connaît, **moins** on l'apprécie.

● On peut les coordonner par « et », « mais », « or », « quant à » :

> Jean travaille beaucoup **et** son frère un peu moins.

LE SENS DES MOTS

Certains mots par eux-mêmes impliquent une comparaison :

> La mère et la fille **se ressemblent**. Les témoignages **concordent**-ils ou **divergent**-ils ? Ces deux maisons sont **jumelles**. Ils n'ont pas tous réagi **pareillement**. La **similitude** est troublante.

LE PARALLÉLISME

Ce procédé consiste à placer côte à côte deux membres de phrases présentant une similitude de construction, de vocabulaire ou de rythme, pour accentuer :

- une ressemblance :

> [Cléonte et son valet Covielle se croient abandonnés par leurs amantes respectives et se plaignent chacun à sa manière]
> CLÉONTE. – *Après tant de sacrifices ardents, de soupirs et de vœux que j'ai faits à ses charmes !*
> COVIELLE. – *Après tant d'assidus hommages, de soins et de services que je lui ai rendus dans sa cuisine !*
> CLÉONTE. – *Tant de larmes que j'ai versées à ses genoux !*
> COVIELLE. – *Tant de seaux d'eau que j'ai tirés au puits pour elle !*
> CLÉONTE. – *Tant d'ardeur que j'ai fait paraître à la chérir plus que moi-même !*
> COVIELLE. – *Tant de chaleur que j'ai soufferte à tourner la broche à sa place !*
> (Molière, *Le Bourgeois gentilhomme*, acte III, scène 9)

- une différence :

> *Un mort s'en allait tristement*
> *S'emparer de son dernier gîte ;*
> *Un curé s'en allait gaiement*
> *Enterrer ce mort au plus vite.*
> (Jean de La Fontaine, « Le Curé et le Mort », *Fables*)

CRÉER UN EFFET D'ATTENTE OU DE SURPRISE

Pour susciter l'intérêt de son lecteur, l'auteur doit s'efforcer de le « tenir en haleine » en créant une attente et également parfois en le surprenant par un élément inattendu.

CRÉER L'ATTENTE DANS LE RÉCIT : LE SUSPENSE

Le suspense se définit comme l'attente d'un événement dramatique (catastrophe) que le lecteur sait ou croit inévitable (attaque, surprise en flagrant délit, etc.). C'est tout le contraire d'un effet de surprise, cette attente pouvant même devenir insupportable. L'auteur crée un suspense plus efficace si les personnages, eux, ignorent le danger qui les menace et ne s'y préparent pas, ou le connaissent mais prennent des risques qui rapprochent la catastrophe (par exemple un détective qui s'introduit dans une maison en l'absence des propriétaires).

CRÉER UN EFFET D'ATTENTE DANS LA PHRASE

la gradation

Ce procédé consiste à présenter une suite d'idées de telle sorte que chacune en dise plus que celle qui précède (gradation ascendante, ou progression), jusqu'à la conclusion forte que le lecteur attend :

> – *Va* (1), *cours* (2), *vole* (3), *et nous venge* [venge-nous].
> (Pierre Corneille, *Le Cid*, acte I, scène 5)

On note ici une progression : les impératifs (1 à 3) suggèrent un déplacement de plus en plus rapide, et finalement une vengeance dont la réalisation urgente ne souffre plus de discussion.

■ l'inversion des mots

On peut aussi modifier l'ordre des mots et déplacer ceux qu'on trouve d'habitude en tête ; le sujet en particulier peut être inversé et se faire attendre longtemps après le verbe :

> *C'est alors que paraissait, sous l'arceau de fer ancien que la glycine versait à gauche,* **ma mère***, ronde et petite en ce temps où l'âge ne l'avait pas encore décharnée.*
>
> (Colette, « Où sont les enfants ? », *La Maison de Claudine*, éd. Hachette, 1960)

CRÉER UN EFFET DE SURPRISE DANS LE RÉCIT

Dans un récit, on peut créer la surprise grâce à une **péripétie** (événement inattendu qui bouleverse l'action), consistant par exemple à faire réapparaître un personnage dont il n'a plus été question depuis longtemps tout en laissant le lecteur reconstituer son histoire (« ellipse narrative ») ; ce procédé est utilisé par Balzac dans *Le Colonel Chabert* (réapparition du colonel sous le nom d'Hyacinthe), Mérimée dans *Colomba* (le vieux Barricini rencontré par Colomba et forcé à des aveux tardifs) ou Hugo dans *Les Misérables* (Monsieur Madeleine, le notable, rattrapé par son ancienne identité de bagnard).

CRÉER UN EFFET DE SURPRISE DANS LA PHRASE

■ l'anacoluthe

On peut surprendre par une rupture volontaire de la construction (voir page 38), appelée « anacoluthe ». Une de ses formes, le « zeugma », consiste à « atteler » ensemble, après un mot :
– deux compléments qui lui donnent chacun un sens différent, créant ainsi un jeu de mots :

> *J'ai* → *une voiture américaine* [j'ai = je possède]
> → *et des problèmes de garage* [j'ai = je rencontre] *;*

– des compléments qui semblent incompatibles, par exemple l'un abstrait et symbolique, l'autre concret :

> *vêtu de probité candide et de lin blanc.*
>
> (Victor Hugo, « Booz endormi », *La Légende des siècles*)

« vêtu » est ici suivi d'un complément d'agent abstrait (probité = honnêteté), et d'un autre concret (« lin blanc »).

■ l'alliance de mots

Cette figure (appelée aussi **« oxymore »**) consiste à employer ensemble des mots dont le sens paraît contradictoire :

> *Imaginez une tempête silencieuse de vagues immobiles en poussière jaune.*
>
> (Guy de Maupassant, « La Peur »)

Pour évoquer les dunes du désert, l'auteur emploie les alliances de mots « tempête silencieuse » et « vagues immobiles » ; ces expressions surprenantes s'expliquent puisque ces dunes, figées en des vagues imaginaires, sont le résultat d'une tempête de sable. L'oxymore permet de dire beaucoup en peu de mots.

■ la gradation

La gradation crée la surprise, et non l'attente, quand elle est « descendante » ; chaque terme est alors moins fort ou moins logique que le précédent :

SAVOIR RÉDIGER de A à Z

> *Je veux aller quérir [chercher] la justice, et faire donner la question [la torture] à toute ma maison : à servantes, à valets* (1)*, à fils, à fille* (2)*, et à moi aussi* (3)*.*
> (Molière, *L'Avare*, acte IV, scène 7)

Harpagon affolé perd progressivement toute logique, jusqu'à la surprise provoquée par le paradoxe (voir ci-dessous) du terme 3 : il est plus habituel, en cas de soupçons, de soumettre à la « question » les domestiques que ses propres enfants, et surtout soi-même ! On notera aussi que les groupes de mots de 1 à 3 sont de plus en plus courts (cadence mineure).

■ le paradoxe
La surprise peut provenir d'une affirmation qui semble d'abord contraire au bon sens et n'apparaît logique qu'après réflexion ; cette figure appelée « paradoxe » frappe le lecteur et le force à réfléchir, et se présente souvent sous la forme d'une alliance de mots ou d'une antithèse (voir page 182) :

> (41.) *Jésus, s'étant assis vis-à-vis du tronc, regardait comment la foule y mettait de l'argent. Plusieurs riches mettaient beaucoup.*
> (42.) *Il vient aussi une pauvre veuve, et elle y mit deux petites pièces, faisant un quart de sou.*
> (43.) *Alors Jésus, ayant appelé ses disciples, leur dit : Je vous le dis en vérité, cette pauvre veuve a donné plus qu'aucun de ceux qui ont mis dans le tronc.*
> (*La Bible*, « Évangile selon Marc », 12, 41 à 43)

L'explication du paradoxe vient au verset suivant (44) :

> *Car tous ont mis de leur superflu, mais elle a mis de son nécessaire, tout ce qu'elle possédait, tout ce qu'elle avait pour vivre.*

■ autres figures créant la surprise
Provoquent aussi la surprise l'hyperbole (voir page 165), le trait d'esprit, ou l'emploi d'un mot inattendu dans le contexte :

> CLOV (durement). – *Quand la mère Pegg te demandait de l'huile pour sa lampe et que tu l'envoyais paître, à ce moment-là tu savais ce qui se passait, non ?* (Un temps.) *Tu sais de quoi elle est morte, la mère Pegg ?* **d'obscurité.**
> (Samuel Beckett, *Fin de partie*, éd. de Minuit, 1971)

CRÉER UNE IMAGE

L'image est une figure consistant à décrire un objet A (appelé « terme comparé ») à l'aide d'un rapprochement, d'une analogie avec un objet imaginaire B (« terme comparant »), qui lui ressemble sur un point au moins (le « motif »). L'image peut se présenter sous la forme d'une comparaison ou d'une métaphore.

LA COMPARAISON

● **Définition.** Dans la comparaison, A et B sont reliés par un mot (« comme », « pareil(le) à », « ressembler à », etc.), donc simplement présentés côte à côte, mis en parallèle :

> *Sa peau* (A) *était tout usée et ridée* **comme celle d'un vieil éléphant** (B).
> (J.M.G. Le Clézio, « Mondo », *Mondo et autres histoires,* éd. Gallimard, 1978)

La comparaison n'est pas toujours une image (voir p. 157 « Comparer »).

161

- Grammaticalement, la comparaison s'exprime :
– par un complément circonstanciel de comparaison (avec ou sans verbe) introduit par « comme » « de même que », « ainsi que » :

> Je dus pousser des cris **comme en poussent ceux qu'on tue en leur arrachant l'âme**.
>
> (Jules Vallès, *L'Enfant*)

– par le complément des adjectifs « tel(le) [que] », « pareil(le) à », « semblable à » :

> Le poète est **semblable au prince des nuées** [l'albatros].
>
> (Charles Baudelaire, « L'Albatros », *Les Fleurs du Mal*)

– par le complément d'un nom :

> Un rire énorme et naïf, un rire **d'enfant et d'ogre à la fois**.
>
> (Joseph Kessel, *Le Lion,* éd. Gallimard, 1958)

– par le complément d'objet des verbes « ressembler à », « (ne pas) différer de », « faire penser à », « rappeler », etc. :

> Sais-tu **à quoi je ressemble ? à un poète sans talent, âgé et dans le besoin**.
> (Colette, « Ma mère et la maladie », *La Maison de Claudine*, éd. Hachette, 1960)

– par l'attribut du sujet des verbes « paraître », « sembler », « avoir l'air (de) » :

> [la girafe avait des] cils énormes et qui semblaient **fardés**.
>
> (Joseph Kessel, *ibidem*)

– par un complément circonstanciel de condition :

> En même temps, il m'examinait d'une tout autre manière, **comme s'il cherchait sur moi un signe de malformation, de tare dissimulée**.
>
> (Joseph Kessel, *ibidem*)

LA MÉTAPHORE

- **Définition.** Dans la métaphore, le terme comparé A est assimilé au terme comparant B, A devient B qui le remplace dans l'imagination :

> **Ce tableau noir** (A) était notre cauchemar : **son miroir sombre** (B) ne reflétait que très exactement notre savoir.
>
> (Camara Laye, *L'Enfant noir,* éd. Plon, 1953)

Ici, le tableau est l'objet réel, le terme métaphorique est « le miroir sombre » imaginaire (complété par le verbe « refléter »).

Bien souvent, le terme A est absent de la métaphore (métaphore *in absentia*), seul reste le terme imagé B ; le point de ressemblance entre A et B n'est lui non plus pas toujours précisé :

> Il y avait sur **le masque** de Bullit quelque chose de la simplicité animale.
>
> (Joseph Kessel, *ibidem*)

Ici le visage de Bullit, terme A sous-entendu, est assimilé à un masque africain du fait de son teint et de son immobilité.

- Les métaphores peuvent être formulées :
– à l'aide d'un groupe nominal :

> [le ronron du chat], **rumeur d'usine lointaine, bourdonnement de coléoptère prisonnier, moulin délicat** dont le sommeil profond arrête **la meule**.
>
> (Colette, « Ma mère et les bêtes », *ibidem*)

– à l'aide d'un verbe :

> *Beau temps. On a **mis** tous les enfants **à cuire** ensemble sur la plage. Les uns **rôtissent** sur le sable sec, les autres **mijotent au bain-marie** dans les flaques chaudes.* (Colette, *Les Vrilles de la vigne*, éd. Hachette, 1961)

– à l'aide d'un adjectif ; elles permettent souvent une personnification (voir page 182) :

> *Un noyer dont l'ombre **intolérante** tuait les fleurs.*
> (Colette, « Où sont les enfants ? », *La Maison de Claudine*, éd. Hachette, 1960)

L'ANALOGIE ET L'IMAGE FILÉE

Les images permettent de faire vivre une description – parfois humoristique – en stimulant l'imagination du lecteur :

> *Les dragues* [engins pour creuser au fond de l'eau] *et les grues étaient au travail : des machines **aussi vieilles que des dinosaures** creusaient dans le fleuve (...) ; les gens hissaient au bout de **leur long cou un goître de pélican** tout ruisselant de la boue noire du fond.*
> (Italo Calvino, *Marcovaldo ou les Saisons en ville*, éd. Julliard, 1979)

Ici l'auteur utilise des analogies « animales » pour mettre en valeur le caractère vétuste et monstrueux des machines.

Quel que soit le procédé choisi pour présenter l'analogie, on peut la continuer parfois pendant plusieurs phrases ; on dit alors que l'image est « filée » :

> *Le directeur ce matin-là était d'une humeur **de dogue**. On frappa à la porte. « Quoi ? » **aboya-t-il**, apparemment **prêt à mordre**.*

DIRE MOINS POUR SIGNIFIER PLUS : LA LITOTE

La figure appelée « litote » consiste à utiliser, pour renforcer l'expression, une expression atténuée qui en dit moins que ce que l'on pense mais qui, dans le contexte, en laisse entendre davantage : *Ce n'est pas une très bonne idée* peut ainsi signifier qu'il s'agit au contraire d'une très mauvaise idée.

La litote s'exprime souvent sous la forme :
– d'un euphémisme (cependant il ne s'agit pas, alors, d'atténuer une constatation embarrassante, mais d'y insister) :
> *Légère erreur* (= je me trompe complètement) ;

– d'une négation :
> *La soirée ne sera pas triste.*

ATTENTION
La négation doit être accompagnée d'un mot signifiant le contraire de ce qu'on veut dire : *Ce n'est pas son meilleur film* (= c'est un des pires) ;
mais si ce mot est précédé de la préposition « sans », les deux négations s'annulent : on écrira ainsi *Vous n'êtes pas sans savoir que...* (= vous savez parfaitement que...), et non pas **Vous n'êtes pas sans ignorer que*, ce qui signifierait l'inverse (= *Vous ignorez complètement que...*)

DONNER UN ORDRE

● On exprime l'ordre principalement au mode impératif, qui existe aux 2e personnes du singulier et du pluriel, et à la 1re personne du pluriel :

SAVOIR RÉDIGER de A à Z

> *Viens nous voir.* **Examinons** *le problème.* **Soyez** *à l'heure.*

Aux personnes où l'impératif fait défaut (surtout à la 3ᵉ personne), on le remplace par le mode subjonctif (le verbe est alors précédé de « que ») :

> *Qu'il(s)* m'***écrive(nt)****. Que l'on* ***prépare*** *mon cheval.*

Un ordre donné à la forme négative s'appelle une défense :

> ***Ne*** *rêvons* ***pas.*** *Qu'il* ***n'****en parle* ***plus,*** *surtout !*

● On peut atténuer la brutalité d'un ordre, le rendre plus poli, en faire une simple invitation, un conseil, à l'aide d'autres temps et modes (voir « Atténuer ») :
– l'indicatif présent ou futur (souvent avec les semi-auxiliaires « falloir » ou « devoir » suivis de l'infinitif) :

> *Les locataires* ***devront*** *entrer par l'arrière de la maison.*
> ***Il te faut*** *relire la dictée.*

– l'indicatif imparfait, dans une phrase hypothétique et interrogative :

> *Et* ***si tu*** *me* ***racontais*** *tout ?*

– le conditionnel présent (souvent avec le semi-auxiliaire « pouvoir » :

> ***Pourriez****-vous m'aider ?*

– un verbe à la forme impersonnelle ou à l'infinitif (pour éviter d'adresser l'ordre à une personne précise ou pour donner une consigne dans les modes d'emploi, les recettes, etc.) :

> ***Il est nécessaire*** *de vérifier la bonne fermeture des portes.*
> *Attention, fragile !* ***Ne pas retourner*** *cet emballage.*

REMARQUES

1. Un ordre exprimé à l'indicatif présent ou futur est souvent aussi autoritaire qu'à l'impératif :

> ***Tu te tais. Vous*** *me* ***taperez*** *ce rapport.*

2. L'indicatif futur permet aussi d'exprimer un précepte, une obligation morale à laquelle on se doit d'obéir :

> *Tu ne* ***déroberas*** *point* (La Bible, *Deutéronome*, v, 19) ;
> *Les élèves* ***s'interdiront*** *de marcher sur les pelouses.*

3. On peut exprimer un ordre atténué à l'aide de l'expression « [Je vous prie / je vous serais obligé / je vous saurais gré...] de bien vouloir » :

> *Je vous* ***saurais gré*** *de bien vouloir me répondre rapidement ;*

au contraire, l'expression similaire utilisant la formule « vouloir bien » exprime l'ordre de manière autoritaire :

> *Vous* ***voudrez bien*** *me répondre rapidement.*

DRAMATISER, EXAGÉRER

Plusieurs procédés existent pour rendre un récit ou une affirmation plus dramatiques, c'est-à-dire leur donner une intensité particulière (comparable à celle d'une pièce de théâtre où se déroulent des événements graves ou violents), ou frapper le lecteur en exagérant l'importance de ce qui est énoncé.

LA STRUCTURE DES PHRASES

On peut augmenter l'intensité de l'action et accélérer le rythme du texte :

- en en précipitant le rythme des phrases (voir page 96) ;

- en privilégiant les propositions indépendantes juxtaposées (voir page 153 « Apporter de la vivacité ») ;

- en employant des phrases nominales (sans verbe principal) :

> La quincaillerie est vide. Mais pas de n'importe quel vide. Le vide précipité. Le vide de l'arrachement. Le vide de la dernière seconde. (...) Personne. Personne, sauf maman. Immobile dans son fauteuil.
>
> (Daniel Pennac, *La Fée carabine,* éd. Gallimard, 1987)

- en employant des « phrases minimales », allégées de tous les éléments qui ne sont pas nécessaires pour le sens : compléments circonstanciels, complément d'agent, éléments de caractérisation (adjectifs, compléments du nom). L'auteur laisse ainsi au lecteur le soin d'imaginer tout ce qui n'est pas décrit et se contente d'énumérer les étapes du récit :

> [Mathilde Loisel a perdu le bijou qu'une amie, Mme Forestier, lui a prêté le temps d'un bal ; les Loisel se sont endettés pour le remplacer par un bijou identique, à l'insu de l'amie]
>
> Il fallait payer cette dette effroyable. Elle paierait. On renvoya la bonne ; on changea de logement ; on loua sous les toits une mansarde. (...) Et cette vie dura dix ans.
>
> (Guy de Maupassant, « La Parure »)

L'HYPERBOLE

Cette figure de style, fréquente en langage courant, consiste à décrire la réalité non comme elle est, mais avec exagération pour mieux frapper l'esprit.

> J'étais **mort** de fatigue.

Dans un récit, elle permet (parfois avec humour) d'exagérer les traits d'une description, d'insister sur la gravité d'un fait, sur l'intensité d'un sentiment ; elle se présente souvent sous la forme d'une image :

> [Le brocanteur] portait à bout de bras un cadre [un sommier] fait de quatre vieilles solives si mal jointes qu'au moindre effort, ce carré devenait losange. Sur l'un des bois, on avait fixé (...) un rectangle de toile de jute, aux bords effilochés, qui pendait **comme le drapeau de la misère**.
>
> (Marcel Pagnol, *La Gloire de mon père,* éd. Pastorelly, 1973)

L'ACCUMULATION

Cette figure consiste à ajouter les uns aux autres, en une longue énumération, des mots ou groupes de mots de même nature et de même fonction, par exemple pour donner l'idée d'un foisonnement d'objets dans une description, ou rendre dramatique un processus (dans l'exemple suivant, celui de la calomnie, les faux bruits qu'on lance sur quelqu'un pour lui nuire) :

> Puis, tout à coup, ne sais comment, vous voyez calomnie se **dresser, siffler, s'enfler, grandir** à vue d'œil. Elle **s'élance, étend son vol, tourbillonne, enveloppe, arrache, entraîne, éclate et tonne,** et devient, grâce au ciel, **un cri général, un crescendo public, un chorus universel de haine et de proscription.**
>
> (Beaumarchais, *Le Barbier de Séville*, acte II, scène 8)

L'acculmulation est souvent accompagnée d'un jeu sur les sonorités (ici : assonances en [a] et [o], allitérations en [r] et [s]).

ÉMOUVOIR

Émouvoir le lecteur, c'est provoquer chez lui une émotion forte, un sentiment violent : pitié, chagrin, angoisse, enthousiasme, indignation, etc. On qualifie de « pathétique » un texte qui répond à cette intention.

LES PROCÉDÉS DE LA DRAMATISATION

Les procédés utilisés pour dramatiser (voir page 164) permettent également d'émouvoir le lecteur, et en particulier :

- un rythme précipité produit par l'emploi de phrases sans verbe, courtes ou segmentées en éléments courts et juxtaposés :

> *Avez-vous entendu ? je suis un galérien. Un forçat. Je viens des galères. (...) Voilà mon passeport. Jaune, comme vous voyez. Cela sert à me faire chasser de partout où je vais.*
>
> (Victor Hugo, *Les Misérables,* Ire partie, livre II, chapitre III)

- l'antithèse avec asyndète (opposition par simple juxtaposition, voir page 182), par exemple pour renforcer le caractère poignant, désolant d'une situation :

> *Ce soir, en arrivant dans le pays, j'ai été dans une auberge, on m'a renvoyé à cause de mon passeport jaune (...). J'ai été à une autre auberge. On m'a dit : va-t-en ! (...) J'ai été à la prison, le guichetier ne m'a pas ouvert. J'ai été dans la niche d'un chien. Ce chien m'a mordu et m'a chassé, comme s'il avait été un homme. (...) Je m'en suis allé dans les champs pour coucher à la belle étoile. Il n'y avait pas d'étoile.*
>
> (Victor Hugo, *ibidem*)

PHRASES EXCLAMATIVES ET INTERROGATIVES

Leur emploi permet de donner au texte un ton pathétique :

> *Vrai ? quoi ? vous me gardez ? vous ne me chassez pas ? un forçat ! vous m'appelez monsieur ! vous ne me tutoyez pas ! Va-t'en, chien ! qu'on me dit toujours.*
>
> (Victor Hugo, *ibidem*)

L'interrogation est souvent « oratoire » et consiste à poser une question, non pour obtenir une réponse que l'on connaît déjà, mais pour amener l'interlocuteur à prendre conscience de quelque chose, créer une complicité, exprimer un sentiment, etc. :

> *Eh bien, paresseux ! tu liras donc toujours tes maudits livres pendant que tu es de garde à la scie ?*
>
> (Stendhal, *Le Rouge et le Noir*, livre I, chapitre IV)

LES INTERJECTIONS

L'interjection est un mot ou une locution invariable dont la seule fonction dans la phrase est de traduire une émotion de la personne qui s'exprime (étonnement, doute, indignation, impatience, supplication, etc.). Elle est souvent suivie d'un point d'exclamation et se présente sous différentes formes (onomatopées, conjonctions, groupes verbaux, combinaisons de mots de diverses natures) :

> *Oh !, Mais alors..., Mon Dieu !, Ah !, mais non !*

RÉPÉTITIONS DE MOTS ET ALLITÉRATIONS

– L'attention du lecteur sera attirée sur la force d'un sentiment par la répétition de mots revêtant une importance particulière pour celui qui parle ou qui écrit :

> **Un lit** avec des matelas et des draps ! comme tout le monde ! **un lit !** il y a dix-neuf ans que je n'ai couché dans **un lit !**
>
> (Victor Hugo, *Les Misérables,* Ire partie, livre II, chapitre III)

– l'allitération (répétition de certains sons consonnes ou voyelles) permet d'obtenir le même effet :

> Maintenant c'était la Thénardier qui lui apparaissait, la Thénardier hideuse avec sa bouche d'hyène et la colère flamboyante dans ses yeux.
>
> (Victor Hugo, *Les Misérables*, IIe partie, livre III, ch. V)

Dans cet extrait, Victor Hugo traduit et fait partager la peur de la petite Cosette par les allitérations en [j] (Thénar**di**er, **d'hy**ène, flambo**y**ante, ses **y**eux), les mots en h, les assonances en [i].

L'ADRESSE AU LECTEUR

L'auteur peut s'adresser directement au lecteur (ce qui n'est pas habituel dans les types de textes autres que la lettre), afin de provoquer chez lui un sentiment particulier (pitié, fraternité humaine, défi, prise à témoin…) ; cette adresse est souvent accompagnée d'un verbe à l'impératif :

> *Frères humains qui après nous vivez,*
> *N'ayez les cœurs contre nous endurcis.*
>
> (François Villon, « L'Épitaphe Villon »)

Cette prise à témoin peut être indirecte, exprimée à la 3e personne (elle s'accompagne alors du subjonctif, qui remplace l'impératif à la 3e personne) :

> Je veux montrer **à mes semblables** un homme dans toute la vérité de la nature ; et cet homme ce sera moi. (…) Être éternel [ici, l'auteur s'adresse directement à Dieu], rassemble autour de moi **l'immense foule de mes semblables** : **qu'ils écoutent** mes confessions, **qu'ils gémissent** de mes indignités, **qu'ils rougissent** de mes misères. **Que chacun d'eux découvre** à son tour son cœur (…) et puis **qu'un seul te dise**, s'il l'ose : Je fus meilleur que cet homme-là.
>
> (Jean-Jacques Rousseau, *Les Confessions*, I, livre Ier)

L'APOSTROPHE

Plus généralement, le procédé consistant à interpeller un être ou une chose auxquels on ne s'adresse pas habituellement, ou qui sont absents, s'appelle une « apostrophe » et constitue l'expression d'une émotion profonde que le lecteur ne peut que partager :

> ANDROMAQUE. – *Ô cendres d'un époux, ô Troyens ! ô mon père !*
> *Ô mon fils, que tes jours coûtent cher à ta mère !*
>
> (Jean Racine, *Andromaque*, acte III, scène 8)

ÉNUMÉRER

« Énumérer », c'est énoncer à la suite différents éléments constituant une série : à l'aide de noms, on peut énumérer les quatre saisons, les animaux de la forêt, les objets qui encombrent le bureau… ; à l'aide d'adjectifs, les qualités d'un être ou d'un objet :

> *des grappes* **mûres, lourdes, appétissantes,**

SAVOIR RÉDIGER de A à Z

à l'aide de verbes les actions d'un personnage :

> *Après qu'il **eut brouté, trotté, fait tous ses tours,***
> *Janot Lapin retourne aux souterrains séjours.*
>
> (Jean de La Fontaine, « Le Chat, la Belette et le Petit Lapin », *Fables*)

Comment énumérer ?

● Les éléments peuvent être juxtaposés et séparés par un signe de ponctuation (virgule, point-virgule ou même point) ; s'il s'agit de groupes nominaux, ils peuvent se passer de déterminants, et l'ensemble est parfois repris par le pronom « tout », alors suivi d'un verbe au singulier :

> *(...) palais neufs, échafaudages, blocs,*
> *Vieux faubourgs, **tout** pour moi devient allégorie.*
>
> (Charles Baudelaire « Le Cygne », *Les Fleurs du Mal*)

● Certains des éléments peuvent être coordonnés :

> *Voici des fruits, des fleurs, des feuilles **et** des branches.*
>
> (Paul Verlaine, « Green », *Romances sans paroles*)

REMARQUES

1. Une longue énumération (par exemple d'actions) peut être divisée en unités plus brèves réparties dans des phrases différentes ; on variera les mots de liaison : l'idée de succession sera traduite par « puis », « ensuite », « enfin » :

> *Elle s'approchait du feu, y jetait une poignée de poudre, **et** respirait avidement la lourde fumée blanche qui s'élevait aussitôt. **Puis** elle se tournait vers les Indiens immobiles, **et** elle paraissait les passer en revue (...). **Ensuite** elle revenait près du foyer **et** le manège recommençait.*
>
> (Michel Tournier, *Vendredi ou la Vie sauvage,* éd. Gallimard, 1987)

2. Une énumération peut au contraire être volontairement longue ; il s'agit du procédé de l'« accumulation » (voir page 165).

3. On peut hiérarchiser les éléments d'une accumulation (les classer par ordre d'importance) grâce au procédé de la gradation (voir pages 159 et 160).

● Dans un texte non littéraire, l'énumération peut être une liste dont les éléments sont repérés par des tirets :

Rôti de porc aux abricots

Ingrédients pour 6 personnes :
– *1 kg et demi de rôti de porc dans le carré ou l'échine.*
– *1 kg d'abricots.*
– *80 g de beurre.*
– *1 verre de vin doux.*
– *1 branche de thym, sel et poivre.*

EXPLIQUER

Expliquer, c'est développer une idée pour aider le lecteur à la comprendre, justifier un argument, donner les éléments nécessaires pour saisir l'enchaînement des événements dans un récit, éclaircir une allusion, etc.

FAIRE APPARAÎTRE LES LIENS LOGIQUES

Les rapports logiques entre les phrases peuvent être mis en valeur par des prépositions, conjonctions et adverbes grâce auxquels le lecteur suit les étapes du raisonnement ou du récit.

On fera en particulier apparaître :
– un rapport de cause (voir plus loin) pour expliquer pour quelles raisons un fait s'est produit, ou pour justifier une affirmation :

> *539 est un nombre impair **car** il n'est pas divisible par 2 ;*

– un rapport de conséquence (voir plus loin) pour expliquer quel(s) autre(s) événement(s) un fait a entraîné(s) :

> *Tu te hâtes, **si bien que** tu te trompes (conséquence) ;*

– un rapport de but ou de crainte (voir plus loin), pour expliquer ce que l'on cherche à obtenir ou à éviter en accomplissant un acte :

> *Je crois qu'elle est partie **afin qu'**on ne la voie pas pleurer.*

(Voir aussi page 57 « Les divisions et les articulations du texte »)

FAIRE APPARAÎTRE LA CHRONOLOGIE

Pour rendre plus compréhensible le déroulement d'événements, on les situera dans le temps (voir page 185) en indiquant :
– leur date (moment où ils arrivent) ou leur durée :

> ***À trois heures**, n'y tenant plus, elle décrocha le téléphone ;*
> *Il resta **longtemps** parti, tandis que sa famille s'inquiétait ;*

– dans quel ordre ils se situent les uns par rapport aux autres (adverbes « d'abord », « ensuite », « enfin »...).

EXPLIQUER LE SENS D'UN MOT

On peut expliquer le sens d'un mot dont on suppose le sens inconnu du lecteur :
– par l'emploi de synonymes (éventuellement entre parenthèses), présentés sous la forme d'une apposition au mot à expliquer, ou reliés à lui par une conjonction :

> *Le colibri **(appelé communément oiseau-mouche)** appartient aux régions tropicales ;*
> *Le colibri, **plus connu sous le nom d'oiseau-mouche**, appartient...*
> *Le colibri **ou oiseau-mouche / c'est-à-dire l'oiseau-mouche** appartient...*

– par l'emploi d'une périphrase (voir page 157) :

> *Bogota, **capitale de la Colombie**, culmine à 2 600 mètres.*

REMARQUE L'explication a souvent aussi valeur d'argument :

> *Je ne peux me passer du livre, **cette machine à rêver**.*

LE SYMBOLE ET L'ALLÉGORIE

● **Le symbole** est un objet ou un être vivant concrets qui représentent (« symbolisent ») une notion abstraite : le glaive (épée) et la balance symbolisent la justice ; la colombe et son rameau d'olivier, la paix. On donne aussi le nom de symbole à une phrase qui, au-delà de son sens immédiat, illustre une idée et permet de rendre l'énoncé plus vivant, plus concret : au lieu de dire « On ne peut empêcher ce qui est inévitable », on citera le proverbe *Quand la poire est mûre, il faut qu'elle tombe.*

● L'être, l'objet symbolisant une idée forment une « **allégorie** » quand l'auteur les anime, les personnifie (voir page 183).

▰ L'EXEMPLE

L'exemple aide à comprendre une affirmation ou un argument en les illustrant concrètement (voir page 175 « Illustrer par un exemple »).

▰ L'EXPRESSION DE LA CAUSALITÉ

Pour expliquer pourquoi un événement a eu lieu, pour quelles raisons il se produit, on emploie le plus souvent un complément circonstanciel de cause qui peut être un groupe nominal ou un pronom, un groupe infinitif, un gérondif ou une proposition subordonnée généralement à l'indicatif ; ce complément sert à exprimer :

● une cause pure et simple (on se contente d'expliquer un fait, sans intention particulière) :

> *À trop fumer / en fumant trop, il s'est rendu malade ;*
> *Il a été puni pour insolence / pour avoir répondu au surveillant ;*
> *Je suis entré par erreur chez le voisin ;*
> *Il n'a pu rentrer chez lui faute de clef / parce qu'il avait perdu sa clef ;*
> *Comme je veux réussir mon examen, je révise méthodiquement ;*
> *J'ai été récompensé grâce à toi* (cause ayant entraîné une conséquence positive) ;
> *J'ai été puni à cause de toi* (cause ayant entraîné une conséquence négative) ;

● une cause que l'on suppose déjà connue du lecteur :

> ***Puisque*** *le temps s'améliore, venez manger des grillades !*

● une cause prétextée (la cause avancée n'est pas la vraie) :

> *Il sortit **sous prétexte d'être souffrant** / **sous le prétexte d'un malaise** ;*

● une cause incertaine, dont on n'est pas sûr qu'elle représente la véritable explication, ou sur laquelle on veut manifester un doute ; le verbe de la subordonnée est alors au conditionnel :

> *Julien est absent, **parce qu'il serait souffrant** ;*

● une cause que l'on nie (on indique qu'elle n'est pas à retenir comme explication) ; le verbe de la proposition subordonnée est alors au subjonctif :

> *Je ne viendrai pas vous voir, **non que je n'en aie pas envie**, mais parce que mon emploi du temps est trop chargé.*

Remarques
1. La cause peut être mise en relief :

> *Si je suis déçu, **c'est que** j'étais persuadé d'avoir réussi ;*
> *Je suis déçu, **d'autant (plus) que** j'étais persuadé d'avoir réussi.*

N.B. : quand la conjonction « d'autant que » est employée avec « plus » ou « moins », l'expression « d'autant plus » ou « d'autant moins » peut se trouver dans la proposition principale :

> *J'ai **d'autant moins** apprécié ce séjour **qu'il a plu sans arrêt** !*

2. On coordonne à l'aide de la conjonction « que » plusieurs subordonnées causales successives :

> **Comme** les jours rallongent et **que** le temps est au beau fixe, nous passons beaucoup de temps dans le jardin.

3. On peut aussi exprimer la cause :
– à l'aide d'une proposition subordonnée relative, d'un adjectif qualificatif, d'un participe ou d'un nom mis en apposition :

> La route, **(qui est) inondée**, est impraticable ;
> **Bon joueur**, il a serré la main de son adversaire ;

– à l'aide d'une proposition participiale (le participe est alors muni de son sujet propre) :

> **La route étant impraticable**, nous avons dû faire un détour ;

– par la juxtaposition ou la coordination de deux propositions indépendantes (celles qui exprime la cause est placée en second) :

> Nous devons faire un détour **car** la route est impraticable ;
> Nous devons faire un détour **:** la route est impraticable.

L'EXPRESSION DE LA CONSÉQUENCE

La conséquence est le rapport symétrique de la causalité ; l'une et l'autre sont indissociables ; dans la phrase, on exprime formellement tantôt la causalité (voir ci-dessus), tantôt la conséquence :

> La voiture a dérapé **parce que la route était glissante** (dans cette phrase, on exprime la causalité) ;
> La route était glissante **si bien que la voiture a dérapé** (dans cette phrase, on exprime la conséquence) ;
> route glissante → dérapage de la voiture
>   [cause]   [conséquence]

Pour exprimer la conséquence d'un fait, on emploie le plus souvent un complément circonstanciel de conséquence, qui se présente sous la forme d'un groupe infinitif ou d'une proposition subordonnée généralement à l'indicatif. Ce complément peut indiquer :

● que la conséquence est indépendante de l'intensité de la cause :

> Lisa a tiré le bon numéro, **si bien que / de (telle) sorte que / en sorte que le gros lot lui est échu** ;

● que la conséquence est liée au degré d'intensité de la cause (si cette intensité avait été moindre, la conséquence ne se serait pas produite) :

> Le chien a tiré sur sa laisse, **au point de / jusqu'à la casser** ;

généralement, la conséquence est annoncée par un adverbe d'intensité, qui varie selon qu'il porte :
– sur un verbe :

> Le chien a **tant / tellement** tiré sur sa laisse **qu'il l'a cassée** ;
> Le chien a **tant** tiré / tiré **à un tel point** sur sa laisse **qu'il l'a cassée** ;

– sur un nom :

> Il possède **tant / tellement de** livres **que sa maison est envahie** ;

*Il possède **trop** de livres **pour pouvoir les ranger tous** ;*
*Papa a un **tel** rhume **que son nez ressemble à celui d'un clown** !*

– sur un adjectif ou un adverbe :

*Julie est **assez** grande **pour marcher seule** ;*
*La cave est **tellement** / **si** humide **qu'on ne peut pas y entreposer de livres**.*
*La cave est **trop** humide / **n'est pas assez** sèche **pour pouvoir contenir des livres** / **pour qu'on puisse y entreposer des livres** ;*

ATTENTION

● La conjonction « (assez, trop...) pour que » entraîne le subjonctif dans la proposition subordonnée.

● Avec « trop... pour » ou « ne pas assez... pour », c'est la conséquence qui est négative (on ne peut pas entreposer de livres dans la cave), même si l'idée de négation s'exprime dans la première partie de la phrase.

REMARQUE On peut aussi exprimer la conséquence :
– à l'aide d'une proposition subordonnée relative :

*On a ciré les escaliers, **qui sont devenus dangereux** ;*

– par la juxtaposition ou la coordination de deux propositions indépendantes (celle qui exprime la conséquence est placée en second et peut reprendre la première proposition par le pronom adverbial « en ») :

*La route était impraticable **et** / **donc** nous avons dû faire un détour ;*
*Cette affaire le préoccupe, il n'**en** dort plus la nuit.*

L'EXPRESSION DU BUT ET DE LA CRAINTE

On explique les raisons pour lesquelles on fait une action à l'aide d'un complément circonstanciel de but (indiquant ce qu'on cherche à obtenir) ou de crainte (indiquant ce qu'on cherche à éviter). Ce complément peut être :

● un groupe nominal ou un groupe infinitif, introduits par diverses prépositions ou locutions prépositives :

*Les athlètes s'entraînent **pour** / **en vue d'une médaille** (but) ;*
*Le chien, qui a éventré les coussins, se cache sous la commode, **de crainte** / **de peur** / **par peur d'une correction** (crainte) ;*
*Elle suit un régime **pour maigrir, afin de** / **dans l'espoir de** / **dans l'intention de maigrir** (but) ;*
*Elle s'interdit le sucre **de peur de** / **pour éviter de grossir** (crainte) ;*

● une proposition subordonnée au subjonctif, introduite par les conjonctions ou locutions conjonctives :
– « pour que », « afin que », « de (telle) sorte que », « en sorte que » (but) :

*On dut le punir **pour qu'il apprît la politesse** ;*
*Soigne ton écriture, **en sorte qu'on puisse te lire** ;*

– « afin que... ne... pas », « pour que... ne... pas », « de crainte que », « de peur que », « pour éviter que » (crainte) :

*Les enfants se cachent **pour éviter qu'on (ne) les trouve** ;*
*Les enfants se cachent **afin qu'on ne les trouve pas**.*

Remarques

1. On exprime parfois le but à l'aide de la conjonction « que » après un verbe principal à l'impératif ; cette construction est réservée à l'oral et correspond à une exhortation familière, un peu bourrue :

> Viens ici, **que je te parle** !

2. On ne doit pas écrire « *pour ne pas que » mais « pour que... ne... pas » :

> **Pour que le chien ne morde pas**, on lui a mis une muselière (et non : *Pour ne pas que le chien morde).

3. Les conjonctions « de sorte que », « de telle sorte que », « en sorte que », suivies d'un verbe au subjonctif, expriment le but ; suivies d'un verbe à l'indicatif, elles expriment la conséquence :

> Il accélère, **de sorte que sa voiture aille plus vite** (but) ;
> Il accélère, **de sorte que sa voiture va plus vite** (conséquence).

4. On peut aussi exprimer le but à l'aide d'une proposition subordonnée relative au subjonctif :

> Il faut acheter un meuble **qui contienne tous ces dossiers**.

FAIRE RIRE

La volonté de faire rire le lecteur ne peut ordinairement se manifester que dans un texte de ton familier adressé à un proche, ou dans les récits auxquels on veut donner un ton humoristique, burlesque, ironique, satirique. Les procédés comiques s'usent vite et doivent être utilisés avec prudence.

L'HUMOUR

L'humour est l'attitude consistant à se moquer, en feignant d'être sérieux, d'une situation absurde ou ridicule (au lieu de s'en plaindre), d'un grand sentiment (au lieu de l'étaler), d'un décor grandiose (au lieu d'en être impressionné), etc. :

> [on a voulu « clarifier » le nez du narrateur pour qu'il parle d'une voix plus distincte en composition de récitation]
> *Seringue molle, mon nez a tiré et craché l'eau pendant une demi-heure (...) et il me semble qu'on m'a vidé et que ma tête tient à mon cou comme un ballon rose à un fil ; le vent la balance. J'y porte la main. Où est-elle ? Ah ! la voilà !*
>
> (Jules Vallès, *L'Enfant*)

Les images (voir page 161) sont souvent un moyen d'humour. Quand l'humour fait rire d'une situation désespérée, tragique ou macabre (en rapport avec la mort), on parle d'« humour noir » :

> *Je me mis à travailler bien fort, bien fort ; on ne me punissait plus au collège, mais à la maison on me battait tout de même. J'aurais été un ange qu'on m'aurait rossé aussi bien en m'arrachant les plumes des ailes (...).*
>
> (Jules Vallès, *ibidem*)

LE GROTESQUE ET LE BURLESQUE

Rendre grotesques une situation, un personnage, c'est accentuer leur côté monstrueux et ridicule pour s'en moquer sans les rendre inquiétants ni pitoyables (propres à susciter la pitié).

On créera le grotesque en mettant en valeur ce qui est laid et bizarre, par exemple dans une caricature (voir page 114) :

> [Pendant la guerre civile espagnole, des prêtres viennent se plaindre au pape des tourments qu'ils ont subis]
> *Ils nous ont crucifiés sur des planches / avec de sales clous rouillés / Mais Dieu (...) nous a tous ressuscités / et sur son nuage d'acier trempé / sainte Tenaille est arrivée / sainte Tenaille nous a décloués / (...) saint Sébastien pleurait / ils l'avaient planté de banderilles / il ne pouvait pas les enlever / sainte Tenaille s'était endormie...*
>
> (Jacques Prévert, « La Crosse en l'air », *Paroles,* éd. Gallimard, 1972)

Quand le grotesque s'attache comme ici à un sujet « tabou », il est très proche du « burlesque », qui consiste à traiter un thème noble ou sérieux sur un ton volontairement comique et vulgaire.

REMARQUE Un écrit qui pour s'en moquer imite une œuvre sérieuse, dont le sujet est transposé dans un registre comique et burlesque, est appelé une **« parodie »**. Quand la parodie consiste à imiter non le sujet d'une œuvre mais son style, on parle de **« pastiche »**.

LE CALEMBOUR

Le calembour est un jeu de mots fondé sur la ressemblance sonore (parfois approximative) entre des mots ou groupes de mots, d'où la possibilité d'une double interprétation :

> *Le Progrès :*
> *Trop robot pour être vrai.*
>
> (Jacques Prévert, *Fatras,* éd. Gallimard, 1966)

Il peut ainsi créer une confusion comique dans un dialogue :

> BÉLISE. – *(...) Veux-tu toute ta vie offenser la grammaire ?*
> MARTINE. – *Qui parle d'offenser grand'mère ni grand-père ?*
>
> (Molière, *Les Femmes savantes*, acte II, scène 6)

Il peut aussi se mettre au service de l'ironie ou de la satire (comme dans l'hebdomadaire politique *Le Canard Enchaîné*).

GRADUER : LE PROCÉDÉ DE LA GRADATION

Graduer, c'est présenter une suite d'idées ordonnées de sorte que chacune en dise plus que celle qui précède (gradation ascendante, ou progression), ou en dise moins (gradation descendante) :

> À TOUS CEUX
> *qui crèvent d'ennui au collège* (1)
> *ou*
> *qu'on fit pleurer dans la famille* (2),
> *qui, pendant leur enfance,*
> *furent tyrannisés par leurs maîtres* (3)
> *ou*
> *rossés par leurs parents* (4)
> *Je dédie ce livre.*
>
> (Jules Vallès, dédicace de *L'Enfant*)

ILLUSTRER PAR UN EXEMPLE

L'exemple vise à illustrer concrètement une explication ou un argument, et peut se présenter comme un mot simple, une énumération ou une phrase complète. Comment l'introduire ?

L'UTILISATION DE LA PONCTUATION

Les deux points permettent d'annoncer un exemple :

> On trouve de nombreux passereaux dans nos jardins : le moineau, le merle, la mésange...

LES FORMULES INTRODUCTRICES

Une grande variété de mots et de formules le permettent aussi :
– « comme », « tel(le)(s) que » :

> Dans le domaine de la communication sont apparus de nouveaux instruments **tels que** / **comme** le téléphone sans fil ou encore le télécopieur.

ATTENTION
Ces mots ne peuvent être employés de manière autonome en début de phrase : ils complètent nécessairement un groupe nominal (ici, « de nouveaux instruments ») ;

– « ainsi », « par exemple » :

> L'été 1942, le régime de Vichy prend de nouvelles mesures contre les Juifs ; ils se voient **ainsi** interdire l'accès des lieux publics.

Ces mots de liaison peuvent être placés en tête de proposition ; « ainsi » entraîne alors une inversion du sujet.

– utilisation des relatifs « dont », « parmi lesquel(le)s » :

> Les tableaux cubistes de Picasso, **parmi lesquels** on trouve « Les Demoiselles d'Avignon », sont célèbres dans le monde entier ;

– formules diverses : « on pense à... », « c'est le cas de... », « j'en aurai pour preuve... ».

INDIQUER LA QUANTITÉ

● Le pluriel des noms (et des mots accordés avec eux) indique que quelque chose existe en nombre plus ou moins grand :

> Les courses, les chansons, les baisers, les bouquets,
> Les violons vibrant derrière les collines,
> Avec les brocs de vin, le soir, dans les bosquets.
>
> (Charles Baudelaire, *Mœsta et errabunda*)

Un nom abstrait, mis au pluriel, prend un sens concret :

> *la longueur* (qualité abstraite) → *des longueurs* (dans un texte ou dans un film, des passages trop longs, où l'on s'ennuie).

● Les adjectifs indéfinis, déterminants d'un nom, expriment une quantité variable (de la quantité nulle à la totalité) :
– quantité nulle : **aucun(e) / pas un(e) / nul(le)** élève ;
– quantité indéfinie (vague) ou partielle : **certaines** remarques, **maintes** fois (« maint(e)(s) » = de nombreux), **quelques** passants, **divers / différents** endroits, **plusieurs** plats ;
– quantité totale : **toute la** classe ; **chaque** participant sera récompensé.
Les pronoms indéfinis correspondants jouent le même rôle : **tous** sont venus ; **nul** ne connaît l'avenir.

● On indique aussi le nombre :
– par un nom exprimant la quantité suivi d'un complément :

> **un cent** de clous ; **une douzaine** d'œufs ;

– grâce aux adjectifs numéraux cardinaux :

> **douze** œufs ; je te l'ai dit **vingt mille** fois ;

– par certains adjectifs qualificatifs :

> un monstre à **triple** tête ; de **nombreux (rares)** clients.

– par un adverbe de quantité suivi d'un complément :

> **beaucoup (peu, guère, assez, trop)** d'argent ; **que** d'argent !

● Enfin, le complément circonstanciel de quantité, répondant à la question « combien », souvent construit sans préposition, indique la taille que l'on fait, le poids que l'on pèse, la dimension, le prix, l'âge, la distance, la différence, etc. :

> Le gigot pèse **un kilo** ; les bénéfices ont baissé **de dix pour cent**.

INSISTER

Voir page 178 « Mettre en relief ».

IRONISER

L'ironie est le ton sur lequel on exprime une moquerie ou une critique souvent vive, en faisant mine de les dissimuler :

● derrière une formule faussement plaisante disant le contraire de ce que l'on pense (**antiphrase**, voir page 155) :

> Ma mère a mis son châle jaune et son beau chapeau – celui au petit melon et à l'oiseau au gros ventre.
>
> (Jules Vallès, *L'Enfant*)

« Beau » est employé ironiquement : le chapeau est ridicule ;

● derrière une fausse interrogation (interrogation oratoire) :

> Es-tu fier de toi ?

● derrière un trait d'esprit (pensée brillante faisant mouche en quelques mots en confinant parfois au cynisme) :

> *Dieu a donc fait la grâce à votre mère de la réduire à la mendicité ? – Oui monsieur. – Tant mieux, elle est sûre de son salut* [d'aller au paradis].
>
> (Voltaire, *Jeannot et Colin*)

MARQUER L'INTENSITÉ

L'« intensité » est le fait, pour un être ou une chose, de posséder une caractéristique à un degré élevé, de faire une action avec une énergie particulière. On utilise pour l'exprimer :

● des adverbes de manière ou de quantité, des adjectifs qualificatifs aux degrés positif, comparatif ou superlatif :

> *Le froid est* **vif** (positif), ***plus vif*** *qu'hier* (comparatif), ***très vif*** (superlatif absolu) ; *c'est le froid* ***le plus vif*** *que j'aie connu* (superlatif relatif) ;

● certains mots pourvus d'un préfixe dit « intensif » :

> *une recette* **ultra-rapide** *; une salle* **archicomble** *; un moteur en* **surchauffe** *;*

● certaines expressions équivalant à un superlatif :

> *Marc travaille avec un soin* **particulier** (= très soigneusement) ;
> *Voilà un voyage* **hors de prix** (= très cher).

METTRE EN PARALLÈLE

Mettre en parallèle, c'est comparer deux choses, les mettre côte à côte pour en dégager les ressemblances et les différences.

LE PARALLÉLISME

Ce procédé accentue les ressemblances ou les différences à l'aide de membres de phrases présentant une similitude de rythme, de construction, de vocabulaire (voir page 157 « Comparer »).

LE CHIASME

Dans le chiasme comme dans le parallélisme, deux expressions presque semblables sont placées côte à côte ; mais les mots sont présentés dans un ordre inverse d'une expression à l'autre :

> *Elle jouait avec sa chatte*
> *Et c'était merveille de voir*
> ***La main blanche*** *et* ***la blanche patte***
> *S'ébattre dans l'ombre du soir.*
>
> (Paul Verlaine, « Femme et chatte », *Poèmes saturniens*)

177

SAVOIR RÉDIGER de A à Z

On peut figurer les deux groupes comme un « X », ou comme la lettre grecque « χ » (« chi »), d'où le nom de chiasme ([kiasm]) :

main blanche
[nom + adjectif]

X

[adjectif + nom]
blanche patte

METTRE EN RELIEF, INSISTER

LA PHRASE EMPHATIQUE

Différents procédés permettent dans la phrase de mettre en relief un ou plusieurs mots afin de créer un effet d'insistance. La phrase est alors dite « emphatique ».

■ l'emploi des présentatifs

Les présentatifs « c'est... », « il y a », « voici » / « voilà », souvent suivis de « qui », « que », « à / de quoi », « dont », « où », permettent la mise en relief des mots qu'ils encadrent :

> On voit les Alpes → **C'est (ce sont) les Alpes** qu'on voit ;
> J'ai écrit depuis longtemps → **Il y a longtemps** que j'ai écrit ;
> Je suivrai cette méthode – **Voici la méthode** que je suivrai.

N.B. : « Voici » annonce ce qui suit dans le texte, « voilà » reprend ce qui a été déjà énoncé.

■ les pronoms d'annonce ou de rappel

L'annonce ou la reprise par un pronom d'un mot ou d'une proposition en apposition permettent aussi leur mise en valeur :

> *Ta veste te va bien*
> → **Elle** *te va bien,* **ta veste** (pronom d'annonce + apposition)
> ou **ta veste, elle** *te va bien* (apposition + pronom de rappel).
>
> *Chacun sait qu'il est courageux.*
> → **Qu'il est courageux**, *chacun* **le** *sait* (pronom de rappel).

■ les pronoms personnels accentués

Utilisés en fonction d'apposition, les pronoms personnels accentués (ou « toniques ») prennent un relief que n'ont pas les pronoms non accentués (« atones »). Ils permettent souvent de créer une opposition :

> **Toi**, *tu te vantes sans cesse, Jean,* **lui**, *sait rester modeste.*

■ l'ordre des mots

Sans aller jusqu'aux libertés que prend la poésie, on peut en prose modifier l'ordre normal des mots (voir page 20) pour mettre en valeur les expressions déplacées ; on pourra :

– inverser le sujet (le faire attendre après le verbe) :

> *Alors éclata* **un orage effroyable** *;* **Suis-*je*** *distrait !*

– placer l'attribut avant le sujet :

> **Grand** *est mon désir de vous revoir ;*

– placer en tête de phrase un complément non essentiel :

> **Sans argent**, on ne peut rien faire ;

– placer l'adjectif avant le nom, s'il est habituellement placé après lui, et vice-versa :

> un **effroyable** orage ;

REMARQUE L'adjectif peut être parfois mis en relief par substantivation (utilisation comme nom), ou transformation en nom :

> Pierre, ce rêveur → ce rêveur de Pierre
> une voiture merveilleuse → une merveille de voiture.

L'ACCUMULATION

On mettra en valeur une énumération en la grossissant, en l'allongeant (procédé de l'« accumulation », voir page 165).

LA RÉPÉTITION ET L'ANAPHORE

On peut insister sur un mot en le répétant exprès dans la phrase ou dans plusieurs phrases consécutives. Quand le mot ou le groupe répété est placé en tête de phrase ou de proposition, la répétition prend le nom d'« anaphore » :

> **Ô nuit** désastreuse ! **Ô nuit** effroyable, où retentit tout à coup, comme un éclat de **tonnerre**, cette **étonnante** nouvelle : **Madame se meurt, Madame est morte !** (...) **Partout on** entend des cris, **partout on** voit la douleur et le désespoir, et l'image de la mort. Le roi, la reine, Monsieur, **toute** la cour, **tout** le peuple, **tout est** abattu, **tout est** désespéré (...). Mais **et** les princes **et** les peuples gémissaient **en vain**. **En vain** Monsieur [le frère du roi, époux de la défunte], **en vain** le roi même tenait Madame serrée par de si étroits embrassements.
>
> (Bossuet, Oraison funèbre d'Henriette d'Angleterre)

REMARQUES
1. Répétitions et anaphores sont souvent complétées par des jeux de sonorités (dans l'exemple ci-dessus, les sons [t] et [u]).
2. La répétition peut consister à reprendre non le même mot, mais des mots de la même famille (dans l'exemple ci-dessus, « tonnerre » et « étonnante », « partout » et « tout »).

NUANCER

« Nuancer » une affirmation, c'est la corriger pour la rendre moins absolue, plus subtile, plus proche de la réalité aussi :

> Leur maison est grande → Leur maison est **assez** grande.

On apportera des nuances par les moyens grammaticaux appelés « modalisateurs » (pour les détails, voir aussi page 155 « Atténuer »), et en particulier l'emploi d'adverbes de manière et de quantité :

*Nous buvons **volontiers** du vin le dimanche ;*
*Il m'a heurté **accidentellement** [= et non exprès] ;*
*Catherine s'est montrée **plutôt** aimable avec eux ;*
*Tu étais **bien** élégant hier !*
*Les plâtres sont **presque** / **à peu près** / **tout à fait** secs.*

OPPOSER, CONCÉDER

– Il y a « opposition » quand on énonce une contradiction entre des faits qui à première vue ne devraient pas se produire ensemble, ou qui sont simplement marqués par un contraste (forte différence) :

Il fait froid, pourtant le soleil brille ;
En France, c'est l'hiver, en Nouvelle-Zélande, c'est l'été ;

– Quand la seconde affirmation ne fait que nuancer, corriger la première sans la contredire, on parle de « concession » :

On l'a récompensé, encore que son mérite ne soit pas grand.

LE COMPLÉMENT CIRCONSTANCIEL D'OPPOSITION

Ce peut être :

- un groupe nominal, un pronom introduits par les prépositions « malgré », « en dépit de », « avec », « sans », « quant à » :

  ***En dépit de la pluie**, nous parcourions le pays à vélo ;*
  *Mon frère bricole, **quant à** moi je préfère lire.*

- un groupe infinitif avec « loin de », « au lieu de », « sans » :

  ***Loin de préparer son examen**, il s'amuse ;*
  *Il a visité tous les pays **sans bourse délier** ;*

- un verbe au gérondif :

  *L'institutrice se fait respecter **(tout) en ne criant jamais**.*

- une proposition subordonnée conjonctive (voir ci-dessous).

LES PROPOSITIONS SUBORDONNÉES

- L'opposition s'exprime d'abord dans des subordonnées conjonctives introduites par « bien que », « quoique », « encore que » (concession), « que » + subjonctif, « alors que », « tandis que », « si » + indicatif. La subordonnée est souvent en tête :

  ***Bien qu**'il se plaigne toujours, il n'est pas malheureux ;*
  *Il a tout pour être heureux **alors qu**'il se plaint toujours.*

Remarques

1. Le verbe peut être sous-entendu pour alléger la phrase :

   ***Quoique** pauvres, ils ont le cœur sur la main.*

2. La conjonction « si » est un moyen élégant d'exprimer l'opposition ou la

concession (renforcée éventuellement par un adverbe ou une locution dans l'autre proposition) :

> *S'il fait beau, il ne fait pas chaud **(pour autant)**.*

3. Avant la conjonction « que », on peut trouver dans la proposition subordonnée un adjectif ou un adverbe précédés des adverbes « si », « aussi », « tout », « quelque » (invariables) :

> *Méfie-toi d'eux, **si (tout, quelque)** aimables **qu**'ils soient.*

4. L'opposition peut se présenter sous la forme d'une hypothèse :

> ***Même si** je le pouvais (imparfait), je n'irais pas là-bas ;*
> ***Quand (bien même)** je le pourrais (conditionnel), je...*
> ***Qu**'il neige ou **qu**'il vente (subjonctif), l'équipe s'entraîne.*

5. Avec la conjonction « que », il y a « subordination inverse » (la principale devient subordonnée, et *vice-versa*) :

> ***Même si** tu me suppliais, je ne céderais pas*
> → *Me supplierais-tu **que** je ne céderais pas.*

● Expriment aussi l'opposition les subordonnées relatives :

– mises en apposition et équivalant à un adjectif apposé :

> *Le conducteur, **(qui** était) expérimenté, a (pourtant) perdu le contrôle de son véhicule ;*

– introduites par le pronom relatif indéfini « quoi... que », à ne pas confondre avec la conjonction « quoique » en un mot :

> ***Quoi que** (pronom) cet enfant fasse, on ne le punit pas.*
> ≠ ***Quoique** (conjonction = **bien que**) cet enfant fasse des bêtises, on ne le punit pas ;*

– introduites par l'adjectif relatif indéfini « quel(le)(s)... que » (variable car déterminant d'un nom), ou dont l'antécédent est précédé de l'adjectif indéfini « quelque(s) » (variable également car déterminant d'un nom) :

> ***Quelles que** (adjectif relatif) soient **ses bêtises**, on lui pardonne ;*
> ***Quelques bêtises qu**'il fasse, on les lui pardonne.*

Ne pas confondre avec « quelque... que », où « quelque » est un adverbe invariable portant sur un adjectif ou un autre adverbe (voir « Remarques », ci-dessus) :

> ***Quelque** (adverbe) **grosses** que soient ses bêtises, on lui pardonne.*

L'EMPLOI DE CONJONCTIONS DE COORDINATION ET D'ADVERBES

On oppose deux mots ou groupes de mots de même nature, ou deux propositions indépendantes, en les reliant par « mais », « or », « cependant », « quoi qu'il en soit », « néanmoins », « toutefois », « pourtant » ou même « et » :

> *Muriel s'est montrée polie **mais** distante ;*
> *L'orchestre jouait, **pourtant (et)** personne ne dansait.*

« Or » convient à un raisonnement en trois parties :

> *J'aurais pu répondre, **or** je suis timide, **donc** je me suis tu.*

L'opposition peut être annoncée par l'adverbe « certes » :

> ***Certes** je lui en parlerai, **cependant** je doute qu'il accepte.*

▰ LA JUXTAPOSITION DE PROPOSITIONS

La simple juxtaposition des faits, sans mot de liaison **(asyndète)**, suffit aussi à exprimer l'opposition et même la renforce. Un signe de ponctuation est alors nécessaire :

> J'étais censé étudier jusqu'à midi : la plupart du temps je ne faisais rien.
>
> (François René de Chateaubriand, *Mémoires d'Outre-tombe*)

Mais la phrase peut être rendue plus expressive :
– par la locution « avoir beau » ou le verbe « pouvoir » :

> **J'avais beau** crier, nul n'était là pour m'entendre ;
> Je **pouvais (bien)** crier, nul n'était là pour m'entendre ;

– par un verbe à l'impératif :

> **Donnez-vous** du mal, vous n'en serez pas récompensé.

▰ L'ANTITHÈSE

L'antithèse consiste à présenter, dans la même phrase ou dans deux phrases successives, deux idées totalement opposées ; il y a antithèse (procédé de style et non simple opposition grammaticale) quand les phrases se présentent :
– sous la forme d'un parallélisme (voir page 158), avec reprise de mots ou de tournures semblables :

> Grand frère Félix aura une tartine de beurre ou de confiture, et Poil de Carotte une tartine de rien, parce qu'il a (...) déclaré, devant témoins, qu'il n'est pas gourmand.
>
> (Jules Renard, *Poil de Carotte*, « La Luzerne »)

– ou sous la forme d'un chiasme (voir page 177) :

> Depuis cinq ans entiers (A) chaque jour je la vois (B),
> Et crois toujours la voir (B') pour la première fois (A').
>
> (Racine, *Bérénice*, acte II, scène 2)

A et B, A' et B' s'opposent de manière croisée.

PERSONNIFIER : PERSONNIFICATION ET ALLÉGORIE

▰ LA PERSONNIFICATION

Cette figure de style consiste à évoquer sous les traits d'une personne un objet ou un être (plante, animal) pour les rendre plus vivants ou plus proches du lecteur en leur prêtant des sentiments humains.

- Le vocabulaire d'abord permet de personnifier : on emploie des verbes ou des noms désignant des activités ou des réactions psychologiques humaines, des adjectifs réservés à la description des hommes ; la personnification est alors une variété d'image (on crée une analogie entre l'être ou l'objet personnifié et un être humain).

> [Il s'agit de deux chattes sur le point de se battre]
> *Une **injure** impérieuse, déchirante de Moune l'interrompit, et elle recula d'un **pas** ; mais elle jeta, elle aussi, une **parole** menaçante. (...) Mais soudain, sur une **insinuation** aiguë de Noire du Voisin, Moune eut un bond, un cri, **un ah ! je ne peux pas supporter cela !** qui la jeta sur sa rivale.*
> (Colette, « Les Deux Chattes », *La Maison de Claudine*, éd. Hachette, 1960)

- La personnification peut aussi être créée par une métonymie ou une synecdoque (voir page 154) :

> *La France a perdu une bataille, mais la France n'a pas perdu la guerre.*
> (Charles de Gaulle, *Proclamation*, 18 juin 1940)

Ici, le pays lui-même est nommé à la place de ses habitants.

L'ALLÉGORIE ET LA PROSOPOPÉE

L'être ou l'objet concrets représentant une idée abstraite forment une « **allégorie** » quand l'auteur leur donne vie dans un développement assez long :

> *Horloge ! dieu sinistre, effrayant, impassible,*
> *Dont le doigt nous menace et nous dit :* Souviens-toi !
> (Charles Baudelaire, « L'Horloge », *Les Fleurs du Mal*)

L'horloge est ici une allégorie du temps qui passe et nous rapproche de la mort. On peut aller jusqu'à faire parler l'objet de l'allégorie, par une figure appelée « **prosopopée** » :

> Remember ! Souviens-toi ! *Prodigue !* Esto memor !
> *(Mon gosier de métal parle toutes les langues.)*
> (Charles Baudelaire, *ibidem*)

QUALIFIER

Voir page 156 « Caractériser ».

RENFORCER

Différents moyens s'offrent pour renforcer une idée :

- Les procédés de l'**emphase** (voir page 178 « Mettre en relief »).

- **L'hyperbole**, ou **exagération** (voir page 164 « Dramatiser »).

- **La redondance.**
Ce procédé consiste à répéter volontairement dans le texte une même idée exprimée sous des formes différentes, ou avec les mêmes mots (on parle alors de « **leitmotiv** ») :

> *L'oncle Michel, qui était charretier (...) emmenait [Jacques] dans son écurie toute proche, et là (...) il sentait la bonne odeur de paille, de poils et de crottin, (...) les chevaux tournaient vers eux leur œil à longs cils, et l'oncle Michel,*

> grand, sec, avec ses longues moustaches et qui sentait lui-même la paille, le hissait sur l'un des chevaux qui, placide, replongeait dans sa mangeoire pendant que l'oncle (...) apportait à l'enfant des caroubes qu'il mangeait et suçait avec délices, plein d'amitié pour cet oncle toujours lié aux chevaux dans son esprit (...) et Michel louait un de ces tramways (...) qu'on attelait avec les chevaux, dont un en flèche que Michel choisissait dans son écurie (...). Dans la forêt, pendant que les autres installaient entre les arbres les paniers à linge et les torchons, Jacques aidait Michel à bouchonner les chevaux et à leur attacher au cou les mangeoires de toile bise dans lesquelles ils travaillaient des mâchoires, fermant et ouvrant leurs grands yeux fraternels (...).
>
> (Albert Camus, *Le Premier Homme*, éd. Gallimard, 1995)

SITUER DANS L'ESPACE

LES COMPLÉMENTS CIRCONSTANCIELS DE LIEU

● On peut situer une action dans l'espace à l'aide d'un complément circonstanciel de lieu, répondant aux questions :
– où est-on ?

> Le chat dort **sur le lit** ; Le trapéziste vole **dans les airs** ;

– où va-t-on ?

> Je pars **pour Montréal** ; Il s'approcha **du rivage** ;

– d'où revient-on ?

> Les paysans rentrent **des champs** ;

– par où passe-t-on ?

> Nous reviendrons **à travers champs**.

● Ce complément circonstanciel prend plusieurs formes :
– un groupe nominal ou un pronom introduit par de très nombreuses prépositions et locutions :

> La frontière se trouve **au-delà** de la forêt.

REMARQUES

1. De nombreuses prépositions servent tantôt à situer dans l'espace, tantôt à situer dans le temps (voir page 185) :

> Tournez à gauche **après l'église** (lieu) ;
> Nous nous promènerons **après le déjeuner** (temps) ;

2. Les pronoms « y » et « en » (voir page 33) remplacent un nom répondant respectivement aux questions « où » et « d'où » :

> Je veux explorer le grenier, j'**y** monterai après déjeuner ;
> J'ai visité la foire, j'**en** reviens à l'instant.

– un adverbe de lieu ou une locution adverbiale :

> Ils sont allés parler **dehors**.

ATTENTION

● L'adverbe de lieu, comme le pronom, ne peut renvoyer qu'à un lieu déjà nommé ou que le contexte rend évident :

SAVOIR RÉDIGER de A à Z

Au cinquième étage, la fête battait son plein ; **au-dessous** et **au-dessus**, les locataires essayaient vainement de dormir...

● L'adverbe « ici » ne peut faire référence qu'au lieu où se trouve celui qui écrit, ou dans un dialogue le personnage qui parle ; d'autre part, « ici » désigne ce qui est rapproché, « là » (là-bas, là-haut) ce qui est éloigné :

Ici, tout est calme, mais **là-bas**, que de bruit !

SITUER GRÂCE AU VOCABULAIRE

Certains mots ont par eux-mêmes valeur de localisation (situation dans l'espace) ; ce sont :
– des adjectifs qualificatifs : *un pays* **lointain**, *les étages* **supérieurs**, *un abri* **souterrain**, *une musique* **céleste** (= qui semble venir du ciel), *un village* **proche**, *la pièce* **centrale**, *une région* **septentrionale, méridionale, occidentale, orientale** (= du nord, du sud, de l'ouest, de l'est) ;
– des verbes intransitifs : *la voiture* **s'éloigne** (= va au loin), *la route* **monte**, *les spectateurs* **sortent**.

LE CHANGEMENT DE POINT DE VUE

Dans un récit, des scènes situées en des lieux différents peuvent être racontées selon des points de vue différents (voir page 104), comme dans cet exemple où le changement de point de vue souligne un contraste entre l'extérieur et l'intérieur :

On jure de bonne foi sous une bruine tenace qui n'est pas la pluie. Les porteurs de lunettes essuient leurs verres vingt fois par jour, s'accoutument à progresser derrière une constellation de gouttelettes qui diffractent le paysage (...). Il ne reste plus qu'à attendre devant un verre (...) que le ciel s'éclaircisse. [Changement de point de vue] *Accoudés au bar, silencieux, absorbés par leur reflet dans les vitres, les buveurs timides suivent du regard les passants courbés qui, main au col, forcent l'allure sous l'averse. Ils n'arborent aucun sourire supérieur quand un parapluie se retourne. Simplement ils se félicitent d'avoir fait preuve de plus de sagesse en se mettant au sec. »*

(Jean Rouaud, *Les Champs d'honneur,* éd. de Minuit, 1990)

SITUER DANS LE TEMPS

LE COMPLÉMENT CIRCONSTANCIEL DE TEMPS

Quelles questions se poser ?

● À quel moment le processus se déroule-t-il (date) ? Prend-il place avant, après, pendant un autre événement ? Depuis quand dure-t-il ? Jusqu'à quand durera-t-il ?

Nous nous reverrons **la semaine prochaine** *;*
Avant de passer à table, *lavez-vous les mains ;*
Elle est mariée **depuis peu** *;*
Les permissions sont suspendues **jusqu'à nouvel ordre**.

● Combien de temps a-t-il pris (durée) ?

Il a mis **cinq minutes** *à régler son appareil photo !*
L'exposition est ouverte **de dix heures à vingt heures trente**.

185

- Le processus est-il unique ou s'est-il répété ?

> *Un jour*, le chevalier décida d'aller visiter le vaste monde ;
> Les alpinistes tenteront **de nouveau** l'ascension demain.

■ Ce complément circonstanciel prend plusieurs formes :

- Un groupe nominal construit sans préposition :

> Nous avons marché **une heure** dans la mauvaise direction !
> **Le soir, l'été**, on prend le frais sur la terrasse ;

- Un groupe nominal, un groupe infinitif ou un pronom introduits par une préposition ou locution prépositive (de, à, pour, par, dans, sous, vers, aux environs de, lors de, en, avant, avant de, après, au-delà de, pendant, durant, depuis, dès, entre... et..., jusqu'à) :

> Le président **à son arrivée** a été accueilli par des manifestants. Je vous l'ai expliqué **par deux fois**. À consommer **sous huitaine**. Soyez prêts **pour six heures**. Nous partirons **entre onze heures et midi**. **Après avoir démarré**, la voiture se mit à hoqueter ;

N.B. : Le sujet (non exprimé) du groupe infinitif doit être le même que celui du verbe conjugué qui l'accompagne (voir page 39) ;

- Un adverbe de temps (ou parfois de manière), ou une locution adverbiale : alors, (avant-)hier, depuis longtemps, depuis peu, jadis, (= il y a longtemps), naguère (= il n'y a guère de temps), il y a peu, récemment, dernièrement, maintenant, à présent, aujourd'hui, (après-)demain, tantôt, bientôt, à l'avenir, désormais, dorénavant, dès lors, d'abord, premièrement, ensuite, deuxièmement, enfin, finalement, aussitôt, sur-le-champ, à (de) nouveau, quelquefois, parfois, de temps en temps, de temps à autre, de loin en loin, souvent, encore, toujours, jamais :

> C'était **alors** un quartier tranquille ;
> Ils se revoient **de loin en loin** ;
> **Dorénavant** tu te mêleras de tes affaires ;
> **Naguère**, il se montrait plus aimable ;
> **Jadis**, on ne quittait jamais son village.

- Une proposition subordonnée conjonctive, introduite par : quand, lorsque, dès que, (aus)sitôt que, en même temps que, (jusqu')au moment où, au temps où, du temps que, comme, pendant que, tandis que, à mesure que, tant que, aussi longtemps que, chaque fois que, toutes les fois que, avant que, en attendant que, jusqu'à ce que, d'ici que, après que, une fois que, depuis que, suivis selon les cas de l'indicatif (fait réel) ou du subjonctif (fait envisagé ou non encore réalisé) (voir aussi page 42) :

> L'angoisse montait **à mesure que le temps s'écoulait**.
> **D'ici que la nuit vienne**, les ouvriers auront-ils fini ?

REMARQUES

1. « quand », « lorsque » indiquent aussi bien la date d'une action unique, qu'une répétition d'actions ; si nécessaire, on les remplacera par des conjonctions plus précises :

> **Quand** je vous le dirai, vous applaudirez.

→ si action unique : **au moment où** je vous le dirai ;
→ si action répétée : **chaque fois que** je vous le dirai ;

→ la subordonnée de temps peut être annoncée dans la proposition principale par « à peine » (avec inversion du sujet), « ne... même pas », « ne... pas encore » ou « ne... pas plus tôt » :

> *À peine* la cloche eut-elle sonné *qu'*ils se ruèrent dehors ;
> La cloche *n'avait pas plus tôt* sonné *qu'*ils.. ;

2. Les règles de la concordance des temps (voir page 119) peuvent imposer dans la subordonnée l'emploi du « futur du passé » :

> Il m'a dit qu'il m'**appellerait** dès qu'il **serait rentré** ;

● Une proposition subordonnée participiale :

> **Sitôt le concert fini**, les spectateurs partirent.

REMARQUE Sans être grammaticalement des compléments circonstanciels, le participe, le gérondif, la proposition relative mis en apposition peuvent aussi exprimer le temps :

> L'homme, **qui tentait (tentant, en tentant)** de s'enfuir a été arrêté.

LE VOCABULAIRE

Certains mots ont, par eux-mêmes, valeur de situation dans le temps :
– certains adjectifs qualificatifs : des événements **antérieurs (postérieurs, simultanés)**, une amitié **ancienne**, un **long** séjour, une **récente** découverte, une situation **provisoire** (= qui ne dure pas), une réaction **immédiate** (= qui se produit aussitôt), un journal **quotidien (mensuel)**, des allusions **fréquentes**...
– certains verbes : l'orage **fut précédé** de rafales de vent ; on passa au dessert, le café **suivit** ; nous **approchons** de l'hiver (= nous serons bientôt en hiver).

LES TEMPS VERBAUX

● L'emploi des temps des verbes permet aussi de préciser à quel moment se situe un processus (dans le présent, le passé ou le futur) ; ce moment est défini par rapport au moment où l'on écrit, par rapport au moment où le narrateur situe son récit, ou par rapport au moment où un personnage s'exprime :
– si le processus se déroule au moment où l'on écrit (simultanéité), on emploie le présent :

> Ici, il **pleut** ;

– s'il s'est déroulé avant le moment où l'on s'exprime (antériorité), on emploie un temps du passé :

> J'**ai vu** ce film à la télévision ;

– s'il doit se dérouler après le moment où l'on s'exprime (postériorité), on emploie le futur :

> Ces vacances **seront** les bienvenues.

● Les temps composés permettent d'indiquer que, de deux événements, l'un (décrit au temps composé) s'est produit ou doit se produire avant l'autre (exprimé au temps simple correspondant) :

> J'**irai** chercher la voiture au garage, la révision **sera finie**.

On dit alors que les verbes ont une valeur « temporelle ».

- Les temps verbaux peuvent aussi avoir une valeur dite « d'aspect » et indiquer :
– si l'action est unique ou répétée :

> Nous **avons pris** le train à la gare de Lyon (passé composé, action unique) ;
> Pour nous rendre chez tante Berthe, nous **prenions** le train à la gare de Lyon (imparfait, action répétée) ;

– si l'action a duré ou non :

> Après le concert, nous **rentrâmes** (passé simple : la durée du processus est sans importance) ;
> Avant le match, j'**étais** tendu (imparfait : état qui dure).

SUPPOSER

« Supposer », c'est :
– indiquer qu'un événement A ne peut se produire que si un événement B, qui en est la condition, se réalise :

> Je ferai un gâteau (A) si tu acceptes mon invitation (B) ;

– envisager ce qui se passera si B se produit :

> S'il neige (B), rien à craindre : j'ai des pneus spéciaux ;

– évoquer une situation imaginaire, possible ou non :

> Si j'étais lui, je ne me plaindrais pas tant.

LE COMPLÉMENT CIRCONSTANCIEL DE CONDITION

On l'emploie pour décrire l'événement B (condition) dont dépend la réalisation de A, ou pour indiquer que, même si B se réalisait, A n'aurait pas lieu (condition + opposition).

- Le complément de condition s'exprime le plus souvent par des propositions subordonnées introduites par les conjonctions « si » (condition), « même si » (condition + opposition), « sauf si » (condition ne devant pas se réaliser, sauf dans un cas). Il existe trois nuances de condition, en fonction desquelles varient les temps employés dans chacune des propositions :

– le « potentiel » indique qu'au moment où l'on parle, il est possible que B se réalise :

> Si je **réussis** mon examen (B), je **profiterai** de mes vacances.
> (Si + indicatif présent, principale à l'indicatif futur)

Si l'hypothèse paraît moins probable (éventuelle), les temps changent :

> Si je **gagnais** au loto (B), j'**irais** visiter le Japon.
> (Si + indic. imparfait, principale au conditionnel présent)

– l'irréel du présent indique que l'événement B ne peut pas se produire au moment où l'on parle :

> Si nous **étions** au Canada (B), ce **serait** la nuit en ce moment [mais nous n'y sommes pas].
> (Si + indic. imparfait, principale au conditionnel présent)

– l'irréel du passé indique que la condition ne s'est pas réalisée dans le passé :

> Si j'**avais eu** la parole, j'**aurais pu** me défendre [mais je ne l'ai pas eue].
> (Si + indic. plus-que-parfait, princ. au conditionnel passé)

REMARQUE Quand deux propositions hypothétiques sont coordonnées, la seconde peut commencer par « que », suivi du subjonctif :

*Si j'étais sa mère et **que** je le voie ici, je le gronderais.*

● On utilise aussi d'autres conjonctions :
– suivies du conditionnel (présent : potentiel ou irréel du présent, passé : irréel du passé) : « au cas où », « pour le cas où », « dans l'hypothèse où » (condition), « quand (bien) même » (condition + opposition) :

Au cas où *il pleuvrait* (potentiel), *prends un parapluie.*
Quand bien même *il m'aurait supplié* (irréel du passé), *je n'aurais pas cédé ;*

– suivies du subjonctif :
→ présent, ou imparfait en concordance des temps passée, par exemple dans le style indirect en langage soutenu : potentiel ou irréel du présent ;
→ passé, ou plus-que-parfait : irréel du passé :
« que », « à condition que », « pourvu que », « à supposer que », « à moins que » (= « sauf si », avec parfois « ne » explétif) :

Qu'il fasse des excuses, (et) je lui pardonnerai (potentiel).
Il voulait l'accompagner, **à moins que** *cela (ne) fût défendu ;*
À supposer que *tu sois venu* (irréel du passé), *tu te serais ennuyé ;*
On lui disait que, **à supposer** *qu'il fût venu, il se serait (ou : se fût) ennuyé ;*

– suivies de l'indicatif : les conjonctions « selon que / suivant que... ou... » permettent d'envisager une alternative (choix entre deux hypothèses) :

Selon que *vous serez puissant* **ou** *misérable,*
Les jugements de cour vous rendront blanc ou noir.

(La Fontaine, « Les Animaux malades de la peste », Fables)

REMARQUE On peut employer aussi une « subordination inverse » (voir page 181) avec « que » :

Je le voudrais, **que** *je ne le pourrais pas*
(= Si je le voulais, je ne le pourrais pas).

● Le groupe nominal ou l'infinitif prépositionnels.
Ils sont introduits par les prépositions « avec », « sans », « en cas de » (groupe nominal), « à », « à condition de », « à moins de » (infinitif) :

Avec de la chance, *tu aurais tiré le bon numéro.*
Sans cette panne, *nous aurions été à l'heure.*
Il aura des ennuis, **à s'entêter ainsi** (= s'il s'entête).

● La proposition participiale exprime parfois l'hypothèse :

Le temps le permettant (= si le temps l'avait permis), *nous serions allés pique-niquer.*

AUTRES MOYENS D'EXPRIMER LA CONDITION

● La coordination ou la juxtaposition.
On exprime aussi une supposition, de manière plus familière, à l'aide de propositions indépendantes coordonnées ou juxtaposées, utilisant les modes indicatif, conditionnel ou impératif, parfois elliptiques (verbe sous-entendu), et dont la première est parfois à la forme interrogative :

> *Vous êtes exigeant ? (Alors) la voiture X vous comblera ;*
> *Continue sur ce ton, je te promets des ennuis ;*
> *Je le voudrais, je ne le pourrais pas ;*
> *(Il faisait) un pas de plus, et il tombait dans le vide !*

- Un adjectif, un participe ou un gérondif en apposition :

> **Mieux réglée**, *cette voiture consommerait moins d'essence ;*
> **En acceptant**, *vous m'auriez rendu grand service.*

- Une proposition relative à valeur de condition :

> *Un élève **qui aurait révisé** aurait eu une bonne note.*

- Certaines formules permettent de poser une hypothèse à caractère scientifique (et d'en indiquer les conséquences) :

> **Soit** *un triangle* ABC ;
> **Si** *x est tel que* $\frac{x}{c} = \frac{a}{b}$, **on a** $x = \frac{ac}{b}$;
>
> **Supposons que** / **en admettant que** *le système soit soumis à trois forces,* **alors** $\vec{f_1} + \vec{f_2} + \vec{f_3} = \vec{0}.$

INDEX ALPHABÉTIQUE

abréviation, 12.
accent, 15.
accumulation, 68, 165, 179.
action, 100.
adjectif épithète, 23.
adresse au lecteur, 167.
adverbe, 37, 72.
allégorie, 169, 183.
alliance de mots, 160.
allitération, 95, 167.
allusion, 14.
anaphore, 179.
anacoluthe, 38, 160.
analyser, 129.
antithèse, 142, 182.
antonyme, 78.
apostrophe, 16, 167.
apposition, 25, 79.
argumentation, 136.
articulation, 60.
artifice de langage, 101.
associer, 153.
assonance, 95.
atténuer, 155.
attribut du sujet, 71.
auteur, 104.
autobiographie, 100.

barbarisme, 47.
biographie, 100.
brouillon, 64.
burlesque, 173.
but, 172.

cacophonie, 93.
cadence majeure, 97,
 – mineure, 98.
cadre, 101.
calembour, 95, 174.
capitale, 18.
caractère d'imprimerie, 18.
caractériser, 156.
caricature, 114.
causalité, 60, 170.
cédille, 15.
champ lexical, 44.
 – sémantique, 43.
chiasme, 177.
chronologie, 102, 169.
citation, 140.
clarté, 92.
classer, 129, 140.
cliché, 82.
code, 13,
 – code graphique, 14.
commenter, 130.
comparaison, 157, 161.
comparatif, 71, 158.
comparer, 157.
compléments de détermination, 24, 156.
compléter, 130.
compte rendu, 124.
concéder, 180.
concision, 68.
conclusion, 61, 63, 108, 146.
concordance des temps, 119.
condition, 188, 189.
conjonction de subordination, 42.
connotation, 46, 153.
conséquence, 60, 171.
consigne, 128, 132.
coordination, 75, 158.
correspondance, 121.
coupe de mot, 16.
crainte, 172.

définir, 130.
dégager, 130.
démontrer, 130.
dénotation, 43, 46.
dénouement, 102.
description, 110.
destinataire, 7.
déterminant, 23, 71.
développement, 102, 108, 145.
dialogue, 115.
dictionnaire, 66.
discours direct, 115, 116,
 – indirect, 115, 118,
 – indirect libre, 115, 120.
dramatiser, 164, 166.

effet d'attente, 159,
 – de surprise, 160.
élision, 94.
ellipse, 79, 103.
émetteur, 6.
émouvoir, 166.
emphase, 178, 183.
emprunt, 51.
enjeu, 100.
énoncé, 13, 128.
en tête, 121.
énumération, 60, 71.
énumérer, 130, 167.
épilogue, 102.
euphémisme, 83, 155.
euphonie, 93.
événement, 102.
exagérer, 164.
exemple, 61, 139, 170, 175.
expliquer, 130, 168.

fantastique, 107.
fiche de lecture, 126.
figure de style, 152.
focalisation, 105.
force agissante, 101.
forme emphatique, 75,
 – impersonnelle, 75,
 – négative, 73, 75,
 – passive, 72, 75.
formule de salutation, 122.
formuler une consigne, 132.

gradation, 159, 160, 174.
grotesque, 173.
groupe, essentiel, 21,
 – facultatif, 22.

harmonie, 93.
héros, 101,
 – anti-héros, 101.
hésitation, 61.
hiatus, 93.
histoire, 100.
homéotéleute, 95.
homonyme, 54.
humour, 173.
hyperbole, 165.
hypothèse, 61, 188.

identifier, 130.
illustrer par un exemple, 175.
image, 157, 161.
imager, 76.
implicite, 73.
impropriété, 48.
infinitif de narration, 153.
insister, 176.
intensité, 177.
interjection, 11, 166.
interlocuteur, 116.
interpréter, 130,
interrogation, 11, 70, 118, 176,
 – totale, 129.
intrigue, 100.
introduction, 57, 107, 145.
invraisemblance, 107.
ironiser, 176.
italique, 18.

justifier, 130.
juxtaposition, 158.
langage courant, 10,
 – familier, 10,
 – « patois », 10,
 – populaire, 9,
 – soutenu, 10.

L

leitmotiv, 183.
lettre 120, 123,
– lettre « technique », 122.
lexique, 43.
lien logique, 59, 168.
lieu commun, 84.
lisibilité, 92.
litote, 163.
locution, 70, 92.

M

majuscule, 18.
marquer l'intensité, 177.
merveilleux, 107.
message, 6, 7.
métaphore, 154, 162.
métonymie, 154, 157.
mettre en parallèle, 177,
– en relief, 178.
mise en page, 18.
modalisateur, 155.
mode, 40.
monologue, 116,
– intérieur 116.
montrer, 130.
mot abstrait, 91,
– inutile, 89,
– de liaison, 60,
– « passe-partout », 84.

N

narrateur, 104.
négation, 37.
néologisme, 53.
niveau de langue, 9.
nominaliser, 76.
nuancer, 179.

O

onomatopée, 12.
opposer, 180.
opposition, 60.
ordonner, 129.
ordre, 133, 163.
orthographe, 15.
oxymore, 160.

P

paradoxe, 161.
paragraphe, 59, 146.
parallélisme, 158, 177.
paronyme, 54.
pastiche, 174.
périphrase, 78, 154, 157.
personnage, 100.
personnification, 182.
personnifier, 182.
perturbation, 102.
phrase, complexe, 19, 39,
– déclarative, 74,
– emphatique, 75, 178,
– exclamative, 74, 166,
– impérative, 74,
– impersonnelle, 75,
– interrogative, 74, 155, 166,
– minimale, 21, 153, 165,
– nominale, 74, 153, 165,
– simple, 19,
– verbale, 74.
pictogramme, 14.
plan, 58, 107, 141,
– analytique, 141,
– binaire, 143,
– critique, 142,
– par thèmes, 144.
pléonasme, 80.
point de vue, 185.
polysémie, 43, 76, 78.
ponctuation, 17.
portrait, 113.
prédicat, 20.
préfixe, 49, 53, 69.
présent « de narration », 109, 153,
– permanent, 126.
pronom, 32, 79.
proposition, 25, 34,
– relative, 41, 69, 80.
prosopopée, 183.

Q

qualifier, 183.
quantité, 175.
questionnaire, 134.

R

réalisme, 106.
rebondissement, 102.
récepteur, 7.
rechercher les idées, 100, 111, 136.
récit, 100.
redondance, 81, 183.
réécriture, 135.
regrouper, 130.
relecture, 67.
relever, 130.
renforcer, 183.
repérer, 130.
répétition, 77, 167, 179.
réponse à une question, 128.
résumé, 147.
rétablir, 130.
rewriting, 135.
rire, 173.
rupture de construction, 38, 160
– de rythme, 98.
rythme, 95, 96, 98, 103.

S

scénario, 100.
schéma narratif, 100, 107.
scripteur, 6.
sens, 43, 169,
– figuré, 43,
– littéral, 43,
– premier, 43,
– propre, 43,
– symbolique, 43,
sigle, 12.
situation finale, 102,
– initiale, 102.
situer dans l'espace, 184,
– dans le temps, 185.
sonorité, 95.
subjonctif, 40.
subordination, 75.
substantiver, 76.
substituer, 130.
suffixe, 53, 69.
superlatif, 71, 158.
supposer, 188.
surnaturel, 107.
suspense, 159.
syllabe, 16.
syllogisme, 59.
symbole, 169.
synecdoque, 154.
synonyme, 45, 77.
synthèse, 142.

T

témoin, 105.
temps du récit, 109.
texte argumentatif, 145,
– descriptif, 110,
– documentaire, 127,
– explicatif, 127,
– informatif, 127,
– injonctif, 132,
– narratif, 100.
thème, 20.
thèse, 136, 142.
toile de fond, 101.
tolérances grammaticales, 32.
tonalité, 97.
trait d'union, 15.
traitement de texte, 65.
trame, 101.
transition, 62, 112.
tréma, 15.

U

unité du récit, 103.

V

verbe introducteur, 117.
vraisemblance, 106.

Z

zeugma, 160.

Impression : ROTOLITO LOMBARDA Dépôt légal : Mai 2003
Dépôt légal 1re Edition : 1er trimestre 1997
N° de projet : 10105847 Imprimé en Italie